R&B

Foto: Mike Alsford/Stern

Tom Sharpe wurde in England geboren, studierte in Cambridge, lernte als Buchhalter, Sozialarbeiter und Fotograf Südafrika kennen, bis er ausgewiesen wurde, unterrichtete als Hilfslehrer an einer Berufsschule in Cambridge, bis ihm der Erfolg seiner Bücher die Freiheit schenkte, mit Frau und drei Kindern als Schriftsteller zu leben. Bisher in Deutsch erschienen: »Puppenmord«, »Trabbel für Henry«, »Tohuwabohu«.

Tom Sharpe

PUPPEN MORD oder Bis daß ihr Tod ihn scheidet

Aus dem Englischen von
Benjamin Schwarz

Rogner & Bernhard
bei Zweitausendeins

Dieses Buch gibt es nur bei Zweitausendeins
im Versand (Postfach, D-6000 Frankfurt am Main 61)
oder in den Zweitausendeins Läden in Berlin,
Essen, Frankfurt, Freiburg, Hamburg, Hannover,
Köln, München, Saarbrücken, Wiesbaden.

Umschlag von André François

Die Originalausgabe erschien unter dem Titel Wilt
bei Martin Secker & Warburg Limited, London

Satz: Max Vornehm München
Druck und Bindung: Ebner Ulm

ISBN 3 8077 0134 6

Für Fleisch Eins

I

Wenn Henry Wilt den Hund zu einem Spaziergang ausführte, oder richtiger, wenn der Hund ihn ausführte, oder um genau zu sein, wenn Mrs. Wilt beiden sagte, sie sollten bloß sehen, daß sie aus dem Hause kämen, damit sie ihre Yogaübungen machen könne, schlug er stets denselben Weg ein. Das heißt, der Hund folgte dem Weg, und Wilt folgte dem Hund. Sie gingen am Postamt vorbei, über den Spielplatz, unter der Eisenbahnbrücke durch und zum Fußweg am Fluß. Eine Meile am Fluß lang, dann wieder unter der Eisenbahn durch und durch Straßen zurück, in denen die Häuser größer als Wilts halbes Doppelhaus, die Bäume und Gärten riesig und alle Autos Rovers und Mercedesse waren. Und hier verrichtete Clem, ein rassereiner Neufundländer mit Stammbaum, der sich in dieser Gegend offenbar heimischer fühlte, sein Geschäft, während Wilt dastand und sich ziemlich nervös umsah, weil er wußte, daß das nicht seine Gegend war, und er doch wollte, sie wäre es. Das war während des Spazierganges ungefähr das einzige Mal, daß er sich überhaupt seiner Umgebung bewußt wurde. Den ganzen übrigen Weg begaben sich seine Gedanken auf die Reise und schlugen Richtungen ein, die mit seinem Äußeren auf dem Weg überhaupt nichts zu tun hatten. Es war eine Reise voller Wunschträume, eine Pilgerfahrt auf den Spuren entfernter Möglichkeiten, wie zum Beispiel, daß Mrs. Wilt für immer verschwände, daß er plötzlich reich und mächtig wär, und was er täte, wenn er zum Erziehungsminister oder, besser noch, zum Premierminister ernannt würde. Zum Teil setzte sich das aus einer Reihe verzweifelter Ausflüchte zusammen, zum Teil aus einem stummen Dialog, so daß jeder, dem Wilt aufgefallen wäre (aber den meisten fiel er nicht auf), hätte bemerken können, wie sich hin und wieder seine Lippen bewegten und sein Mund sich zu einem Lächeln kräuselte, was er albernerweise für sardonisch hielt, während er Streitpunkte erörterte oder mit unglaublicher Schlagfertigkeit Gegenargumente parierte. Und auf einem dieser Spaziergänge, den er nach einem besonders aufreibenden Tag in der Berufsschule im Regen machte, kam Wilt zum ersten Mal der Gedanke, daß sich nur dann seine geheime Hoffnung erfüllen und er sein Leben selber in die Hand nehmen könne, wenn seine Frau irgendein nicht unbedingt zufälliges Unglück ereile.

Wie alles in Henry Wilts Leben war das keine plötzliche Entscheidung. Er war kein entscheidungsfreudiger Mensch. Zehn Jahre als Hilfslehrer (zweiter Klasse) an der Berufsschule für Geisteswissenschaften und Gewerbekunde von Fenland waren dafür der Beweis. Zehn Jahre saß er nun schon in der Abteilung Allgemeinbildung fest und unterrichtete klassenweise Gasinstallateure, Gipser, Maurer und Klempner. Oder hinderte sie am Schwatzen. Und zehn lange Jahre nun schon verbrachte er seine Tage damit, mit zwei Dutzend Exemplaren von ›Söhne und Liebhaber‹ oder Orwells ›Essays‹ oder ›Candide‹ oder ›Der Herr der Fliegen‹ von Klassenzimmer zu Klassenzimmer zu ziehen und sein Menschenmöglichstes zu tun, die Sensibilität von Lehrlingen, die einen Tag für die Schule frei bekamen, zu steigern – mit bemerkenswerter Erfolglosigkeit.

»Das Ausgeliefertsein an die Kultur«, nannte es Mr. Morris, der Leiter der Abteilung Allgemeinbildung, aber von Wilts Warte aus erschien es ihm mehr wie sein persönliches Ausgeliefertsein an die Unkultur, und zweifellos waren die Ideale und Illusionen, die ihn in seinen jungen Jahren bei der Stange gehalten hatten, inzwischen durch seine Erfahrungen zerstört worden. Dasselbe hatten ihm zwölf Jahre Ehe mit Eva eingebracht.

Wenn die Gasinstallateure von der Gefühlsbedeutung zwischenmenschlicher Beziehungen, wie sie in ›Söhne und Liebhaber‹ dargestellt werden, völlig unbeeindruckt und von D. H. Lawrences tiefgründigen Einblicken in die Geschlechtlichkeit des Daseins rüde amüsiert durchs Leben gehen konnten, so war Eva Wilt einer solchen Gleichgültigkeit nicht fähig. Sie kniete sich in kulturelle Aktivitäten und ihre eigene Weiterbildung mit einem Enthusiasmus, der Wilt schwer zu schaffen machte. Schlimmer noch, was sie für Kultur hielt, änderte sich von einer Woche zur anderen und kreiste einmal um Barbara Cartland und Anya Seton, ein andermal um Ouspensky, dann wieder um Kenneth Clark, öfter aber um den Lehrer der Töpfereiklasse am Dienstag oder um den Dozenten für Transzendentale Meditation am Donnerstag, so daß Wilt nie wußte, was ihn zu Hause erwartete, außer einem in Eile gekochten Abendbrot, irgendwelchen eindringlich geäußerten Ansichten über seinen mangelnden Ehrgeiz und einem halbgaren intellektuellen Mischmasch, der ihn ratlos machte.

Um der Erinnerung an die Gasinstallateure als angeblich menschliche Wesen und an Eva im Lotussitz zu entfliehen, spazierte Wilt am Fluß entlang und ging dunklen Gedanken nach, die noch dunkler wurden, als ihm zu Bewußtsein kam, daß jetzt das fünfte Jahr hintereinander sein Gesuch, zum Hauptlehrer befördert zu werden, fast sicher abgelehnt werden würde und daß er, wenn er nicht bald was unternähme, den Rest seines Lebens zu Gasinstallateuren III und Gipsern II – und zu Eva – verdonnert wäre. Die Aussicht war unerträglich. Er würde entschlossen handeln. Über ihm donnerte ein Zug vorbei. Wilt beobachtete die entschwindenden Lichter und dachte über die Möglichkeit von Unfällen an unbeschrankten Bahnübergängen nach.

»Er benimmt sich im Augenblick so komisch«, sagte Eva Wilt, »ich weiß gar nicht, was ich von ihm halten soll.«

»Ich habe es bei Patrick aufgegeben«, sagte Mavis Mottram und musterte kritisch Evas Vase. »Ich denke, ich rücke die Lupine ein Millimeterchen weiter nach links. Da steigert sie die orchestrale Wirkung der Rose. Nun die Iris hier herüber. Man muß versuchen, gewissermaßen eine hörbare Wirkung der gegensätzlichen Farben zu erzielen. Kontrapunktisch, könnte man sagen.«

Eva nickte und seufzte. »Er war immer so aktiv«, sagte sie, »aber jetzt sitzt er bloß im Hause rum und sieht fern. Das einzige, wozu ich ihn noch kriege, ist, daß er mit dem Hund spazierengeht.«

»Wahrscheinlich fehlen ihm Kinder«, sagte Mavis, »ich weiß, bei Patrick ist es so.«

»Darum haben wir ja keine«, sagte Eva bitter, »weil Henry sich nicht mal dazu aufraffen kann.«

»Tut mir leid, Eva. Ich hab nicht dran gedacht«, sagte Mavis und stellte die Lupine so um, daß sie sich wirkungsvoller gegen eine Geranie abhob.

»Das braucht dir nicht leidzutun«, sagte Eva, die Selbstmitleid nicht zu ihren Fehlern zählte, »ich sollte vielleicht lieber dankbar sein. Ich meine, stell dir vor, ich hätte Kinder wie Henry. Er ist so unkünstlerisch, und Kinder sind außerdem so hinderlich. Sie beanspruchen deine ganze schöpferische Kraft.«

Mavis Mottram zog weiter, um jemand anderem dabei behilflich zu sein, eine kontrapunktische Wirkung zu erzielen, diesmal mit Brunnenkresse und Stockrosen in einer kirschroten Schale. Eva fummelte mit ihrer Rose herum. Was für ein Glück Mavis hatte. Sie hatte Patrick, und Patrick Mottram war so ein aktiver Mann. Eva legte trotz ihres Riesenwuchses größten Wert auf Aktivität, Aktivität und Kreativität, so daß selbst wirklich verständnisvolle Leute, die nicht besonders leicht zu beeindrucken waren, sich nach zehn Minuten in ihrer Gesellschaft total ausgelaugt fühlten. Sie bekam es fertig, in ihrem Yogakurs sogar im Lotussitz Aktivität auszustrahlen, und ihre Versuche bei der Transzendentalen Meditation hatte jemand mit einem Dampfkochtopf unter Druck verglichen. Und mit der schöpferischen Aktivität kam die Begeisterung, diese fieberhafte Begeisterung der sichtlich unerfüllten Frau, der jede neue Idee den Anbruch eines neuen Tages verkündete und umgekehrt. Aber weil die Ideen, für die sie eintrat, banal oder ihr unverständlich waren, war die Begeisterung entsprechend kurz und half nicht, die Lücke zu füllen, die Henry Wilts Versagen in ihr Leben gerissen hatte. Während er in seiner Phantasie ein leidenschaftliches Leben führte, lebte Eva, der jegliche Phantasie total abging, wirklich leidenschaftlich. Sie stürzte sich auf Dinge, Situationen, neue Freunde, Leute und Ereignisse mit einer hemmungslosen Unbekümmertheit, die den Umstand verbarg, daß sie nicht genug Gefühlsbeständigkeit besaß, um länger als einen Augenblick durchzuhalten. Als sie jetzt von ihrer Vase zurücktrat, prallte sie gegen jemanden hinter sich.

»Bitte um Entschuldigung«, sagte sie und drehte sich um. Sie blickte in zwei dunkle Augen.

»Da gibt's nichts zu entschuldigen«, sagte die Frau mit amerikanischem Akzent. Sie war schlank und in dem schlichten Gammellook gekleidet, der für Eva Wilts bescheidene Einkünfte nicht erreichbar war.

»Ich bin Eva Wilt«, sagte Eva, die einmal in der Volkshochschule in Oakrington einen Kursus ›Wie lerne ich Leute kennen?‹ besucht hatte. »Mein Mann unterrichtet an der Berufsschule, und wir wohnen in der Parkview Avenue 34.«

»Sally Pringsheim«, sagte die Frau mit einem Lächeln. »Wir wohnen im Rossiter Grove. Wir sind zu einem Forschungssemester in Europa. Gaskell ist Biochemiker.«

Eva Wilt schluckte die Unterschiede und gratulierte sich zu ihrem hellen Köpfchen wegen Sally Pringsheims Bluejeans und Wolljacke. Leute, die im Rossiter Grove wohnten, standen eine ganze Stufe über denen in der Parkview Avenue, und Gatten, die Biochemiker auf Forschungssemester waren, lehrten natürlich an der Universität. Evas Welt bestand aus solchen feinen Unterscheidungen.

»Wissen Sie, ich bin da nicht so sicher, ob ich mit einer orchestralen Rose leben könnte«, sagte Sally Pringsheim. »Im

Konzertsaal find ich Symphonien okay, aber in Vasen komme ich ohne aus.«

Eva starrte sie mit einer Mischung aus Staunen und Bewunderung an. Mavis Mottrams Blumenarrangements offen zu kritisieren, war in der Parkview Avenue glatte Gotteslästerung. »Wissen Sie, ich wollte das auch schon immer sagen«, sagte sie in einer plötzlichen Wallung von Herzenswärme, »aber ich habe mich nie getraut.«

Sally Pringsheim lächelte. »Meiner Meinung nach sollte man immer sagen, was man denkt. Die Wahrheit ist für jede Beziehung von wirklicher Bedeutung so wesentlich. Ich sage G-Baby immer genau, was ich denke.«

»Gee-Baby?« sagte Eva Wilt.

»Gaskell, mein Mann«, sagte Sally. »Nicht, daß er so ein richtiger normaler Ehemann wäre. Wir haben halt vereinbart, vorläufig zusammenzuleben. Klar, wir haben 'n Trauschein und den ganzen Quark, aber meiner Meinung nach ist es in sexueller Hinsicht wichtig, sich seine Wahlmöglichkeiten offenzuhalten, nicht?«

Als Eva nach Hause kam, hatte sich ihr Wortschatz um ein paar neue Wörter erweitert. Wilt lag im Bett und tat, als ob er schliefe, aber sie machte ihn wach und erzählte ihm von Sally Pringsheim. Wilt drehte sich auf die andere Seite, versuchte weiterzuschlafen und wünschte sich beim Himmel, sie wäre bei ihren kontrapunktischen Blumensträußen geblieben. Vorläufige freischwebende sexuelle Wahlmöglichkeiten waren gerade jetzt das Letzte, was er brauchte, und daß sie von der Frau eines Biochemikers kamen, der es sich leisten konnte, im Rossiter Grove zu wohnen, verhieß für die Zukunft nichts Gutes. Eva Wilt war von Reichtum, Geistesgaben und neuen Bekanntschaften zu leicht zu beeindrucken, als daß man ihr den Umgang mit einer Frau erlauben durfte, die meinte, die klitorale Stimulation auf orale Weise sei einfach ein Begleitumstand total emanzipierter Beziehungen, und die Gleichgeschlechtlichkeit werde sich bestimmt einbürgern. Wilt hatte schon genug Kummer mit seiner eigenen Männlichkeit, auch wenn Eva nicht verlangte, daß ihre ehelichen Rechte oral ergänzt würden. Er verbrachte eine ruhelose Nacht voller pechschwarzer Grübeleien über Unfalltodesursachen, die um Schnellzüge, unbeschrankte Bahnübergänge, ihren Ford Escort und Evas Sicherheitsgurt kreisten, dann stand er zeitig auf und machte sich selber das Frühstück. Er wollte gerade zum 9-Uhr-Unterricht der Autoschlosser III losfahren, als Eva mit verträumter Miene die Treppe herunterkam.

»Mir ist gerade was eingefallen, was ich dich gestern abend schon fragen wollte«, sagte sie. »Was heißt eigentlich ›Transsexuelle Diversifikation‹?«

»Schwule Verse machen«, sagte Wilt schnell und ging zum Auto hinaus. Er fuhr die Parkview Avenue hinunter und blieb im Kreisverkehr in einem Stau stecken. Er saß da und fluchte leise vor sich hin. Er war vierunddreißig und hatte seine Gaben an KFZ III und eine Frau zu vergeuden, die bildungsmäßig klar unterbelichtet war. Was aber das Schlimmste war, er mußte sich eingestehen, daß Eva recht hatte mit ihrem dauernden Gemäkele, daß er kein Mann sei. »Wenn du ein richtiger Mann wärst«, sagte sie immer, »zeigtest du mehr Willensstärke. Du mußt entschieden auftreten.«

Wilt trat in dem Kreisverkehr entschieden auf und kriegte Krach mit einem Mann in einem Minibus. Wie üblich schnitt er als Zweiter Sieger ab.

»So wie ich das Problem mit Wilt sehe, fehlt es ihm an Schwung«, sagte der Leiter der Englischabteilung, selbst ein schwungloser Mann mit der Neigung, Probleme mit einer gewissen Doppeldeutigkeit zu betrachten und zu lösen, die seinen angeborenen Mangel an Autorität ausglich.

Die Beförderungskommission nickte nun schon das fünfte Jahr hintereinander einstimmig mit den Köpfen.

»Es mag ihm ja an Schwung fehlen, aber er setzt sich doch ein«, sagte Mr. Morris, der sich wieder sein alljährliches Rückzugsgefecht zugunsten von Wilt lieferte.

»Setzt sich ein?« schnaubte der Leiter der Nahrungsmittelkunde. »Setzt sich ein wofür? Für die Abtreibung, den Marxismus oder die wilde Ehe? Eins von den dreien ist es auf jeden Fall. Ich bin noch keinem Lehrer der Allgemeinbildung über den Weg gelaufen, der kein Spinner, Perverser oder rotglühender Revoluzzer gewesen wäre, und ein Gutteil war alles auf einmal.«

»Hört, hört«, sagte der Leiter des Maschinenbaus, auf dessen Drehbänken mal ein durchgeknallter Student mehrere Rohrbomben gedreht hatte.

Mr. Morris setzte sich zur Wehr. »Ich gebe zu, daß ein oder zwei Lehrer politisch ein bißchen . . . äh . . . übereifrig gewesen sind, aber mich ärgert die Beschuldigung, daß . . .«

»Lassen wir doch das Allgemeine und kommen wir wieder auf Wilt zurück«, sagte der Stellvertretende Direktor. »Sie sagten eben, er setze sich ein.«

»Er braucht eine Ermunterung«, sagte Mr. Morris. »Meine Güte, der Mann ist jetzt zehn Jahre bei uns und immer noch bloß Hilfslehrer.«

»Genau das meine ich ja mit seinem fehlenden Schwung«, sagte der Leiter der Englischabteilung. »Wenn er die Beförderung verdient hätte, wäre er mittlerweile längst Hauptlehrer.«

»Ich muß sagen, ich bin derselben Ansicht«, sagte der Leiter der Geografie. »Jeder, der bereit ist, sich zehn Jahre mit Gasinstallateuren und Klempnern herumzuschlagen, ist offenbar ungeeignet, einen Verwaltungsposten zu bekleiden.«

»Müssen wir denn immer einzig und allein aus Verwaltungsgründen befördern?« fragte Mr. Morris müde. »Wilt ist zufällig ein guter Lehrer.«

»Wenn ich nur eben eine Feststellung machen darf«, sagte Dr. Mayfield, der Leiter der Soziologie, »in diesem Augenblick wird es langsam zu bedenken unumgänglich, daß angesichts der bevorstehenden Einführung des neuen Unterrichtszweiges ›Städtebau und Dichtung des Mittelalters‹, dessen vorläufige Genehmigung durch den Rat Nationaler Wissenschaftlicher Entscheidungen wenigstens prinzipiell in Aussicht stellen zu dürfen ich mich glücklich schätze, man besser eine stabile Lehrkörpersituation hinsichtlich der Hauptlehrerstellen aufrechterhalten sollte, indem man die Stellen Kandidaten mit Spezialkenntnissen in besonderen Bereichen akademischer Forschung zuweist, als daß man ...«

»Wenn ich eben mal für einen Moment unterbrechen darf, ob nun zur rechten Zeit oder nicht«, sagte Dr. Board, der Leiter der Modernen Fremdsprachen, »so wollen Sie damit sagen, wir sollten die Hauptlehrerstellen lieber hochqualifizierten Spezialisten vorbehalten, die nicht unterrichten können, als Hilfslehrer ohne Doktortitel zu befördern, die es können?«

»Wenn Dr. Board mir fortzufahren gestattet hätte«, sagte Dr. Mayfield, »hätte er dem entnehmen können, daß ich zu sagen im Begriff ...«

»Das bezweifle ich«, sagte Dr. Board, »von ihrem Satzbau mal ganz abgesehen ...«

Und so wurde nun schon das fünfte Jahr hintereinander Wilts Beförderung vergessen. Die Berufsschule für Geisteswissenschaften und Gewerbekunde von Fenland wuchs. Immer neue Leistungskurse sprossen aus der Erde, und immer mehr Schüler mit immer weniger Voraussetzungen strömten heran, um von immer mehr Lehrern mit immer größeren Fähigkeiten unterrichtet zu werden, bis eines Tages die Berufsschule nicht mehr bloß einfach eine Berufsschule sein, sondern sich zu einer Berufsfachschule mausern würde. Das war der Traum jedes Abteilungsleiters, und dabei blieben Wilts Selbstachtung und Eva Wilts Hoffnungen auf der Strecke.

Wilt erfuhr die Neuigkeit vor dem Mittagessen in der Kantine.

»Tut mir leid, Henry«, sagte Mr. Morris, als sie sich mit ihren Tabletts in die Schlange stellten, »das ist diese verdammte miserable Wirtschafslage. Sogar die Modernen Fremdsprachen mußten eine Kürzung schlucken. Sie haben bloß zwei Beförderungen durchgebracht.«

Wilt nickte. So hatte er es kommen sehen. Er war in der verkehrten Abteilung, in der verkehrten Ehe und im verkehrten Leben. Er trug seine Fischstäbchen zu einem Tisch in der Ecke hinüber und aß allein. Um ihn herum erörterten andere Kollegen aus dem Lehrkörper ihre Aufstiegsaussichten und wer im nächsten Jahr im Schulausschuß säße. Sie gaben Mathe, Wirtschaftskunde oder Englisch, Fächer, die etwas galten und wo Beförderung was Leichtes war. Allgemeinbildung galt nichts, und Beförderung kam nicht in Frage. So einfach war das. Wilt aß zu Ende und ging zu den Nachschlagewerken hinauf, um im Arzneiregister unter Insulin nachzusehen. Er hatte eine Ahnung, als sei das das einzige nicht nachweisbare Gift.

Um fünf vor zwei und keine Spur klüger ging er hinunter in den Raum 752, um die Sensibilität von fünfzehn Fleischerlehrlingen zu steigern, auf dem Stundenplan als Fleisch I bezeichnet. Wie üblich kamen sie zu spät und betrunken.

»Wir haben auf Bills Gesundheit angestoßen«, erklärten sie ihm, als sie zehn nach zwei eintrudelten.

»Ach ja?« sagte Wilt und teilte die Exemplare von ›Der Herr der Fliegen‹ aus. »Und wie geht's ihm?«

»Verdammt beschissen«, sagte ein feister Jüngling, der quer über den Rücken seiner Lederjacke ›Immergeil‹ stehen hatte. »Er kotzt sich die Därme aus 'm Hals. Er hat Geburtstag und hat sich vier Wodka und 'ne Piccolo genehmigt . . .«

»Wir waren da stehengeblieben, wo Piggy im Wald ist«, sagte Wilt, um sie von der Diskussion darüber abzulenken, was Bill an seinem Geburtstag getrunken hatte. Er langte nach einem Lappen und wischte die Zeichnung eines Kondoms von der Tafel. »Das ist Mr. Sedgwicks Firmenzeichen«, sagte einer der Fleischer, »der quatscht immer über Verhütungsmittel und so. Der hat da 'n richtiges Ding am Laufen.«

»Ein Ding am Laufen?« sagte Wilt unschuldig.

»Sie wissen doch, Geburtenkontrolle. Na ja, er war doch immer so katholisch, nich? Und nu is er's nich mehr und holt alles nach«, sagte ein kleiner blasser Bursche und wickelte einen Riegel Mars aus.

»Jemand sollte ihm mal was von der Pille verklickern«, sagte ein anderer Junge und hob verdöst den Kopf vom Pult. »Mit 'm Pariser fühlst du nich die Bohne. 's kribbelt besser mit der Pille.«

»Das tut's wahrscheinlich«, sagte Wilt, »aber soweit ich weiß, gibt es Nebenwirkungen.«

»Kommt drauf an, was Ihnen lieber ist«, sagte ein Typ mit Backenbart.

Widerstrebend kehrte Wilt zum ›Herrn der Fliegen‹ zurück. Er hatte das Zeug schon zweihundertmal gelesen.

»Also Piggy geht jetzt in den Wald . . .«, begann er, wurde aber wieder von einem anderen Fleischer unterbrochen, der Wilts Abneigung gegen Piggys Unglück offensichtlich teilte.

»Bei der Pille gibt's nur schlechte Nebenwirkungen, wenn man welche nimmt, wo viel Östrogen drin ist.«

»Das ist ja sehr interessant«, sagte Wilt. »Östrogen? Du weißt wohl allerhand darüber.«

»'ne alte Schrippe in unserer Straße hat ein Blutgerinnsel im Bein gekriegt . . .«

»Ach du dummes olles Gerinnsel«, sagte der Marsriegel.

»Hört mal her«, sagte Wilt. »Entweder lassen wir uns jetzt von Peter erzählen, was er über die Auswirkungen der Pille weiß, oder wir machen mit Piggy weiter.«

»Scheiß Piggy«, sagte der Backenbart.

»Sehr richtig«, sagte Wilt aus vollem Herzen, »drum seid still.«

»Na ja«, sagte Peter, »diese alte Schrippe, na ja, sie war nicht so richtig alt, vielleicht dreißig, sie hat die Pille genommen und dann hat sie dieses Blutgerinnsel gekriegt, und der Doktor hat zu meiner Tante gesagt, es wär das Östrogen, und sie sollte lieber 'ne andere Sorte Pillen nehmen, bloß für den Fall, und die Olle in unserer Straße, ihr Oller mußte hin und sich sterilisieren lassen, damit sie nicht nochmal 'n Blutgerinnsel kriegt.«

»Ich würde Scheiße schreien, wenn mir jemand sagen würde, ich sollte mir was wegschnippeln lassen«, sagte der Marsriegel, »ich will wissen, daß ich voll da bin.«

»Wir haben ja alle unseren Ehrgeiz«, sagte Wilt.

»Mir säbelt niemand mit so 'nem scheißgroßen Messer meine Klöten weg«, sagte der Backenbart.

»Dir langt da sowieso keiner hin«, sagte ein anderer.

»Was ist denn mit dem Schwanz, dem du die Olle gebumst hast«, sagte der Marsriegel. »Ich wette, der hätte nichts gegen einen Versuch.«

Wilt drohte wieder mit Piggy als Strafe und brachte sie auf das Sterilisieren zurück.

»Jedenfalls ist es nicht mehr für immer«, sagte Peter. »Sie können dir 'n winzigen goldenen Wasserhahn reinmachen, und den kannste aufdrehen, wenn du 'n kleinen Schreihals haben willst.«

»Ach komm! Das ist doch nicht wahr.«

»Na ja, auf Krankenschein kannste's nich, aber wenn de zahlst, können se. Ich hab's in 'ner Illustrierten gelesen. Sie haben in Amerika Versuche gemacht.«

»Und was ist, wenn die Dichtung kaputtgeht?« fragte der Marsriegel.

»Ich schätze, dann holt man 'n Klempner.«

Wilt saß und hörte zu, wie Fleisch I sich lang und breit über das Sterilisieren und die Spirale ausließ, über Inder, die gratis Transistorradios bekämen, das Flugzeug, das in Audley End mit einer Menge illegaler Einwanderer gelandet war, und was jemandes Bruder, der Polizist in Brixton war, über die Schwarzen sagte, und daß die Iren genauso schlecht wären, und die Bomben und wieder zurück zu den Katholiken und der Geburtenkontrolle, und wer wollte schon in Irland leben, wo man nicht mal Pornos kaufen könne, und so wieder zurück zur Pille. Und die ganze Zeit kamen ihm zwanghaft Mittel und Wege in den Sinn, Eva loszuwerden. Eine Diät mit Antibabypillen mit hohem Östrogengehalt? Wenn er sie zerkleinerte und in die Ovomaltine mischte, die sie vor dem

Schlafengehen trank, bestand Aussicht, daß sich in nullkommanichts überall Blutgerinnsel bildeten. Wilt schlug sich den Gedanken aus dem Kopf. Eva mit Blutgerinnseln war für ihn schwer zu verkraften, und wahrscheinlich würde es sowieso nicht klappen. Nein, es müßte etwas Schnelles, Sicheres und Schmerzloses sein. Am besten ein Unfall.

Am Schluß der Stunde sammelte Wilt die Bücher ein und ging ins Lehrerzimmer zurück. Er hatte eine Freistunde. Auf dem Weg kam er an der Baustelle des neuen Verwaltungsblocks vorbei. Man hatte das Gelände gerodet, und nun waren die Bauarbeiter da und bohrten die Löcher für die Pfeiler des Fundaments. Wilt blieb stehen und sah zu, wie sich der Bohrer langsam in die Erde fraß. Sie machten große Löcher. Sehr große. Groß genug für eine Leiche.

»Wie tief gehen Sie?« fragte er einen der Arbeiter.

»Zehn Meter.«

»Zehn Meter?« sagte Wilt. »Wann kommt der Beton rein?«

»Montag, mit 'm bißchen Glück«, sagte der Mann.

Wilt ging weiter. Ein neuer und wirklich grauenhafter Gedanke war ihm gerade gekommen.

2

Es war einer von Eva Wilts besseren Tagen. Für sie gab es ›halt so Tage‹, bessere Tage und ›diese Tage da‹. ›Halt so Tage‹ waren eben halt so Tage, wenn nichts schiefging und sie es schaffte, das Geschirr zu spülen und das Zimmer vorn zu saugen und die Fenster zu putzen und die Betten zu machen und das Bad mit Vim zu scheuern und Harpic ins Klobecken zu streuen, und wenn sie dann ins Gemeindezentrum ›Harmonie‹ rüberging und beim Fotokopieren half oder alte Kleider zum Verramschen sortierte und sich überhaupt nützlich machte und zum Mittagessen nach Hause kam und dann zur Bücherei ging und bei Mavis oder Susan oder Jean Tee trank und sich über das Leben unterhielt und wie selten Henry momentan auch nur auf die Schnelle mit ihr schliefe und wie sie ihre Chance verpaßt habe, als sie diesem Bankbeamten, der jetzt Direktor sei, einen Korb gegeben habe, und wenn sie dann nach Hause kam und Henry das Abendbrot machte und noch mal zum Yoga oder Blumenstecken oder Meditieren oder Töpfern wegging und schließlich mit dem Gefühl ins Bett stieg, was geschafft zu haben.

An einem von ›diesen Tagen da‹ dagegen klappte nichts. Die Tätigkeiten waren genau dieselben, aber jede Einzelheit wurde ihr durch irgendein kleineres Mißgeschick vergällt, wie zum Beispiel, daß die Sicherung im Staubsauger durchbrannte oder ein Stück Mohrrübe den Abfluß im Spülbecken verstopfte, so daß Henry, wenn er nach Hause kam, entweder mit Schweigen begrüßt oder mit einer völlig ungerechtfertigten Aufzählung aller seiner Fehler und Schwächen überfallen wurde. An einem von ›diesen Tagen da‹ nahm Wilt normalerweise den Hund auf einen ausführlichen Spaziergang mit, der ihn unter anderem zur Gaststätte ›Am Fährweg‹ führte, und verbrachte eine ruhelose Nacht mit Aufstehen und ins Bad Müssen, womit er die Reinigungskräfte des Harpic zunichte machte, das Eva in alle Winkel des Klobeckens gestäubt hatte, und ihr so einen willkommenen Vorwand lieferte, am nächsten Morgen noch mal seine Fehler anzuprangern.

»Zum Kuckuck, was soll ich denn bloß machen?« hatte er nach einer dieser Nächte gefragt. »Wenn ich die Spülung ziehe, bist du sauer, weil ich dich damit geweckt habe, und wenn ich's nicht tue, sagst du, es sieht morgens so eklig aus.«

»Na, das tut's ja auch, und sowieso brauchst du nicht das ganze Harpic von den Seiten wegzustrullern. Und sag bloß nicht, das tätest du nicht. Ich habe dich dabei beobachtet. Du zielst rundherum drauf, so daß alles weggespült wird. Du machst das richtig absichtlich.«

»Wenn ich die Spülung ziehe, würde's eh alles wegschwemmen und dich obendrein auch noch wecken«, sagte Wilt, wohl wissend, daß er sich wirklich angewöhnt hatte, auf das Harpic zu zielen. Er hatte was gegen das Zeug.

»Warum kannst du nicht einfach bis zum Morgen warten? Und überhaupt geschieht dir ganz recht«, fuhr sie fort, um der Antwort, die sie erwartete, zuvorzukommen, »wenn du so viel Bier trinkst. Du sollst Clem ausführen und nicht Bier saufen in dieser ekelhaften Pinte.«

»Pipi oder nicht Pipi, das ist hier die Frage«, sagte Wilt und tat sich Müsli auf. »Was erwartest du von mir? Daß ich mir einen Knoten in das verdammte Ding mache?«

»Das würde mir auch nichts ausmachen«, sagte Eva bitter.

»Mir würde das aber verdammt nochmal 'ne ganze Menge ausmachen, na, besten Dank.«

»Ich sprach von unserem Sexualleben, das weißt du genau.«

»Ach so«, sagte Wilt.

Aber das war an einem von ›diesen Tagen da‹.

An einem ihrer besseren Tage geschah irgendwas Unerwartetes, das das tägliche Einerlei mit neuem Sinn erfüllte und die in ihr schlummernden Hoffnungen erweckte, daß sich plötzlich alles irgendwie zum Besseren wendete und auch so bliebe. Diese Hoffnungen waren es, auf denen ihre Lebenszuversicht beruhte. Sie waren der geistige Ausgleich für die geistlosen Tätigkeiten, die sie in Anspruch nahmen und Henry nervten. An einem ihrer besseren Tage schien die Sonne strahlender, der Boden in der Diele leuchtete strahlender und Eva Wilt selber war strahlender zumute, und sie summte: »›Du sollst der Kaiser meiner Träume sein‹ . . .«, während sie die Treppe staubsaugte. An einem ihrer besseren Tage trat sie der Welt mit einer entwaffnenden Gutmütigkeit gegenüber, die in anderen Menschen genau dieselben Hoffnungen erweckte, die Eva erbeben ließen. An einem ihrer besseren Tage mußte Henry für sein Abendbrot selber sorgen und blieb, wenn er klug war, so lange wie möglich von zu Hause weg. Eva Wilts Hoffnungen ersehnten sich etwas sehr viel Anregenderes als Henry Wilt nach einem Tag Berufsschule. Und am Abend solcher Tage geschah es dann, daß er wirklich fast so weit war, sie umzubringen, und zum Teufel mit allem, was danach kam.

An diesem speziellen Tag war sie auf dem Weg zum Gemeindezentrum, als sie zufällig Sally Pringsheim traf. Es war eine dieser rein zufälligen Begegnungen, die nur dadurch zustandekam, daß Eva den Weg zu Fuß statt mit dem Fahrrad machte und durch den Rossiter Grove statt einfach die Parkview Avenue langging, was eine halbe Meile kürzer gewesen wäre. Sally kam gerade in einem Mercedes mit P-Kennzeichen aus dem Tor, das hieß, der Wagen war nagelneu. Eva bemerkte es und lächelte entsprechend.

»Wie ulkig, daß ich Sie gerade hier treffe«, sagte sie strahlend, als Sally hielt und den Schlag öffnete.

»Kann ich Sie ein Stück mitnehmen? Ich fahre gerade in die Stadt, um nach 'ner netten Kleinigkeit zu sehen, die ich heute abend anziehe. Gaskell hat irgendso 'n schwedischen Professor aus Heidelberg zu Besuch, und wir wollen mit ihm ins ›Ma Tante‹.«

Eva Wilt stieg erfreut ein, in Gedanken taxierte sie den Preis des Wagens und des Hauses und die Wichtigkeit, eine nette Kleinigkeit ins ›Ma Tante‹ anzuziehen (wo, wie sie gehört hatte, Vorgerichte wie Garnelencocktails fast ein Pfund kosteten) und die Tatsache, daß Dr. Pringsheim schwedische Professoren ausführte, wenn sie nach Ipford kamen.

»Ich wollte gerade in die Stadt laufen«, schwindelte sie, »Henry hat sich den Wagen genommen, und es ist so ein herrlicher Tag.«

»Gaskell hat sich ein Fahrrad gekauft. Er sagt, das geht schneller und hält ihn fit«, sagte Sally, womit sie Henry Wilt zu einem weiteren Mißgeschick verurteilte. Eva nahm sich vor, dafür zu sorgen, daß Henry sich auf der Polizeiauktion ein Fahrrad kaufte und bei Wind und Wetter zum Dienst führe. »Ich habe gedacht, ich versuch's mal bei ›Felicity Moden‹ mit einem Seidenponcho. Ich weiß nicht, wie die sind, aber ich habe gehört, die sollen gut sein. Professor Grants Frau kauft dort, und sie sagt, sie haben die größte Auswahl.«

»Da bin ich sicher«, sagte Eva Wilt, deren Verbindung zu ›Felicity Moden‹ darin bestand, ins Schaufenster zu gucken und sich zu fragen, wer in aller Welt sich Kleider für vierzig Pfund leisten könne. Jetzt wußte sie es. Sie fuhren in die Stadt und parkten im Parkhochhaus. In der Zwischenzeit hatte Eva eine Menge weiterer Informationen über die Pringsheims in ihrem Gedächtnis gespeichert. Sie kamen aus Kalifornien. Sally war Gaskell begegnet, als sie durch Arizona trampte. Sie war an der Universität von Kansas gewesen, hatte aber das Studium geschmissen, um in einer Kommune zu leben. Es hatte schon andere Männer in ihrem Leben gegeben. Gaskell mochte keine Katzen. Er kriegte davon Heuschnupfen. Die Befreiung der Frau bedeutete mehr, als den BH ins Feuer zu schmeißen. Sie bedeutete, sich dem Programm der Überlegenheit der Frau über den Mann total zu verschreiben. Liebe war was Tolles, solange man sie nicht an sich ran ließ. Naturdünger war in und Farbfernsehen out. Gaskells Vater hatte eine Ladenkette besessen, die ausbeuterisch gewesen war. Geld war praktisch und Rossiter Grove öde. Vor allem mußte Ficken Spaß machen, das mußte es einfach, wie man's auch immer ansah.

Eva Wilt versetzte diese Mitteilung in Hochspannung. In ihren Kreisen war ›Fick‹ ein Wort, das die Männer gebrauchten, wenn sie beim Bier mit ihrer Potenz prahlten. Wenn Eva es benutzte, dann tat sie es in der Abgeschiedenheit des Badezimmers und mit einer sehnsüchtigen Nachdenklichkeit, die ihm seine Grobheit nahm und es mit herrlicher Kraft erfüllte, so daß ein guter Fick zur entferntesten und abstraktesten aller Hoffnungen wurde und mit Henrys gelegentlichem Morgengefummele überhaupt nichts zu tun hatte. Und wenn ›Fick‹ dem Badezimmer vorbehalten war, dann war Ficken was noch Ungewöhnlicheres. Es verhieß eine geradezu immerwährende Betätigung, was ganz Ungeniertes, das so lässig wie befriedigend war und dem Leben eine neue Dimension verlieh. Eva Wilt stolperte aus dem Auto und folgte Sally im Zustand höchster Erregung in die ›Felicity Moden‹.

Wenn Ficken Spaß machte, dann war mit Sally Pringsheim einzukaufen eine Offenbarung. Das ging mit einer Entschlossenheit vonstatten, die wirklich atemberaubend war. Wo Eva gezögert und gezaudert hätte, da entschied Sally, und hatte sie entschieden, so tigerte sie weiter an den Kleiderstangen entlang, ließ Sachen, die ihr nicht gefielen, über Stühlen hängen, griff zu anderen, warf einen Blick drauf und sagte mit einer gelangweilten Zustimmung, die einfach ansteckend war, sie reichten wahrscheinlich zu diesem Anlaß, und verließ den Laden mit einem Stapel Schachteln mit Schantungponchos, seidenen Sommermänteln, Schals und Blusen im Wert von zweihundert Pfund. Eva hatte siebzig ausgegeben, und zwar für einen gelben Hausanzug und einen Regenmantel mit Aufschlägen und Gürtel, der, wie Sally sagte, hundert Prozent Gatsby war.

»Jetzt brauchen Sie nur noch den Hut, dann sind Sie's«,

sagte sie, als sie die Schachteln im Wagen verstauten. Sie kauften den Hut, einen weichen Schlapphut, und gingen dann ins ›Café Mombasa‹ Kaffee trinken, wo Sally, eine lange dünne Zigarre rauchend, sich angeregt über den Tisch lehnte und so laut über Körperberührung redete, daß Eva bemerkte, wie die Frauen an verschiedenen Tischen in der Nähe aufhörten, sich zu unterhalten, und ziemlich mißbilligend zuhörten.

»Gaskells Brustwarzen machen mich ganz wild«, sagte Sally, »sie machen auch ihn ganz wild, wenn ich dran nukkele.«

Eva trank ihren Kaffee und fragte sich, was Henry wohl täte, wenn sie sich einfallen ließe, an seinen Brustwarzen zu nuckeln. Ihn wild machen, war wohl kaum das richtige Wort, und außerdem bereute sie langsam, siebzig Pfund ausgegeben zu haben. Das würde ihn ebenfalls wild machen. Henry hielt nichts von Kreditkarten. Aber sie hatte zu viel Spaß, als daß sie sich vom Gedanken an seine Reaktion den Tag vermiesen lassen wollte.

»Ich finde, die Nippel sind so wichtig«, fuhr Sally fort. Am Nebentisch zahlten zwei Frauen und gingen.

»Das mag ja sein«, sagte Eva Wilt verlegen, »aber ich habe mit meinen nie viel anfangen können.«

»Wirklich nicht?« sagte Sally. »Dagegen müssen wir aber was tun.«

»Ich glaube nicht, daß irgend jemand viel dagegen tun kann«, sagte Eva. »Henry zieht seinen Schlafanzug nie aus, und bei mir ist das Nachthemd im Wege.«

»Erzählen Sie mir nicht, Sie haben im Bett was an. O Gott, Sie armes Ding. Und Nachthemden, lieber Himmel, wie demütigend für Sie! Ich finde, das ist typisch für eine von Männern beherrschte Gesellschaft, diese ganzen Kleiderunterschiede. Sie müssen ja an einem Streicheldefizit leiden. Gaskell sagt, das ist genauso schlimm wie Vitaminmangel.«

»Ach Gott, Henry ist halt immer müde, wenn er nach Hause kommt«, sagte Eva. »Und ich gehe viel aus.«

»Das überrascht mich nicht«, sagte Sally, »Gaskell meint,

die Erschöpfung des Mannes ist ein Zeichen von Penisunsicherheit. Ist Henrys groß oder klein?«

»Gott, das kommt drauf an«, sagte Eva heiser, »manchmal ist er groß und manchmal nicht.«

»Ich mag Männer mit kleinen viel lieber«, sagte Sally, »sie geben sich viel mehr Mühe.«

Sie tranken ihren Kaffee aus und gingen zum Auto zurück, während sie über Gaskells Penis und seine Theorie diskutierten, in einer sexuell ungeschiedenen Gesellschaft werde die Stimulierung der Brustwarzen eine zunehmend wichtige Rolle bei der Entwicklung des Gefühls des Mannes für seine hermaphroditische Natur spielen.

»Gaskell hat darüber einen Artikel geschrieben«, sagte Sally, als sie nach Hause fuhren, »der heißt ›Der Mann als Mutter‹. Er ist letztes Jahr in ›Leck mich‹ erschienen.«

»Leck mich?« sagte Eva.

»Ja, das ist eine Zeitschrift, die von der Gesellschaft zur Erforschung ganzheitlicher Sexualität in Kansas herausgegeben wird. G hat viel über Tierverhalten für sie gearbeitet. Er hat da seine Doktorarbeit über das Rollenspiel bei Ratten geschrieben.«

»Das klingt aber sehr interessant«, sagte Eva unsicher. Rolle oder rollen? Egal, was es war, es war imponierend, und natürlich reichten Henrys gelegentliche Aufsätzchen über ›Der Berufsschulanfänger und die Literatur‹ in der ›Allgemeinwissenschaftlichen Vierteljahresschrift‹ schwerlich an Dr. Pringsheims Untersuchungen heran.

»Ach, ich weiß nicht. Das ist doch wirklich alles so wasserklar. Wenn man zwei männliche Ratten lange genug in einen Käfig steckt, muß eine einfach unweigerlich aktive Neigungen entwickeln und die andere passive«, sagte Sally gelangweilt. »Aber Gaskell war furchtbar wütend. Er dachte, sie müßten sich abwechseln. Das ist typisch G. Ich sagte zu ihm, wie albern er wär. Ich sagte: ›G-Mäuschen, Ratten sind doch praktisch sowieso alle gleich. Ich meine, wie kannst du von ihnen erwarten, sie könnten eine Existenzwahl treffen?‹, und wissen

Sie, was er gesagt hat? Er sagte: ›Mein Schamlöckchen-Baby, Ratten sind das Musterbeispiel. Denk einfach immer daran, und du liegst nie falsch. Ratten sind das Musterbeispiel.‹ Wie finden Sie das?«

»Ich finde, Ratten sind ziemlich eklig«, sagte Eva ohne nachzudenken. Sally lachte und legte ihr die Hand aufs Knie.

»Ach, Eva-Liebes«, murmelte sie, »Sie sind so wundervoll erdnah. Nein, ich bringe Sie nicht zur Parkview Avenue zurück. Sie kommen auf einen Drink und zum Essen mit zu mir. Ich vergehe einfach danach, Sie in diesem zitronengelben Hausanzug zu sehen.«

Sie bogen in den Rossiter Grove ein.

Waren Ratten ein Musterbeispiel für Dr. Pringsheim, so waren Drucker III ein Musterbeispiel für Henry Wilt, wenn auch eines von ziemlich anderer Art. Sie waren ein Beispiel für alles überaus Schwierige, Unsensible und ausgesprochen Aufsässige an den Berufsschulklassen, und um alles noch schlimmer zu machen, meinten diese Halunken auch noch, sie seien gebildet, weil sie tatsächlich lesen konnten, und Voltaire sei ein Idiot, weil er für Candide alles danebengehen ließ. Wenn er sie nach den Kindergärtnerinnen und in seiner Vertretungsstunde bekam, brachten die Drucker III seine schlechtesten Seiten zum Vorschein. Das hatten sie offenbar auch bei Cecil Williams geschafft, der sie eigentlich hatte übernehmen sollen.

»Das ist jetzt schon die zweite Woche, die er wegen Krankheit fehlt«, berichteten sie Wilt.

»Das überrascht mich überhaupt nicht«, sagte Wilt, »ihr verdammte Sippschaft genügt, um jeden krank zu machen.«

»Wir haben een Typen so vergrault, da hat er sich vergast. Pinkerton hat er jehießen. Er nahm uns für 'n Jahr, und wir mußten dieses Buch ›Juda der Unberühmte‹ lesen. Ein scheißdeprimierendes Buch war das. Alles über diesen blödsinnigen Juda.«

»Das Buch ist mir nicht ganz unbekannt«, sagte Wilt.

»Das nächste Jahr kam Old Pinky nicht wieder. Er fuhr zum Fluß runter und steckte einen Schlauch in den Auspuff und vergaste sich.«

»Ich kann's ihm nicht verübeln«, sagte Wilt.

»Na, Sie machen mir aber Spaß. Er sollte uns doch mit gutem Beispiel vorangehen.«

Wilt sah die Klasse finster an.

»Ich bin sicher, genau das wollte er, als er sich vergaste«, sagte er. »So, und nun macht weiter und lest leise, eßt leise und raucht so, daß euch niemand vom Verwaltungsflügel aus sehen kann, ich habe zu arbeiten.«

»Zu arbeiten? Ihr Scheißvolk wißt doch nicht, was Arbeit ist. Alles, was ihr könnt, ist den ganzen Tag am Schreibtisch hocken und lesen. Ist das vielleicht Arbeit? Mich ham se am Arsch, wenn ich's tu, und euch bezahlen die auch noch dafür . . .«

»Halt die Klappe«, sagte Wilt überraschend heftig. »Halt deine blöde Schnauze.«

»Wer kann mir das schon vorschreiben«, sagte der Drukker.

Wilt versuchte, seine Wut im Zaum zu halten, und fand es ausnahmsweise mal unmöglich. Die Drucker III hatten was unglaublich Arrogantes.

»Ich!« brüllte er.

»Ach nee, und wer sonst noch? Sie würden's nicht mal schaffen, daß 'ne Maus die Klappe hält, und wenn Sie's den ganzen Tag probieren.«

Wilt stand auf. »Du verfluchter kleiner Scheißkerl«, schrie er, »du dreckige Rotznase . . .«

»Ich muß schon sagen, Henry, ich hätte mehr Beherrschung von Ihnen erwartet«, sagte der Leiter der Allgemeinbildung, als Wilts Nase eine Stunde später nicht mehr blutete und die Schulschwester ihm ein Pflaster auf die Augenbraue geklebt hatte.

»Na ja, es war nicht meine Klasse, und sie haben mich damit

auf die Palme gebracht, daß sie sich über Pinkertons Selbstmord lustig machten. Wenn Williams nicht wegen Krankheit gefehlt hätte, wär's nicht passiert«, erklärte Wilt. »Er ist immer krank, wenn er Drucker III zu übernehmen hat.«

Mr. Morris schüttelte enttäuscht den Kopf. »Mir ist egal, welche Klasse es war. Aber Sie können einfach nicht herumlaufen und über Schüler herfallen . . .«

»Über Schüler herfallen? Nicht mal berührt habe ich . . .«

»Schon gut, aber Sie haben beleidigende Worte gebraucht. Bob Fenwick war in der Klasse nebenan und hat gehört, wie Sie diesen Allison einen verfluchten kleinen Scheißkerl und einen boshaften Trottel nannten. Ist es dann ein Wunder, wenn er Ihnen eine knallt?«

»Wahrscheinlich nicht«, sagte Wilt. »Ich hätte nicht wütend werden dürfen. Tut mir leid.«

»Wenn das so ist, vergessen wir doch einfach das Vorgefallene«, sagte Mr. Morris. »Aber denken Sie daran, wenn ich Ihnen eine Hauptlehrerstelle verschaffen soll, kann ich nicht dulden, daß Sie sich einen Klecks in Ihr Schreibheft machen, indem Sie sich mit Schülern prügeln.«

»Ich habe mich nicht geprügelt«, sagte Wilt, »er hat mich verprügelt.«

»Na, wollen wir nur hoffen, daß er nicht zur Polizei geht und Sie wegen tätlicher Beleidigung anzeigt. Das wäre das Allerletzte an Reklame, was uns noch fehlte.«

»Nehmen Sie mir einfach Drucker III ab«, sagte Wilt. »Ich hab diese Ungeheuer satt.«

Er ging den Korridor hinunter und holte sich Mantel und Aktentasche aus dem Lehrerzimmer. Seine Nase fühlte sich zweimal so groß wie normal an, und seine Augenbraue tat ekelhaft weh. Auf dem Weg hinaus zum Parkplatz kam er an mehreren Kollegen vorbei, aber keiner blieb stehen und fragte ihn, was geschehen sei. Unbeachtet verließ Henry Wilt das Schulgebäude und stieg in sein Auto. Er schloß die Tür und saß mehrere Minuten lang da und sah den Dampframmen bei der Arbeit an dem neuen Block zu. Hoch, runter, hoch, runter. Nägel in einen Sarg. Und eines Tages, eines unentrinnbaren Tages läge auch er in seinem Sarg, immer noch unbeachtet, immer noch Hilfslehrer (zweiter Klasse) und von allen total vergessen, bis auf irgendso einen Rüpel aus Drucker III, der sich sein Leben lang an den Tag erinnern würde, wo er einem Lehrer eins auf die Nase gab und nicht bestraft wurde. Wahrscheinlich würde er noch vor seinen Enkeln damit prahlen.

Wilt ließ den Wagen an und fuhr auf die Hauptstraße hinaus, voller Ekel vor den Druckern III, der Schule, dem Leben im allgemeinen und sich selber im besonderen. Jetzt verstand er, wieso Terroristen bereit sein konnten, sich zum Besten irgendeiner Sache zu opfern. Hätte er eine Bombe und einen Grund gehabt, er hätte sich und alle unschuldigen Leute drumherum mit Freuden ins Jenseits gesprengt, bloß um für einen herrlichen, wenn auch kurzen Augenblick zu beweisen, daß er von wirklicher Bedeutung sei. Aber er hatte weder Bombe noch Grund. Er fuhr stattdessen eilends heim und parkte vor der Parkview Avenue Nr. 34. Dann schloß er die Haustür auf und ging hinein.

In der Diele roch es merkwürdig. Irgendein Parfüm. Schwer und süß. Er stellte seine Aktentasche ab und sah ins Wohnzimmer. Eva war anscheinend nicht zu Hause. Er ging in die Küche, stellte den Teekessel auf und befühlte seine Nase. Er mußte sie sich im Badezimmerspiegel mal genau ansehen. Er war die Treppe halb hinauf, wo er wahrnahm, daß das Parfüm entschieden was Giftgasartiges an sich hatte, als ihn etwas zum Stehenbleiben zwang. Eva Wilt stand in der Schlafzimmertür und hatte einen verblüffend gelben Schlafanzug mit enorm gebauschten Hosen an. Sie sah wirklich fürchterlich aus, und um alles noch schlimmer zu machen, rauchte sie eine lange dünne Zigarette aus einer langen dünnen Zigarettenspitze. Ihr Mund war grell rot.

»Penis-Baby«, murmelte sie heiser und wiegte sich hin und her. »Komm hier rein. Ich will an deinen Brustwarzen nukkeln, bis du mir mundmäßig kommst.«

Wilt kehrte um und floh die Treppe hinunter. Das Weib war blau. Es war einer ihrer besseren Tage. Ohne sich die Zeit zu nehmen, den Teekessel abzustellen, rannte Henry Wilt zur Haustür hinaus und stieg wieder ins Auto. Er blieb doch nicht da, um sie an seinen Brustwarzen nuckeln zu lassen. Für heute hatte er absolut genug.

3

Eva Wilt ging hinunter und sah sich zaghaft nach Penis-Baby um. Zum einen wollte sie ihn gar nicht finden, zum anderen hatte sie auch keine Lust, an seinen Brustwarzen zu nuckeln, und zum dritten war ihr klar, daß sie nicht siebzig Pfund für einen Regenmantel und einen Freizeitanzug hätte ausgeben sollen, die sie im Warenhaus für dreißig bekommen hätte. Sie brauchte sie nicht und sie konnte sich auch nicht vorstellen, daß sie die Parkview Avenue als der Große Gatsby langgehen würde. Außerdem war ihr ein bißchen schlecht.

Er hatte aber den Teekessel aufgestellt gelassen, also mußte er irgendwo sein. Es war nicht Henrys Art, aus dem Haus zu gehen und den Teekessel auf dem Feuer zu lassen. Sie sah in der Halle nach. Das war mal das Wohnzimmer gewesen, bis Sally beim Mittagessen ihr Wohnzimmer als Halle bezeichnet hatte. Sie guckte ins Eßzimmer, jetzt Speisezimmer, und sogar in den Garten, aber Henry war verschwunden und hatte den Wagen und alle ihre Hoffnungen mitgenommen, Nippelnukkeln könne ihrer Ehe einen neuen Sinn geben und ihrem Streicheldefizit ein Ende setzen. Schließlich gab sie die Suche auf, kochte sich eine anständige Kanne Tee und saß in der Küche und fragte sich, was in aller Welt sie dazu gebracht habe, ein männliches Chauvinistenschwein wie Henry Wilt zu heiraten, der von einem guten Fick nichts verstand, selbst wenn er ihn auf einem silbernen Teller serviert bekäme, und dessen Vorstellung von einem kultivierten Abend ein fades Curryhuhn im ›Neu Delhi‹ und eine Aufführung von ›König Lear‹ im Rathaussaal war. Warum konnte sie nicht jemanden wie Gaskell Pringsheim geheiratet haben, der schwedische Professoren ins ›Ma Tante‹ ausführte und die Bedeutung der klitoralen Stimulation als einen notwendigen Kon-dingsbums einer wirklich befriedigenden zwischenmenschlichen Durchdringung ansah? Andere Leute fanden sie noch immer reizvoll. Patrick Mottram zum Beispiel, und John Frost auch, bei dem sie Töpfern lernte, und Sally hatte gesagt, sie sei hübsch. Eva starrte ins Leere, ins Leere zwischen dem Geschirrständer und dem Kenwood-Mixer, den ihr Henry zu Weihnachten geschenkt hatte, und dachte an Sally und wie komisch die sie angesehen hatte, als sie in ihren gelben Hosenanzug schlüpfte. Sally hatte in der Tür des Pringsheimschen Schlafzimmers gestanden, eine Zigarette geraucht und ihre Bewegungen mit einer sinnlichen Berechnung beobachtet, daß Eva ganz rot geworden war.

»Liebes, Sie haben so einen hübschen Körper«, hatte sie gesagt, als Eva sich schnell umdrehte und in die Hosen stieg, um das Loch in ihrem Schlüpfer zu verdecken. »Sowas dürfen Sie doch nicht verkümmern lassen.«

»Meinen Sie wirklich, mir steht das?«

Aber Sally hatte interessiert auf ihre Brüste gestarrt. »Busen-Baby«, murmelte sie. Eva Wilts Brüste waren aufsehenerregend, und Henry hatte mal in einem seiner zahlreichen wunderlichen Augenblicke was von Höllenglocken gesagt, die Bimbam nur für sie und nicht für ihn machten. Sally war da verständnisvoller und hatte darauf bestanden, daß Eva ihren BH ausziehen und verbrennen solle. Sie waren in die Küche runtergegangen, hatten Tequila getrunken und den Büstenhalter in eine Schüssel gelegt und einen Palmzweig obendrauf, und Sally hatte Brandy drübergegossen und angezündet. Sie hatten dann die Schüssel in den Garten rausschaffen müssen, weil es so wahnsinnig stank und qualmte, und hatten im Gras gelegen und darüber gelacht, wie es rauchte. Jetzt, da Eva daran zurückdachte, bereute sie es. Es war ein guter BH mit Doppel-Stretch-Einsätzen gewesen, die dort Sicherheit verliehen, wo eine Frau sie brauchte, wie es in der Fernsehwerbung hieß. Aber Sally hatte gesagt, als freie Frau sei sie sich das schuldig, und mit zwei Drinks im Leib hatte Eva keine Lust gehabt zu protestieren.

»Sie müssen sich frei fühlen«, hatte Sally gesagt. »Frei – zu sein, frei zu sein.«

»Frei, um was zu sein?« fragte Eva.

»Sie selbst, Liebes«, flüsterte Sally, »Ihr geheimes Ich«, und berührte sie zärtlich da, wo Eva Wilt, wäre sie nüchtern und weniger übermütig gewesen, standhaft bestritten hätte, ein Ich zu haben. Sie waren wieder ins Haus gegangen und hatten Mittag gegessen, ein Gemisch aus noch mehr Tequila, Salat, Knäcke und Hüttenkäse, was Eva, deren Freßlust fast so unstillbar war wie ihre Gier nach neuen Erfahrungen, unbefriedigend fand. Sie hatte so deutlich wie möglich darauf angespielt, aber Sally hatte über die Vorstellung von drei richtigen Mahlzeiten am Tag nur die Nase gerümpft.

»Kalorienmäßig ist es nicht gut, viel Stärke aufzunehmen«, sagte sie, »und außerdem ist nicht wichtig, wieviel man in sich reinsteckt, sondern was. Sex und Essen, Herzchen, sind so ziemlich dasselbe. Öfter wenig ist besser als selten viel.« Sie hatte Eva noch einen Tequila eingegossen, darauf bestanden, daß sie ein Stück Zitrone in den Mund nähme, ehe sie ihn runterkippe, und ihr dann in das große Schlafzimmer mit dem großen Bett und dem großen Spiegel an der Decke hinaufgeholfen.

»Zeit für TT«, sagte sie und verstellte die Lamellen der Jalousie.«

»Tee-Tee«, murmelte Eva, »aber wir haben doch gerade erst Mamm-Mamm gemacht.«

»Tast-Therapie, Liebes«, sagte Sally und drückte sie sanft aufs Bett. Eva starrte zu ihrem Spiegelbild hinauf: eine große Frau, zwei große Frauen in gelben Hausanzügen auf einem großen Bett, einem großen knallroten Bett; zwei große Frauen ohne gelben Hausanzug auf einem großen knallroten Bett; vier Frauen nackt auf einem großen knallroten Bett.

»O Sally, nein Sally.«

»Liebes«, sagte Sally und erstickte Evas Proteste mundmäßig. Es war eine bestürzend neue Erfahrung gewesen, wenngleich sie sich nur zum Teil daran erinnerte. Eva war eingeschlafen, bevor die Tast-Therapie so richtig auf Touren gekommen war, und eine Stunde später aufgewacht, als Sally wieder völlig bekleidet mit einer Tasse schwarzem Kaffee am Bett stand.

»O Gott, fühl ich mich schlecht«, sagte Eva, womit sie sowohl ihren moralischen als auch ihren körperlichen Zustand meinte.

»Trink das, und du fühlst dich besser.«

Eva hatte den Kaffee getrunken und sich angezogen, während Sally erklärte, die Postkontaktverdrängungsdepression sei zu Anfang eine vollkommen natürliche Reaktion auf die Tast-Therapie.

»Du wirst sehen, nach den ersten paar Sitzungen kommt's dir ganz selbstverständlich vor. Du brichst vielleicht zusammen und heulst und schreist, aber dann fühlst du dich ungeheuer befreit und erleichtert.«

»Glaubst du? Ich weiß wirklich nicht.«

Sally hatte sie nach Hause gefahren. »Du und Henry, ihr müßt Donnerstag abend zu unserer Grillfete kommen«, sagte sie. »Mir ist vollkommen klar, daß G-Baby dich wird kennenlernen wollen. Und er wird dir gefallen. Er ist ein Busenfreund. Der schnappt über, wenn er dich sieht.«

»Ich sage dir, sie war besoffen«, sagte Wilt, als er in der Küche von Braintrees saß und Peter Braintree ihm eine Flasche Bier aufmachte. »Sie war besoffen und hatte irgend so 'n himmelschreienden gelben Pyjama an und rauchte eine Zigarette aus 'ner langen Scheiß Zigarettenspitze.«

»Und was hat sie gesagt?«

»Also, wenn du's unbedingt wissen willst, sie sagte: ›Komm her . . .‹ Nein, das ist wirklich zu bunt. Heute war für mich in der Schule ein absolut ekelhafter Tag. Erst sagt mir Morris, daß ich meine Hauptlehrerstelle nicht bekomme.

Dann fehlt Williams schon wieder wegen Krankheit, also geht mir eine Freistunde durch die Lappen. Dann kriege ich von so einem langen Rüpel von den Druckern III eine ins Gesicht, und schließlich komme ich heim zu einer betrunkenen Frau, die mich ›Penis-Baby‹ nennt.«

»Wie hat sie dich genannt?« fragte Peter Braintree und starrte ihn an.

»Du hast richtig gehört.«

»Eva hat dich Penis-Baby genannt? Das glaube ich nicht.«

»Na, dann geh doch rüber und hör dir an, wie sie dich nennt«, sagte Wilt bitter, »und gib mir nicht die Schuld, wenn sie an deinen Brustwarzen mundmäßig herumnuckelt, während sie's tut.«

»Mein Gott, das hat sie dir angedroht?«

»Das und noch mehr«, sagte Wilt.

»Das klingt nicht nach Eva. Wirklich nicht.«

»Es sah verdammt nochmal auch nicht nach ihr aus, das kannst du mir glauben. Sie hatte sich mit so 'nem gelben Freizeitanzug angedamt. Du hättest die Farbe mal sehen sollen. Daneben hätte eine Butterblume grau ausgesehen. Und irgend 'n ekligen knallroten Lippenstift hatte sie sich um den Mund geschmiert und rauchte ... Sie hat seit sechs Jahren nicht mehr geraucht, und dann dies ganze Zeugs mit Penis-Baby und Brustwarzengenuckele. Und mundmäßig.«

Peter Braintree schüttelte den Kopf. »Ist das ein ordinäres Wort«, sagte er.

»Es ist auch eine vollkommen ordinäre Sache, wenn du mich fragst«, sagte Wilt.

»Also, ich muß schon sagen, das klingt alles ganz schön merkwürdig«, sagte Braintree, »weiß der Himmel, was ich täte, wenn Susan nach Hause käme und plötzlich anfinge, an meiner Brust nuckeln zu wollen.«

»Mach's wie ich. Hau von zu Hause ab«, sagte Wilt. »Und überhaupt, es geht ja nicht bloß um die Brustwarzen. Meine Güte, wir sind nun schon zwölf lange Jahre verheiratet. Es ist 'n bißchen spät, um über Mundmäßiges rumzuquatschen.

Tatsache ist, sie ist auf diesem Trip mit der sexuellen Befreiung. Gestern abend kam sie von Mavis Mottrams Blumenarrangiermist nach Hause und plapperte was von klitoraler Stimulation und vorläufigen freischwebenden sexuellen Wahlmöglichkeiten.«

»Freischwebende was?«

»Sexuelle Wahlmöglichkeiten. Vielleicht hab ich's falsch verstanden. Ich weiß, sexuelle Wahlmöglichkeit kam irgendwo drin vor. Ich war schon halb eingeschlafen.«

»Wo hat sie denn das alles her, zum Teufel?« fragte Braintree.

»Von irgend 'ner verdammten Ami-Zicke, die Sally Pringsheim heißt«, sagte Wilt. »Du weißt ja, wie Eva ist. Ich meine, sie riecht intellektuelles Geschwafel eine Meile gegen den Wind und steuert zielstrebig drauf zu wie ein verdammter Mistkäfer auf 'ne offene Kloake. Du hast keine Ahnung, wieviele irrige ›neueste Ideen‹ ich mir schon gefallen lassen mußte. Klar, mit den meisten kann ich leben. Ich lasse sie einfach machen und gehe ruhig meiner Wege, aber wenn's so weit geht, daß ich mich mundmäßig beteiligen soll, während sie weiter über die Frauenemanzipation schwätzt, also dann kannst du mich von der Rechnung streichen.«

»Was ich an der sexuellen Befreiung und der Frauenemanzipation nicht kapiere, ist, warum man bis zum Kindergarten zurück muß, um frei zu werden«, sagte Braintree. »Da steckt wohl diese spinnerte Idee dahinter, daß man ununterbrochen leidenschaftlich verliebt sein muß.«

»Affen«, sagte Wilt verdrossen.

»Affen? Wieso Affen?«

»Das ist alles dieser Quatsch mit dem Tiermodell. Wenn die Tiere was machen, müssen's die Menschen auch. ›Territorialer Imperativ‹ und ›Der nackte Affe‹. Man stellt alles auf den Kopf, und anstatt weiterzukommen, fällt man um eine Million Jahre zurück. Man nehme sich am Orang-Utan ein Beispiel. Gleichmacherei auf dem niedrigsten gemeinsamen Nenner.«

»Ich verstehe nicht ganz, was das mit Sex zu tun hat«, sagte Braintree.

»Ich auch nicht«, sagte Wilt. Sie gingen in die ›Katze im Sack‹ und ließen sich vollaufen.

Es war Mitternacht, als Wilt nach Hause kam, und Eva schlief schon. Er stieg unbemerkt ins Bett und lag im Dunkeln da und dachte über hohen Östrogengehalt nach.

Im Rossiter Grove kamen die Pringsheims müde und angeödet aus dem ›Ma Tante‹ zurück. »Schweden sind ja das letzte«, sagte Sally, als sie sich auszog.

Gaskell setzte sich und zog seine Schuhe aus. »Ungström ist schon in Ordnung. Seine Frau hat ihn gerade wegen eines lahmarschigen Physikers aus Cambridge verlassen. Normalerweise ist er nicht so niedergeschlagen.«

»Du hast mich wohl ärgern wollen. Und weil wir gerade über Ehefrauen sprechen: ich habe die unemanzipierteste Frau kennengelernt, die du je zu Gesicht gekriegt hast. Eva Wilt heißt sie. Die hat Titten wie Wassermelonen.«

»Gott im Himmel«, sagte Dr. Pringsheim, »wenn ich eines im Augenblick nicht brauchen kann, dann unemanzipierte Weiber mit Vorbau.« Er stieg ins Bett und nahm die Brille ab.

»Ich hatte sie heute hier.«

»Ach, du hattest sie?«

Sally lächelte. »Gaskell, Schätzchen, du hast eine schweinische Phantasie.«

Gaskell Pringsheim lächelte sich kurzsichtig in dem Spiegel oben zu. Er war stolz auf seine Phantasie. »Ich kenne dich halt, Liebste«, sagte er, »ich kenne deine ulkigen kleinen Gewohnheiten. Und wenn wir schon mal beim Thema Gewohnheiten sind, was sind das denn alles für Schachteln im Gästezimmer? Du hast doch nicht etwa wieder Geld ausgegeben? Du weißt, unsere Finanzen diesen Monat . . .«

Sally plumpste ins Bett. »Laß tanzen die Finanzen«, sagte sie, »morgen schicke ich alles zurück.«

»Alles?«

»Na ja, nicht alles, aber das meiste. Ich mußte auf Busen-Baby irgendwie Eindruck machen.«

»Da mußtest du doch nicht einen halben Laden aufkaufen, bloß um . . .«

»Gaskell, Schätzchen, wenn du mich nur mal eben ausreden ließest«, sagte Sally, »sie ist eine Irre, eine hübsche, entzükkende, besessene, zwanghafte Irre. Sie kann keine halbe Minute stillsitzen, ohne aufräumen, saubermachen, putzen und abwaschen zu müssen.«

»Genau, was wir brauchen, eine zwanghafte Irre, die ununterbrochen im Haus rumfegt. Aber wer braucht gleich zwei?«

»Zwei? Ich bin doch keine Irre.«

»Mir bist du irre genug«, sagte Gaskell.

»Aber die da hat Titten, Baby, Titten. Auf jeden Fall habe ich sie für Donnerstag zu unserer Grillfete eingeladen.«

»Warum das denn, zum Teufel?«

»Na ja, wenn du mir keinen Geschirrspüler kaufst, worum ich dich hundertmal gebeten habe, gehe ich eben und hol mir einen. Einen netten, irren, zwanghaften Geschirrspüler mit Titten.«

»Mein Gott«, sagte Gaskell, »bist du gräßlich.«

»Henry Wilt, du bist ein Schuft«, sagte Eva am nächsten Morgen. Wilt setzte sich im Bett auf. Er fühlte sich schrecklich. Seine Nase schmerzte noch mehr als am Tag vorher, ihm tat der Kopf weh und er hatte ein gut Teil der Nacht im Bad damit zugebracht, das Harpic im Klobecken zu beseitigen. Er hatte nicht die geringste Lust, geweckt und Schuft genannt zu werden. Er sah auf die Uhr. Es war acht, und um neun hatte er die Maurer II. Er sprang aus dem Bett und steuerte aufs Bad zu.

»Hast du gehört, was ich gesagt habe?« fragte Eva und stand ebenfalls auf.

»Jaja«, sagte Wilt und bemerkte, daß sie nackt war. Eva

Wilt morgens um acht Uhr nackt war fast so schrecklich anzusehen wie Eva Wilt abends um sechs Uhr betrunken, rauchend und mit einem zitronengelben Schlafanzug bekleidet. Eher noch weniger reizvoll. »Zum Kuckuck, warum läufst du denn so herum?«

»Ach, wenn das so ist, was ist denn mit deiner Nase passiert? Du warst wohl blau und bist hingefallen. Sie sieht ja ganz rot und geschwollen aus.«

»Sie ist ganz rot und geschwollen. Und wenn du's unbedingt wissen willst, ich bin nicht hingefallen. Und jetzt geh um alles in der Welt und mach Platz. Um neun habe ich Unterricht.«

Er schlängelte sich an ihr vorbei, ging ins Badezimmer und sah sich seine Nase an. Sie sah grauenhaft aus. Eva kam ihm nach. »Wenn du nicht draufgefallen bist, was denn dann?« fragte sie.

Wilt sprayte Rasierschaum aus einer Dose und klapste ihn sich vorsichtig aufs Kinn.

»Na?« sagte Eva.

Wilt griff zum Rasierapparat und hielt ihn unter den Warmwasserhahn. »Ich hatte einen Zusammenstoß«, brummte er.

»Wohl mit einem Laternenpfahl. Ich wußte ja, daß du getrunken hast.«

»Mit einem Drucker«, sagte Wilt unbestimmt und fing an, sich zu rasieren.

»Mit einem Drucker?«

»Um genau zu sein, ich hab von einem besonders streitsüchtigen Druckerlehrling einen Schlag ins Gesicht gekriegt.«

Eva starrte ihn im Spiegel an. »Willst du etwa sagen, ein Schüler hätte dich in der Klasse geschlagen?«

Wilt nickte.

»Ich hoffe, du hast zurückgeschlagen.«

Wilt schnitt sich.

»Nein, das habe ich verdammt nochmal nicht«, sagte er und

betupfte sich das Kinn mit dem Finger. »Da siehst du, was du angerichtet hast.«

Eva überhörte seine Klage. »Das hättest du aber sollen. Du bist kein Mann. Du hättest zurückschlagen müssen.«

Wilt legte den Rasierapparat hin. »Und rausgeschmissen werden. Und wegen tätlicher Beleidigung eines Schülers einen Prozeß an den Hals kriegen. Das nenne ich eine geniale Idee.« Er langte nach dem Schwamm und wusch sich das Gesicht.

Eva zog sich befriedigt ins Schlafzimmer zurück. Von ihrem zitronengelben Hausanzug wäre erst mal keine Rede. Sie hatte ihn von ihrer kleinen verschwenderischen Extravaganz abgelenkt und ihm ein Gefühl seiner Kümmerlichkeit gegeben, das ihn noch eine Weile beschäftigen würde. Bis sie sich fertig angezogen hatte, hatte Wilt einen Napf Müsli gegessen, eine halbe Tasse Kaffee getrunken und war im Kreisverkehr in einem Stau steckengeblieben. Eva ging hinunter, frühstückte nun auch und begann das tägliche Einerlei mit Abwaschen und Staubsaugen und Badscheuern und ...

»Die Verpflichtung«, sagte Dr. Mayfield, »zu einem erweiterten Zugang ist ein wesentliches Element für ...«

Das Gemeinsame Komitee zur Weiterentwicklung der Abteilung Allgemeinbildung hatte Sitzung. Wilt rutschte auf seinem Stuhl hin und her und wünschte aus tiefster Seele, es tät's nicht. Dr. Mayfields Referat über ›Das Zerebralvolumen und der nichtakademische Syllabus‹ interessierte ihn absolut nicht, und außerdem wurde es in derart verknoteten Sätzen und mit so monotonem Nachdruck vorgetragen, daß Wilt Mühe hatte wachzubleiben. Er starrte zum Fenster hinaus auf die Maschinen, die auf der Baustelle des neuen Verwaltungsblocks drauflos bohrten. Die Arbeit, die da unten vonstatten ging, war von einer Wirklichkeit, die sich von den unnützen Theorien, die Dr. Mayfield entwickelte, auffallend unterschied. Wenn der Mann wirklich meinte, er könne ein Zerebralvolumen, was das auch immer war, den Gasinstallateuren III eintrichtern, dann war er nicht ganz bei Trost. Was aber noch schlimmer war, dies verdammte Referat würde in der Aussprache bestimmt eine Debatte auslösen. Wilt sah sich im Raum um. Die verschiedenen Parteiungen waren allesamt anwesend, die Neue Linke, die Linke, die Alte Linke, die Unparteiische Mitte, die Kulturelle Rechte und die Reaktionäre Rechte. Wilt rechnete sich den Unparteiischen zu. Früher hatte er politisch zur Linken und kulturell zur Rechten gehört. Mit anderen Worten, er war gegen die Atombome gewesen, hatte die Abtreibung und die Abschaffung des Privatunterrichts befürwortet, und die Todesstrafe abgelehnt, womit er sich sowas wie den Ruf eines Radikalen eingehandelt hatte, während er gleichzeitig für die Rückkehr zum einfachen Handwerk der Stellmacher, Schmiede und Handweber eingetreten war, was viel dazu beigetragen hatte, die Bemühungen der Kollegen von der Gewerbekunde zu untergraben, ihren Schülern Verständnis für die Segnungen der modernen Technik einzuimpfen. Die Zeit und die unerbittliche Ruppigkeit der Maurer, Gipser und Drucker hatte das alles geändert. Wilts Ideale hatten sich verflüchtigt und der Überzeugung Platz gemacht, derjenige, der meinte, die Feder sei mächtiger als das Schwert, solle mal versuchen, KFZ III ›Die Seidenharfe‹ vorzulesen, bevor er sein Maul aufmachte. Nach Wilts Meinung sprach viel fürs Schwert.

Dr. Mayfield leierte weiter sein Zeug runter, es folgte die Aussprache mit ihren ideologischen Reibereien, aber Wilt hatte nur das Bohrloch auf der Baustelle im Auge. Es wäre ein idealer Aufbewahrungsort für eine Leiche, und zu wissen, daß Eva, die zu Lebzeiten so unerträglich war, im Tode die Last eines mehrstöckigen Betongebäudes trüge, hätte was enorm Befriedigendes. Zudem machte das ihre Entdeckung extrem unwahrscheinlich und ihre Identifizierung vollkommen unmöglich. Nicht mal Eva, die sich einer starken Konstitution und eines noch stärkeren Willens rühmte, könnte am Fuß eines Pfeilerschachtes ihre Identität aufrechterhalten. Die Schwierigkeit wäre, sie erst mal in das Loch runterzukriegen. Schlaftabletten schienen die vernünftigste Vorbehandlung, aber Eva hatte einen gesunden Schlaf und hielt von keinen Pillen auch nur das geringste. »Wieso bloß nicht«, dachte Wilt voll Grimm, »sie glaubt doch sonst bereitwillig an jeden Käse.«

Seine Träumerei wurde von Mr. Morris unterbrochen, der die Sitzung zum Ende brachte. »Bevor Sie alle gehen«, sagte er, »möchte ich noch ein Thema zur Sprache bringen. Wir sind vom Leiter der Abteilung Maschinenbau gebeten worden, vor dem Sonderkurs der Feuerwehrlehrlinge eine Reihe von einstündigen Vorträgen zu halten. Dies Jahr lautet das Thema ›Probleme unserer Gesellschaft‹. Ich habe eine Liste der Themen und der Lehrer zusammengestellt, die sie halten sollen.«

Mr. Morris teilte die Themen aus, wie sie kamen. Oberlehrer Millfield bekam ›Medien, Verkehrswesen und demokratische Mitarbeit‹, worüber er nichts wußte und sich noch weniger Sorgen machte. Peter Braintree erhielt ›Der neue Brutalismus in der Architektur, seine Ursprünge und gesellschaftlichen Merkmale‹, und Wilt machte den Schluß mit ›Die Gewalt als Faktor der Zerstörung des Familienlebens‹. Alles in allem, dachte er, hätte er ziemlich gut abgeschnitten. Das Thema paßte in seine augenblicklichen Gedankengänge. Mr. Morris war offenbar derselben Meinung.

»Ich dachte, Sie würden's nach der kleinen Geschichte mit den Druckern III gestern gern mal damit versuchen«, sagte er, als sie hinausgingen. Wilt lächelte schwach und machte sich zu den Klempnern und Drehern II auf den Weg. Er gab ihnen ›Shane‹ zu lesen und verbrachte die Stunde damit, sich Notizen für seinen Vortrag zu machen. In der Ferne hörte er die Bohrer weitermalmen. Wilt stellte sich Eva vor, wie sie unten im Bohrloch läge, wenn sie den Beton reinschütteten. In ihrem zitronengelben Schlafanzug. Das war ein angenehmer Gedanke und er half ihm bei seinen Notizen. Als Überschrift notierte er: ›Das Verbrechen in der Familie, Untertitel (A): Der Gattenmord, Abnahme seit den Scheidungsgesetzen‹.

Ja, darüber sollte er den Feuerwehrlehrlingen schon was zu erzählen haben.

4

»Ich kann Parties nicht ausstehen«, sagte Wilt Donnerstag abend, »und wenn noch was schlimmer ist als Parties, dann Akademikerparties, und Bottle-Parties sind das Allerschlimmste. Man nimmt eine Flasche anständigen Burgunder mit und muß dann den Fusel von jemand anderem trinken.«

»Es ist keine Party«, sagte Eva, »es ist eine Grillfete.«

»Hier steht: ›Ringelpiez mit Anfassen bei Sally und Gaskell am Donnerstag abends um 9. Bringt euren eigenen Nektar mit oder fahrt auf Pringsheims Bowle ab.‹ Wenn Nektar nicht so ein orientalisches Dreckszeug ist, möchte ich wissen, was sonst gemeint ist.«

»Ich dachte, das wär das Zeug, von dem man einen Steifen kriegt«, sagte Eva.

Wilt sah sie angewidert an. »Du hast dir ein paar merkwürdige Ausdrücke angewöhnt, seit du diese verdammten Leute kennst. Einen Steifen. Ich weiß nicht, was in dich gefahren ist.«

»Du jedenfalls nicht. Das ist mal klar«, sagte Eva und ging rüber ins Badezimmer. Wilt saß auf dem Bett und sah sich die Einladungskarte an. Das gräßliche Ding hatte die Form eines . . . Ja, zum Teufel, was für eine Form hatte es eigentlich? Jedenfalls war es rosa und zum Aufklappen, und drinnen standen alle diese zweideutigen Sachen. ›Ringelpiez mit Anfassen‹. Sollte ihn irgend jemand anfassen, der bekäme eins an den Hals. Und was hieß ›abfahren‹? Ein Haufen karrierevervessener Akademiker, die Joints rauchten und über gesellschaftstheoretische Datenmanipulationssysteme oder die Bedeutung des Prä-Popper-Hegelianismus auf der zeitgenössischen Dialektikszene oder ähnlich unverständliches Zeug redeten und ab und zu ›ficken‹ und ›Fotze‹ sagten, um zu beweisen, daß sie noch Menschen seien.

»Und was machen Sie so?« würden sie ihn fragen.

»Ach, im Augenblick unterrichte ich an der Berufsschule.«

»An der Berufsschule? Wie irrsinnig interessant«, während sie über seine Schulter hinweg nach unterhaltsameren Leuten Ausschau hielten, und er würde den Abend mit irgendeiner gräßlichen Frau zu Ende bringen müssen, die zutiefst das Gefühl hätte, daß Berufsschulen eine wirkliche Aufgabe erfüllten, daß geistige Arbeit gewaltig überschätzt werde und daß die Menschen so ausgebildet werden müßten, daß sie in die Allgemeinheit eingegliedert würden, und das täten die Berufsschulen doch, oder? Wilt wußte, was die Berufsschulen taten. Leuten wie ihm 3500 Pfund im Jahr zahlen, damit sie Gasinstallateure eine Stunde lang am Quatschen hinderten.

Und Pringsheims Bowle. Zimmermanns Bohle. Maurers Hammer. Druckers Prügel. Er hatte eben erst genug Prügel bezogen.

»Was soll ich denn anziehen, verdammt nochmal?« fragte er.

»Du hast doch das mexikanische Hemd, das du dir letztes Jahr an der Costa del Sol gekauft hast«, rief Eva aus dem Bad. »Seitdem hattest du keine Gelegenheit mehr, es anzuziehen.«

»Das habe ich auch jetzt nicht vor«, brummte Wilt und wühlte eine Schublade nach irgendwas Unbestimmtem durch, was seine Unabhängigkeit beweisen könnte. Schließlich zog er ein gestreiftes Hemd und Bluejeans an.

»So willst du doch wohl nicht gehen«, meinte Eva, als sie zum größten Teil nackt wieder aus dem Badezimmer kam. Ihr Gesicht war mit weißem Puder überzogen, und ihre Lippen waren grellrot. »O Gott, das auch noch«, sagte Wilt, »Karneval in Rio mit Anämie im letzten Stadium.«

Eva schob sich an ihm vorbei. »Ich gehe als der Große

Gatsby«, verkündete sie, »und wenn du nur ein kleines bißchen Phantasie hättest, würde dir was Besseres einfallen als ein Fleischerhemd und Bluejeans.«

»Der Große Gatsby war aber zufällig ein Mann«, sagte Wilt.

»Wie schön für ihn!« sagte Eva und zog ihren zitronengelben Hausanzug an.

Wilt schloß die Augen und zog sein Hemd wieder aus. Als sie endlich aus dem Haus gingen, hatte er ein rotes Hemd und Jeans an, während Eva sich trotz der heißen Nacht nicht ihren neuen Regenmantel und den Schlapphut hatte ausreden lassen.

»Wir könnten wirklich zu Fuß gehen«, sagte Wilt.

Sie nahmen den Wagen. Eva brachte es noch nicht über sich, mit Schlapphut, Regenmantel und zitronengelbem Hausanzug die Parkview Avenue langzugehen. Unterwegs hielten sie an einem Ausschank an, wo Wilt eine Flasche Roten aus Zypern kaufte.

»Denk bloß nicht, daß ich den Mist anrühre«, sagte er, »und die Autoschlüssel nimmst jetzt am besten du. Wenn's so schlimm wird, wie ich denke, geh ich zeitig heim.«

Es wurde schlimm. Schlimmer. In seinem roten Hemd und den Bluejeans wirkte Wilt völlig fehlt am Platze.

»Eva-Liebes«, sagte Sally, als sie sie schließlich in einer Unterhaltung mit einem Mann fanden, der ein Küchenhandtuch als Lendenschurz trug, auf dem für irischen Käse Reklame gemacht wurde, »du siehst toll aus. Die Zwanziger stehen dir. Und das ist also Henry.« Henry war überhaupt nicht nach Henry zumute. »Ebenfalls modisch gewandet. Henry, das ist Raphael.«

Der Mann im Lendenschurz musterte Wilts Jeans. »Die Fünfziger sind wieder da«, sagte er lahm, »das mußte ja wohl so kommen.«

Wilt starrte auf einen irischen Cheddar und versuchte zu lächeln.

»Langen Sie zu, Henry«, sagte Sally und zog Eva fort, um sie der verrücktesten, als der absolut emanzipiertesten Frau vorzustellen, die geradezu danach verging, Busen-Baby kennezulernen. Wilt ging in den Garten, stellte seine Flasche auf den Tisch und sah sich nach einem Korkenzieher um. Es war keiner da. Schließlich guckte er in einen großen Bottich, in dem eine Kelle hing. Eine halbe Apfelsine und zermatschte Pfirsichstückchen schwammen in einer dunkelroten Flüssigkeit. Er goß sich einen Pappbecher davon ein und kostete. Wie er vermutet hatte, schmeckte es nach Apfelmost, Methylalkohol und Orangensaft. Wilt sah sich im Garten um. In einer Ecke brutzelte, das heißt verbrannte ein Mann mit Kochmütze und Suspensorium Würstchen auf einem Holzkohlengrill. In einer anderen Ecke lagen ein Dutzend Leute im Kreis und hörten sich die Watergate-Tonbänder an.

Einige Paare unterhielten sich eifrig miteinander und ein paar Einzelgänger standen allein herum und sahen hochmütig und einsam aus. Wilt fühlte sich ihnen zugehörig und suchte sich das alleruncharmanteste Mädchen in der Annahme aus, er könne genauso gut gleich ins kalte Wasser springen und hätte es hinter sich. Am Ende würde er sowieso bei ihr landen.

»Hi«, sagte er, und ihm war klar, daß er ebenfalls in den amerikanischen Jargon verfiel, dem Eva bereits erlegen war. Das Mädchen sah ihn erstaunt an und räumte das Feld.

»Entzückend«, sagte Wilt und trank seinen Pappbecher leer. Zehn Minuten und zwei Drinks später redete er mit einem kleinen dicken Mann über Schnellesen, der an dem Thema enormes Interesse zu haben schien.

In der Küche schnitt Eva Baguettes in Scheiben, und Sally stand mit einem Drink daneben und unterhielt sich mit einem Äthiopier, der gerade aus Neu-Guinea zurückgekommen war, über Lévi-Strauss.

»Ich hatte immer schon das Gefühl, daß L.-S. in der Frauenfrage total schiefliegt«, sagte sie und musterte träge Evas Hinterteil, »ich meine, er verkennt die grundsätzliche Gleichartigkeit . . .« Sie verstummte und sah starr aus dem Fenster. »Entschuldigen Sie mich einen Moment«, sagte sie und ging hinaus, um Dr. Scheimacher aus Henry Wilts Fängen zu befreien.

»Ernst ist ja so süß«, sagte sie, als sie zurückkam, »man würde nie meinen, daß er den Spermatologie-Nobelpreis bekommen hat.«

Wilt stand mitten im Garten und trank den dritten Becher Bowle. Er goß sich einen vierten ein und ging hinüber, um sich die Watergate-Tonbänder anzuhören. Er kriegte gerade noch den Schluß mit.

»Man bekommt einen viel deutlicheren Einblick in Tricky Dicks Charakter, wenn man sie quadrophonisch hört«, sagte jemand, als die Gruppe auseinanderging.

»Zum hochbegabten Kind muß man eine besondere Beziehung entwickeln. Roger und ich meinen, Tonio spricht am besten auf einen strukturell gefächerten Approach an.«

»Das ist alles Blech. Wenn du zum Beispiel hörst, was er über Quasare sagt . . .«

»Ich kann ehrlich nicht begreifen, was an der Sodomie verkehrt sein soll . . .«

»Mir ist egal, was Marcuse von Toleranz hält. Was ich sagen will, ist . . .«

»Bei Stickstoff minus zweiundfünfzig . . .«

»Bach hat sicherlich seine Bedeutung, aber er hat auch seine Grenzen . . .«

»Wir haben ein Landhaus bei Saint Trop . . .«

»Ich meine noch immer, Kaldor wußte die Antwort . . .«

Wilt trank sein viertes Glas Bowle aus und machte sich auf die Suche nach Eva. Er war's leid. Ein durchdringender Schrei des Mannes mit der Kochmütze hielt ihn auf.

»Frische Hamburger! Kommt, greift zu!«

Wilt schwankte los und griff zu. Zwei Würstchen, ein verkohlter Fleischklops und ein Schlag Krautsalat auf einem Pappteller. Messer oder Gabeln gab's anscheinend keine.

»Der arme Henry sieht so einsam aus«, sagte Sally, »ich geh und muntere ihn ein bißchen auf.«

Sie ging hinaus und nahm Wilt am Arm.

»Haben Sie ein Glück, daß Sie Eva haben. Sie ist wirklich das allerschnuckeligste Baby.«

»Sie ist fünfunddreißig«, lallte Wilt betrunken, »fünfunddreißig, wenn nicht älter.«

»Ach, ist das wundervoll, einem Mann zu begegnen, der sagt, was er denkt«, sagte Sally und nahm sich ein Stückchen Fleischklops von seinem Teller. »Gaskell sagt einfach nie was geradeheraus. Und ich liebe unkomplizierte Menschen.« Sie setzte sich und zog Wilt zu sich ins Gras. »Ich glaube, es ist wahnsinnig wichtig für zwei Menschen, daß sie sich die Wahrheit sagen«, fuhr sie fort, brach noch ein Stück von dem Klops ab und schob es Wilt in den Mund. Sie leckte ihre Finger langsam ab und sah Wilt dabei mit großen Augen an. Wilt kaute verlegen auf seinem Bissen herum und schluckte ihn schließlich hinunter. Er schmeckte wie verbrannter Plumpudding mit einem Hauch Lancôme. Oder Lanvin.

»Warum zwei?« fragte er und spülte mit Krautsalat nach.

»Warum zwei was?«

»Warum zwei Menschen«, sagte Wilt. »Warum ist es so wichtig für zwei Menschen, daß sie sich die Wahrheit sagen?«

»Na ja, ich meine . . .«

»Warum nicht drei? Oder vier? Oder hundert?«

»Hundert Menschen können kein Verhältnis zueinander haben. Kein intimes«, sagte Sally, »keines von Bedeutung.«

»Ich kenne auch nicht viele Zweierbeziehungen, die eins haben«, sagte Wilt. Sally stippte den Finger in seinen Krautsalat.

»Aber Sie ja. Zwischen Ihnen und Eva läuft doch was ab.«

»Nicht sehr oft«, sagte Wilt. Sally lachte.

»O Baby, Sie sind ja ein richtiges Wahrheits-Baby«, sagte sie, stand auf und holte zwei neue Drinks. Wilt stierte unschlüssig in seinen Pappbecher. Er wurde langsam sehr betrunken.

»Wenn ich ein Wahrheits-Baby bin, was für ein Baby sind Sie denn dann, Baby?« fragte er und versuchte, dem letzten Baby mehr als nur eine Spur von Verachtung beizulegen. Sally schmiegte sich an ihn und flüsterte ihm ins Ohr: »Ich bin ein Körper-Baby.«

»Das sieht man«, sagte Wilt, »Sie haben einen sehr schönen Körper.«

»Das ist das Netteste, was mir je gesagt worden ist«, sagte Sally.

»In dem Fall«, sagte Wilt und griff zu einem verkohlten Würstchen, »müssen Sie eine armselige Kindheit gehabt haben.«

»Das stimmt«, sagte Sally und zerrte ihm das Würstchen aus den Fingern. »Deshalb brauche ich auch jetzt so viel Liebe.« Sie steckte sich das Würstchen fast ganz in den Mund, zog es langsam heraus und knabberte an dem Ende. Wilt aß den Rest des Krautsalats und spülte ihn mit Pringsheim-Bowle hinunter.

»Sind sie nicht alle gräßlich?« sagte Sally, als aus der Gartenecke am Grill Geschrei und Lachen herüberschallten. Wilt blickte auf.

»Das stimmt«, sagte er, »wer ist denn der Clown mit dem Suspensorium?«

»Das ist Gaskell. Er ist so gehemmt. Er albert gern einfach nur herum. Drüben in den Staaten fährt er gern auf den Lokomotiven im Führerstand mit, und er geht zu Rodeos, und letzte Weihnachten wollte er sich unbedingt als Nikolaus verkleiden, nach Watts fahren und in einem Waisenhaus an kleine Negerkinder Geschenke verteilen. Natürlich wollten sie ihn nicht lassen.«

»Wenn er mit Suspensorium gefahren ist, wundert's mich kein bißchen«, sagte Wilt. Sally lachte.

»Sie müssen Widder sein«, sagte sie, »Ihnen ist einfach Wurscht, was Sie sagen.« Sie stand auf und zog Wilt hoch. »Ich zeige Ihnen sein Spielzimmer. Das ist wirklich ulkig.«

Wilt stellte seinen Teller ab, und sie gingen ins Haus. In der

Küche schälte Eva für einen Obstsalat Apfelsinen und unterhielt sich mit dem Äthiopier über Beschneidungsrituale, der für sie Bananen schnippelte. In der Diele tanzten einige Paare äußerst munter Rücken an Rücken zu Beethovens Fünfter, die mit 78 Umdrehungen lief.

»Großer Gott«, sagte Wilt, als Sally aus einem Schrank eine Flasche Wodka nahm. Sie gingen nach oben und durch einen Flur in ein kleines Schlafzimmer voller Spielsachen. Auf dem Fußboden lagen eine elektrische Eisenbahn, ein Punchingball, ein riesenhafter Teddybär, ein Schaukelpferd, ein Feuerwehrhelm und eine lebensgroße, aufgepustete Puppe, die wie eine richtige Frau aussah.

»Das ist Judy«, sagte Sally, »sie hat –'ne richtige Möse. Gaskell ist ein Plastik-Freak.« Wilt zuckte zusammen. »Und das sind Gaskells Spielsachen. Pubertäts-Baby.«

Wilt sah sich das Durcheinander in dem Zimmer an und schüttelte den Kopf. »Sieht aus, als hole er seine versäumte Kindheit nach«, sagte er.

»O Henry, was sind Sie scharfsinnig«, sagte Sally und schraubte die Wodkaflasche auf.

»Bin ich gar nicht. Es ist einfach verdammt offensichtlich.«

»Doch, das sind sie. Sie sind bloß schrecklich bescheiden, das ist es. Bescheiden, schüchtern und männlich.« Sie trank einen Schluck aus der Flasche und reichte sie Wilt. Der nahm unvorsichtigerweise einen kräftigen Zug und kriegte ihn nur mit Ach und Krach hinunter. Sally schloß die Tür ab und setzte sich aufs Bett. Sie langte nach Wilt und zog ihn an sich.

»Fick mich, Henry-Baby«, sagte sie und hob ihren Rock hoch, »vögel mich, Liebling. Bums mir die Höschen durch.«

»Das«, sagte Wilt, »dürfte ein bißchen schwierig sein.«

»Ach, wieso?«

»Na, erstmal haben Sie offenbar gar keine an, und überhaupt, warum sollte ich?«

»Du brauchst einen Grund? Einen Grund zum Vögeln?«

»Ja«, sagte Wilt, »den brauche ich.«

»Grund ist Schwund. Fühl dich frei.« Sie zog ihn zu sich herunter und küßte ihn. Wilt fühlte sich überhaupt nicht frei.

»Sei nicht so schüchtern, Baby.«

»Schüchtern?« fragte Wilt und schlingerte zur Seite. »Ich und schüchtern?«

»Klar bist du schüchtern. Okay, du hast nur ein Hänschenklein. Eva hat mir gesagt . . .«

»Hänschenklein? Was meinen Sie damit, ich hätte nur ein Hänschenklein?« schrie Wilt wütend.

Sally lächelte zu ihm hoch. »Nicht wichtig. Ist nicht wichtig. Nichts ist wichtig. Bloß du und ich und . . .«

»Es ist verflucht nochmal sehr wohl wichtig«, zeterte Wilt. »Meine Frau sagt, ich hätte nur ein Hänschenklein. Ich zeige der blöden Kuh gleich mal, wer hier ein Hänschenklein hat. Ich zeige ihr . . .«

»Zeig's mir, Henry-Baby, zeig's mir. Ich mag sie klein. Durchbohr mich bis zum Anschlag.«

»Das kann doch nicht wahr sein«, murmelte Wilt.

»Versuch's doch, Liebling«, sagte Sally und schlängelte sich an ihn heran.

»Ich denke nicht daran«, sagte Wilt und stand auf.

Sally hörte auf, sich zu winden und sah ihn an. »Du hast bloß Schiß«, sagte sie, »du hast Schiß, frei zu sein.«

»Frei? Frei?« schrie Wilt und versuchte, die Tür zu öffnen. »Mit der Frau eines anderen in ein Zimmer eingesperrt, das soll Freiheit sein? Sie machen wohl Witze.«

Sally zog ihren Rock herunter und setzte sich auf.

»Du willst nicht?«

»Nein«, sagte Wilt.

»Bist du ein Maso-Baby? Mir kannst du's sagen. Ich bin Maso-Babies gewöhnt. Gaskell ist wirklich . . .«

»Bestimmt nicht«, sagte Wilt. »Mir ist egal, was Gaskell ist.«

»Du willst ein Flötensolo, hab ich recht? Du willst doch, daß ich dir ein Solo blase, nicht?« Sie stand vom Bett auf und kam auf Wilt zu. Er sah sie wutschnaubend an.

»Fassen Sie mich nicht an«, schrie er, in seinem Kopf wirbelten lauter grellfarbige Bilder durcheinander. »Gar nichts will ich von Ihnen.«

Sally blieb stehen und starrte ihn an. Sie lächelte kein bißchen mehr.

»Warum nicht? Weil du einen Kleinen hast? Darum?«

Wilt zog sich in Richtung Tür zurück.

»Nein, das ist er nicht.«

»Weil du nicht den Mut hast, zu deinen Treiben zu stehen? Weil du psychisch eine Jungfrau bist? Weil du kein Mann bist? Weil du's mit keiner Frau machen kannst, die denkt?«

»Denkt?« schrie Wilt, in Fahrt gebracht durch die Beschuldigung, kein Mann zu sein. »Denkt? Sie denken? Wissen Sie was? Ich würd's lieber mit dieser Plastikpuppe da machen als mit Ihnen. Die hat mehr Sexappeal in ihrem kleinen Finger als Sie in Ihrem ganzen verrotteten Körper. Wenn ich eine Nutte will, kauf ich mir eine.«

»Na los, du kleiner Scheißkerl«, sagte Sally und holte gegen ihn aus. Wilt wich zur Seite und prallte gegen den Punchingball. Im nächsten Augenblick trat er auf eine Spielzeuglokomotive und sauste durchs Zimmer. Als er an der Wand lang auf den Boden rutschte, griff Sally zu der Puppe und beugte sich über ihn.

In der Küche war Eva mit dem Obstsalat fertig und hatte Kaffee gekocht. Es war eine wunderschöne Party. Mr. Osewa hatte ihr alles von seiner Tätigkeit als Beamter für kulturelle Fragen der Dritten Welt bei der UNESCO erzählt, und wie lohnend er das fände. Sie war zweimal von Dr. Scheimacher im Vorbeigehen hinten auf den Nacken geküßt worden, und der Mann im Lendenschurz mit der Käsereklame hatte sich etwas fester als unbedingt nötig an sie gedrückt, als er nach dem Tomatenketchup langte. Und überall um sie herum waren diese schrecklich geistreichen Leute, und alle so offenherzig. Alles war so kultiviert. Sie goß sich noch einen Drink ein und schaute sich nach Henry um. Er war nirgends zu sehen.

»Hast du Henry gesehen?« fragte sie Sally, als die mit einer Flasche Wodka in der Hand und ziemlich erhitzt in die Küche kam.

»Als ich ihn zuletzt sah, saß er bei irgendso einer puppigen Mieze«, sagte Sally und nahm sich einen Löffel Obstsalat. »Oh, Eva-Liebes, du bist ja ein richtiges Drei-Sterne-Baby.« Eva wurde rot.

»Ich hoffe nur, er amüsiert sich gut. Henry ist nicht so furchtbar toll auf Parties.«

»Eva-Baby, sei ehrlich. Henry ist momentan auch sonst nicht so furchtbar doll.«

»Er ist einfach nur . . .«, fing Eva an, aber Sally gab ihr einen Kuß.

»Du bist viel zu gut für ihn«, sagte sie, »dir müssen wir ein richtiges Schmuckstück suchen.« Während Eva an ihrem Drink nippte, hatte Sally einen jungen Mann mit einer Haartolle entdeckt, die ihm quer in die Stirn fiel. Er lag mit einem Mädchen auf einer Couch, rauchte und starrte an die Decke.

»Christopher-Herzchen«, sagte Sally, »ich muß dich einen Augenblick entführen. Ich möchte dich um einen Gefallen bitten. Geh in die Küche und mach die Tante mit den dicken Lollos und dem gräßlichen gelben Pyjama ein bißchen an.«

»Lieber Himmel. Warum ausgerechnet ich?«

»Herzchen, du weißt, du bist absolut unwiderstehlich. Und so sexy. Mir zuliebe, Baby, mir zuliebe.«

Christopher stand auf und ging in die Küche, und Sally machte sich's neben dem Mädchen bequem.

»Christopher ist ein Traumboy«, sagte sie.

»Er ist ein Gigolo«, sagte das Mädchen. »Eine männliche Hure.«

»Liebes«, sagte Sally, »es wäre an der Zeit, daß es für uns Frauen welche gäbe.«

In der Küche unterbrach Eva das Kaffee-Eingießen. Sie fühlte sich köstlich beschwipst.

»Lassen Sie das«, sagte sie hastig.

»Warum denn?«
»Ich bin verheiratet.«
»Ich mag's aber. Ich mag das.«
»Ja, aber . . .«
»Keine Widerrede, Schätzchen.«
»Oh.«

Oben im Spielzimmer erholte Wilt sich langsam von dem vereinigten Attacken auf seinen Körper durch Pringsheim-Bowle, den Wodka, seine nymphomane Gastgeberin und die Schrankkante, gegen die er gefallen war, aber er hatte das Gefühl, daß irgendwas absolut nicht in Ordnung war. Nicht nur, daß das Zimmer schwankte, daß er eine Beule am Hinterkopf hatte oder daß er nackt war. Es war eher das Gefühl, daß irgend etwas mit all den weniger reizenden Eigenschaften einer Mausefalle oder eines Schraubstocks oder einer ausgehungerten Auster sich erbarmungslos an das geklammert hatte, was er bisher immer für seinen allerintimsten Körperteil gehalten hatte. Wilt öffnete die Augen und starrte in ein lächelndes, wenn auch leicht verschwollenes Gesicht. Er machte die Augen wieder zu, hoffte wider alle Hoffnung, machte sie wieder auf, sah das Gesicht immer noch an derselben Stelle und versuchte mühsam, sich aufzusetzen.

Das war eine unkluge Bewegung. Judy, die Plastikpuppe, die viel härter als normal aufgepumpt war, widersetzte sich. Mit einem Aufschrei sank Wilt wieder zu Boden. Judy folgte. Ihre Nase knallte auf sein Gesicht und ihr Busen auf seine Brust. Fluchend rollte Wilt sich auf die Seite und dachte über das Problem nach. Aufsetzen kam nicht in Frage. Das führte zur Kastration. Er mußte etwas anderes versuchen. Er rollte die Puppe weiter und kletterte auf sie, mußte aber einsehen, daß sein Gewicht auf ihr den Druck auf das verstärkte, was von seinem Penis noch übrig war, und falls er ihn sich abquetschen wollte, war das genau der richtige Weg dahin. Wilt rollte schleunigst wieder herunter und tastete nach dem Ventil. Irgendwo mußte ja eines sein, wenn er es doch bloß finden könnte. Aber wenn es eins gab, dann war es gut versteckt, und sein Gefühl sagte ihm, er dürfe keine Zeit damit verplempern, es zu suchen. Er fingerte auf dem Fußboden nach etwas herum, was er als Dolch benutzen könnte, nach irgendwas Scharfem, riß schließlich ein Stück von den Eisenbahnschienen ab und stieß es seiner Widersacherin in den Rücken. Der Kunststoff gab ein Quietschen von sich, aber Judys verschwollenes Lächeln blieb dasselbe, und ihre unerwünschten Liebesbezeigungen waren genauso unbarmherzig wie zuvor. Immer wieder stach er nach ihr, aber ohne Erfolg. Wilt ließ seinen behelfsmäßigen Dolch fallen und sann über andere Möglichkeiten nach. Langsam drehte er durch, und da wurde er sich einer neuen Gefahr bewußt. Er war nicht mehr nur das Opfer von Judys Hochdruck, sein eigener innerer Druck stieg gleichfalls an. Die Pringsheim-Bowle und der Wodka machten sich bemerkbar. Mit dem verzweifelten Gedanken, er würde platzen, wenn er sich nicht bald aus der Puppe befreite, packte Wilt Judys Kopf, bog ihn zur Seite und bohrte seine Zähne in ihren Nacken. Oder besser, hätte gebohrt, wenn ihre Atüs das zugelassen hätten. So aber prallte er ab und verbrachte die nächsten zwei Minuten damit, seinen Stiftzahn wiederzufinden, der bei dem Handel das Weite gesucht hatte.

Als er ihn wieder an Ort und Stelle hatte, war er in Panik. Er mußte sich aus der Puppe befreien. Das mußte er einfach. Im Badezimmer gäbe es bestimmt ein Rasiermesser oder eine Schere. Aber wo in aller Welt war das Badezimmer? Ach, was sollte es! Er würde das Mistding schon finden. Vorsichtig, sehr vorsichtig rollte er die Puppe auf ihren Rücken und drehte sich mit. Dann zog er die Knie an, bis er rittlings über ihr hockte. Jetzt brauchte er nur noch etwas, woran er sich festhalten konnte, wenn er aufstand. Wilt lehnte sich nach vorn und griff mit einer Hand nach einer Stuhlkante, während er mit der anderen Judys Kopf vom Boden hochhob. Einen Augenblick später stand er auf den Füßen. Die Puppe an sich gedrückt schlurfte er zur Tür und öffnete sie. Er spähte auf den Flur hinaus. Was wäre, wenn ihn jemand sähe? Ach, zum Teufel mit ihm! Wilt machte sich nichts mehr aus dem, was die Leute über ihn denken mochten. Aber wo ging's zum Bad? Wilt wandte sich nach rechts und schlich den Flur hinunter, während er hektisch über Judys Schulter hinwegäugte.

Eine Treppe tiefer amüsierte Eva sich köstlich. Zuerst Christopher, dann der Mann im Lendenschurz mit der Käsereklame und schließlich Dr. Scheimacher, alle hatten ihr Avancen gemacht und einen Korb bekommen. Es war alles so anders als Henrys Gleichgültigkeit. Es zeigte ihr, daß sie immer noch ihre Reize hatte. Dr. Scheimacher hatte ihr gesagt, sie sei ein interessantes Beispiel latenter Steatopygie, Christopher hatte ihren Busen zu küssen versucht, und der Mann im Lendenschurz hatte ihr das allersonderbarste Angebot gemacht. Und trotz alledem war Eva absolut tugendhaft geblieben. Ihre biedere Munterkeit, ihr Drang, mit jedem gleich tanzen zu müssen, und, was am wirkungsvollsten war, ihre Angewohnheit, laut und nicht unbedingt wohlerzogen »Nein, sind Sie entsetzlich!« zu sagen, wenn die Herren am heftigsten glühten, hatten eine ausgesprochen abschreckende Wirkung gehabt. Nun saß sie im Wohnzimmer auf dem Fußboden, während Sally, Gaskell und der mit dem Bart vom Ökologischen Institut über den sexuellen Rollentausch in Gesellschaften mit Geburtenbeschränkung diskutierten. Ihr war komisch feierlich zumute. Die Parkview Avenue und Mavis Mottram und ihre Arbeit im Gemeindezentrum ›Harmonie‹ schienen ihr von einer anderen Welt zu sein. Sie war von Leuten anerkannt worden, die so nebenbei zu Konferenzen und Intellektuellentreffs nach Kalifornien oder Tokio flogen, wie sie mit dem Bus in die Stadt fuhr. Dr. Scheimacher hatte fallen lassen, er flöge am nächsten Morgen nach Neu Delhi, und Christopher war eben von einem Fotojob aus Trinidad zurück. Vor allem war um alles, was sie taten, ein Hauch Bedeutsamkeit, ein Zauber, der Henrys Dienst an der Berufsschule völlig abging. Wenn sie ihn nur dazu bringen könnte, irgendwas Interessantes und Waghalsiges zu tun. Aber Henry war so eine Schlafmütze. Es war ein Fehler, daß sie ihn geheiratet hatte. Ja, wirklich ein Fehler. Das einzige, was ihn interessierte, waren Bücher, aber das Leben fand nicht in Büchern statt. Wie Sally immer sagte, war das Leben zum Leben da. Leben, das hieß Leute, Erlebnisse und Vergnügen. Henry würde das nie so sehen.

Sehen konnte Wilt im Badezimmer sehr wenig. Auf jeden Fall sah er keine Möglichkeit, sich aus der Puppe zu befreien. Sein Versuch, dem ekelhaften Ding die Kehle mit einer Rasierklinge aufzuschlitzen, war vor allem daran gescheitert, daß die fragliche Rasierklinge eine Wilkinson Patentklinge war. Nachdem es ihm mit der Rasierklinge nicht gelungen war, hatte er Shampoo als Gleitmittel probiert, aber außer daß er einen Schaum entwickelte, der selbst seinen neiderfüllten Augen so erschien, als habe er die Puppe zu absolut irrsinnigen Höhen sexueller Lust gebracht, hatte das Shampoo nichts bewirkt. Schließlich war er wieder zur Suche nach dem Ventil zurückgekehrt. Das verfluchte Ding hatte irgendwo eins, wenn er es doch bloß finden könnte. Zu diesem Zweck spähte er in den Spiegel an der Tür des Medizinschränkchens, aber der Spiegel war zu klein. Über dem Waschbecken hing ein großer. Wilt klappte den Klodeckel herunter und stieg drauf. So würde er den Rücken der Puppe deutlich sehen können. Er war gerade dabei, sich langsam umzudrehen, als er im Flur Schritte hörte. Wilt machte halt und blieb wie angewurzelt auf dem Toilettendeckel stehen. Jemand versuchte, die Tür zu öffnen, und bemerkte, daß sie abgeschlossen war. Die Schritte entfernten sich wieder, und Wilt stieß einen Seufzer der Erleichterung aus. Also jetzt, nur dieses Ventil mußte er finden.

Und in diesem Augenblick nahm das Unheil seinen Lauf. Mit dem linken Fuß trat Wilt in das Shampoo, das auf die Toilettenbrille gekleckert war, er rutschte seitlich von der Kante ab, und er, die Puppe und die Tür des Medizinschränkchens, an der er sich festzuhalten versuchte, flogen im selben Augenblick durch die Luft. Als sie in die Badewanne krachten, der Duschvorhang samt Aufhängung hinterherkam und der Inhalt der Hausapotheke ins Waschbecken prasselte, stieß Wilt einen letzten verzweifelten Schrei aus. Es gab einen Knall wie von einem Sektkorken, und Judy, die endlich auf Wilts hundertfünfzig Pfund Gewicht reagierte, die aus ziemlicher Höhe in die Badewanne geplumpst waren, gab ihn frei. Aber Wilt kümmerte es nicht mehr. Er hatte in jeder Hinsicht schlappgemacht. Er nahm nur undeutlich das Geschrei im Korridor wahr, dann, wie jemand die Tür aufbrach, Gesichter, die ihn anglotzten, und hysterisches Lachen. Als er wieder zu sich kam, lag er auf dem Bett im Spielzimmer. Er stand auf, zog seine Sachen an und schlich sich die Treppe hinunter und zur Haustür hinaus. Es war 3 am Morgen.

5

Eva saß heulend auf der Bettkante.

»Wie konnte er nur? Wie konnte er nur sowas tun?« sagte sie. »Und vor all den Leuten.«

»Eva-Baby, so sind die Männer. Glaub's mir«, sagte Sally.

»Aber mit einer Puppe . . .«

»Das ist symbolisch für die männlich-chauvinistische Schweinehaltung den Frauen gegenüber. Wir sind bloß Fickmaschinchen für sie. Verdinglichung. Nun weißt du also, was Henry für dich empfindet.«

»Das ist ja schrecklich«, sagte Eva.

»Natürlich ist das schrecklich. Die Männerherrschaft drückt uns aufs Niveau von Objekten herab.«

»Aber Henry hat sowas noch nie gemacht«, jammerte Eva.

»Na, da hat er's eben jetzt gemacht.«

»Ich geh nicht zu ihm zurück. Ich könnte es nicht ertragen. Ich schäme mich so.«

»Schätzchen, vergiß es einfach. Du mußt nirgendwohin. Sally kümmert sich um dich. Du legst dich einfach hin und schläfst ein bißchen.«

Eva legte sich zurück, aber Schlaf war unmöglich. Das Bild, wie Henry im Bad nackt auf dieser widerlichen Puppe lag, saß fest in ihrem Gedächtnis. Sie hatten die Tür aufbrechen müssen, und Dr. Scheimacher hatte sich an einer kaputten Flasche geschnitten, als er versuchte, Henry aus dem Bad zu bugsieren . . . O Gott, es war alles einfach zu schrecklich. Nie wieder würde sie den Leuten ins Gesicht sehen können. Die Geschichte spräche sich garantiert herum, und sie stünde als die

Frau da, deren Mann rumlief und . . . Erneut stieg in Eva der ganze Jammer hoch, sie vergrub den Kopf in den Kissen und weinte.

»Na, das mußte die Party ja mit 'm Bums beenden«, sagte Gaskell. »Typ vögelt eine Puppe im Bad und alle drehen durch.« Er warf einen Blick auf das Chaos im Wohnzimmer. »Falls jemand denkt, ich würde jetzt anfangen, diesen Saustall aufzuräumen, hat er verkehrt gedacht. Ich geh ins Bett.«

»Weck bloß Eva nicht auf. Sie ist so hysterisch«, sagte Sally.

»Na toll. Jetzt haben wir auch noch eine besessene zwanghafte Irre mit Hysterie im Haus.«

»Und morgen kommt sie mit uns aufs Boot.«

»Sie tut was?«

»Du hast richtig gehört. Sie kommt mit aufs Boot.«

»Nu aber mal langsam . . .«

»Im Augenblick will ich nicht mit dir diskutieren, G, ich sage dir klipp und klar, sie kommt mit.«

»Warum denn, um Gottes willen?«

»Weil ich nicht will, daß sie zu diesem Ekel von Mann zurückgeht. Weil du mir keine Putzfrau besorgst und weil ich sie mag.«

»Weil ich dir keine Putzfrau besorge. Jetzt ist mir alles klar.«

»O, absolut nicht«, sagte Sally, »nicht mal die Hälfte ist dir klar. Vielleicht weißt du's nicht, aber du hast eine emanzipierte Frau geheiratet. Keine männliche Chauvinistensau legt mich aufs Kreuz . . .«

»Ich versuche ja gar nicht, dich aufs Kreuz zu legen«, sagte Gaskell. »Alles, was ich sagen will, ist, ich will nicht, daß . . .«

»Von dir rede ich doch gar nicht. Ich rede von diesem ekelhaften Wilt. Glaubst du, er wäre allein in diese Puppe reingekommen? Denk mal nach, G-Baby, denk doch mal nach.«

Gaskell setzte sich aufs Sofa und starrte sie an.

»Du mußt den Verstand verloren haben. Zum Teufel, warum mußtest du das denn machen?«

»Weil, wenn ich jemanden emanzipiere, dann emanzipiere ich ihn auch. Basta.«

»Jemanden emanzipieren mit ...« Er schüttelte den Kopf. »Das ist doch Blödsinn.«

Sally goß sich einen Drink ein. »Das Lästige an dir ist, du hältst große Reden, aber tust nichts. Alles heiße Luft bei dir. ›Meine Frau ist eine emanzipierte Frau. Meine Frau ist frei.‹ Klingt alles nett, aber laß deine emanzipierte Frau es sich mal in den Kopf setzen, was zu tun, dann willst du nichts davon wissen.«

»Jaja, und wenn du es dir in deinen verdammten Kopf setzt, was zu tun, wer löffelt dann die Suppe aus? Ich. Wo sind dann deine emanzipierten Frauen? Wer hat dich in Omaha aus dem Schlamassel geholt? Wer hat damals in Houston den Bullen bestochen ...«

»Hast du alles gemacht. Aber warum hast du mich dann geheiratet? Warum bloß?«

Gaskell putzte sich die Brille mit einem Zipfel der Kochmütze. »Ich weiß es nicht«, sagte er, »tja, mach was, ich weiß es wirklich nicht.«

»Damit du hin und wieder mal 'n Tritt kriegst. Ohne mich wärst du längst an Langeweile eingegangen. Bei mir kriegst du mal 'n bißchen Aufregung. Bei mir kriegst du mal 'n Tritt.«

»Ja, in die Schnauze.«

Gaskell stand müde auf und ging zur Treppe. In Momenten wie diesen fragte er sich, was er da geheiratet hatte.

Wilt wankte voller Qual nach Hause. Er litt nicht mehr körperlich, er litt an der Qual der Erniedrigung, des Hasses und der Selbstverachtung. Er war vor Leuten, die er verachtete, zum Narren, Perversen und Idioten gemacht worden. Die Pringsheims und ihr Klüngel waren alles das, was er verabscheute: falsch, unecht, anmaßend, ein Zirkus intellektueller Clowns, deren Marotten nicht mal den Vorzug seiner Schrullen hatten, nämlich wenigstens echt zu sein. Ihre waren bloße Parodien auf das Vergnügen. Sie lachten, um sich selber lachen zu hören, und protzten mit einer Sinnlichkeit herum, die nichts mit Gefühlen oder auch nur Instinkten zu tun hatte, sondern bloß aus schalen Einbildungen und gemimter Wollust zusammengekleistert war. ›Copulo ergo sum‹. Und dieses Weibsstück Sally hatte ihm vorgeworfen, er habe nicht den Mut, zu seinen Instinkten zu stehen, als wenn Instinkte daraus bestünden, in den chemisch unfruchtbar gemachten Körper einer Frau zu ejakulieren, der man erst zwanzig Minuten vorher zum ersten Mal begegnet war. Aber Wilt hatte instinktiv reagiert, er war vor einer Lüsternheit zurückgewichen, die nichts als Macht, Arroganz und unerträgliche Verachtung ihm gegenüber war; und das hieß, was er war, unbedeutend, wie er war, war er lediglich die Verlängerung seines Penis, und der tiefste Ausdruck seiner Gedanken, Gefühle Hoffnungen und Bestrebungen war nur zwischen den Beinen einer doofen Schickeriamieze zu finden. Und das sollte also emanzipiert sein.

»Fühl dich frei«, hatte sie gesagt und ihn in diese verfluchte Puppe geklemmt. Wilt stand unter einer Straßenlaterne und knirschte mit den Zähnen.

Und Eva? Welche Hölle würde sie ihm nun bereiten? Wenn das Leben mit ihr bis jetzt unerträglich war, so würde es nun das reine Elend werden. Sie würde nie glauben, daß er nicht mit dieser Puppe gevögelt hatte, daß er nicht freiwillig in sie hineingekommen, daß er von Sally in sie hineingesteckt worden war. Nicht in hundert Jahren! Und selbst wenn sie durch irgendein Wunder seine Geschichte hinnehmen sollte, änderte das herzlich wenig.

»Was bist du bloß für ein Mann, daß du dir von einer Frau so was bieten läßt?« würde sie fragen. Auf diese Frage gab es partout keine Antwort. Was für ein Mann war er? Wilt hatte keine Ahnung. Ein kleiner, unbedeutender Mann, dem die Dinge widerfuhren und für den das Leben eine Reihe von Erniedrigungen war. Drucker schlugen ihn ins Gesicht, und er kriegte auch noch die Schuld zugeschoben. Seine Frau kujonierte ihn, und anderer Leute Frauen machten ihn zur Zielscheibe ihres Gelächters. Wilt wanderte mit zunehmender Entschlossenheit die Vorstadtstraßen lang, an Doppelhäusern mit kleinen Gärten vorbei. Er war's leid, der Spielball der Ereignisse zu sein. Ab sofort würden die Dinge geschehen, weil er's so wollte. Nicht mehr das Opfer von Mißhelligkeiten würde er sein, sondern ihr Anstifter. Sollte Eva nur kommen und was vom Zaune brechen. Er würde das Weibstück schon zur Strecke bringen.

Wilt blieb stehen. Das war alles sehr gut reden. Das verdammte Weib hatte eine Waffe, die es ohne Zögern gebrauchen würde. Sie zur Strecke bringen, du liebe Zeit! Wenn irgend jemand zur Strecke gebracht würde, dann Wilt, und obendrein würde sie sein Techtelmechtel mit der Puppe bei allen Leuten, die sie kannte, herumtratschen. Nicht lange, und die Geschichte wäre auch an der Schule angekommen. In der Dunkelheit der Parkview Avenue erschauerte Wilt bei dem Gedanken. Das wär das Ende seiner Karriere. Er ging durch die Gartenpforte von Nr. 34 und schloß die Haustür mit dem Gefühl auf, wenn er nicht sehr bald was Drastisches unternähme, wäre das sein Ende.

Eine Stunde später lag er noch immer wach im Bett, hellwach, und rang mit dem Problem Eva, seines eigenen Charakters und wie er ihn ändern könne, damit er selbst ihn achten würde. Und was achtete er? Unter der Bettdecke ballte Wilt die Fäuste.

»Entschlossenheit«, murmelte er, »die Fähigkeit, ohne Bedenken zu handeln, Mut.« Eine seltsame Litanei alter Tugenden. Aber wie konnte er sie sich heute noch erwerben? Wie hatte man Männer wie ihn zu Eisenfressern und berufsmäßigen Killern verwandelt? Durch Erziehung. Wilt lag im Dunkeln und dachte darüber nach, wie er sich zu dem erziehen könne, was er zweifellos nicht war. Als er einschlief, hatte er beschlossen, das Unmögliche zu versuchen.

Um sieben klingelte der Wecker. Wilt stand auf, ging ins Bad und starrte sich im Spiegel ins Gesicht. Er war ein harter Mann, ein Mann ohne Gefühle. Hart, zielstrebig, kaltblütig und konsequent. Ein Mann, der keine Fehler machte. Er ging hinunter und aß sein Müsli und trank seine Tasse Kaffee. Eva war also nicht nach Hause gekommen. Sie war die Nacht bei Pringsheims geblieben. Na, das war doch was. Es machte ihm die Sache leichter. Bloß daß sie immer noch den Wagen und die Schlüssel hatte. Aber bestimmt ginge er nicht rüber und holte sich das Auto. Er ging zum Kreisel runter und erwischte den Bus zur Schule. Er hatte Maurer I in Raum 456. Als er reinkam, redeten sie gerade übers Studenten-Verkloppen.

»Da war da dieser Student, geschniegelt wie 'n Kellner, ne? ›Hättest du vielleicht die Güte‹, sagt er, ›hättest du vielleicht die Güte, mir aus dem Weg zu gehen?‹ Genau so, und dabei hab ich mir doch bloß in dem Schaufenster die Bücher angekuckt . . .«

»Die Bücher?« fragte Wilt ungläubig. »Um elf nachts hast du dir Bücher angesehen? Das glaube ich nicht.«

»Magazine und Cowboybücher«, sagte der Maurer. »In 'm Ramschladen in der Finch Street.«

»Die ham Pornohefte«, erklärte ein anderer. Wilt nickte. Das klang schon anders.

»Und da sage ich: ›Was für 'ne Güte soll ich haben?‹« fuhr der Maurer fort, »und da sagt der: ›Mir aus dem Weg zu gehn.‹ Ihm aus dem Weg. Als wenn die Scheiß Straße ihm gehört hätte.«

»Was hast du da gesagt?« fragte Wilt.

»Gesagt? Ich hab überhaupt nichts gesagt. Ich hab doch keine Worte an den verschwendet.«

»Also was hast du gemacht?«

»Jaa, ich hab ihm 'n Tritt in den Arsch verpaßt. Hab ihm tüchtig welche verkachelt und aus. Dann bin ich verduftet. Jetzt gibt's wenigstens einen Scheiß Studenten, der einem nicht einfach sagt, man soll ihm aus 'm Weg gehn.«

Die Klasse nickte beifällig.

»Die sind alle verdammt gleich, diese Studenten«, sagte ein anderer Maurer. »Glauben, weil se Geld ham und auf die Uni gehn, könn se dich rumkommandiern. Die könnten alle mal 'ne richtige Tracht Prügel vertragen. Täte ihnen verdammt gut.«

Wilt überlegte, wie sich wohl die Ausbildung zum Schläger als Studienfach an der Universität machte. Nach seinen Erfahrungen der letzten Nacht sprach ganz bestimmt einiges dafür. Der Hälfte der Leute auf der Pringsheim-Party hätte er gar zu gerne einen Tritt in den Hintern verpaßt.

»Also findet keiner von euch, daß da was verkehrt ist, wenn ihr einen Studenten vermöbelt, wenn er euch über den Weg läuft?« fragte er.

»Verkehrt?« sagten die Maurer wie aus einem Munde. »Was ist an 'ner duften Schlägerei verkehrt? 'n Student ist doch keine alte Frau oder sowas. Er kann immer zurückhauen, nich?«

Den Rest der Stunde redeten sie über die Gewalt in der Welt von heute. Alles in allem waren die Maurer offensichtlich der Meinung, sie wär 'ne gute Sache.

»Ich meine, was hat das denn für 'n Sinn, Sonnabend abend auszugehen und sich zu besaufen, wenn du dabei nicht mal 'n bißchen einen drauf machen kannst? Deine Aggressionen irgendwie loswerden«, sagte ein ungewöhnlich wortgewandter Maurer, »ich meine, das ist doch normal, oder?«

»Also meinst du, der Mensch ist ein von Natur aus aggressives Lebewesen«, sagte Wilt.

»'türlich ist er das. Das zeigt die ganze Geschichte, alle Kriege und so. Bloß die Scheiß Eierköppe mögen keine Gewalt.«

Wilt nahm diese Ansicht mit ins Lehrerzimmer zu seiner Freistunde und holte sich eine Tasse Kaffee aus dem Automaten. Dort traf er auf Peter Braintree.

»Na, wie ist die Party gelaufen?« fragte Braintree.

»Gar nicht«, sagte Wilt mürrisch.

»Hat's Eva gefallen?«

»Kann ich nicht sagen. Sie war noch nicht zu Hause, als ich heute morgen aufgestanden bin.«

»Noch nicht zu Hause?«

»Du sagst es«, sagte Wilt.

»Na ja, hast du nicht angerufen und gefragt, ob ihr was passiert ist?«

»Nein«, sagte Wilt.

»Und warum nicht?«

»Weil ich verdammt blöd dastehen würde, wenn ich anriefe und erzählt kriegte, daß sie's gerade mit dem abessinischen Botschafter treibt, oder?«

»Der abessinische Botschafter? War der da?«

»Weiß ich nicht und will ich auch nicht wissen. Als ich sie zuletzt sah, wurde sie grade von so 'm dicken schwarzen Heini aus Äthiopien vollgequatscht. Ist irgendwas bei den Vereinten Nationen. Sie machte Obstsalat, und er schnippelte ihr die Bananen.«

»Klingt aber nicht sehr kompromittierend, find ich«, sagte Braintree.

»Nö, das geb ich zu. Bloß, du warst nicht da und weißt nicht, was das für 'ne Party war«, sagte Wilt und kam im selben Moment zu der Überzeugung, daß hier eine gereinigte Fassung der nächtlichen Ereignisse angebracht sei. »'ne ganze Masse cooler Leute so in unserem Alter mit ihrem üblichen Kack.«

»Das klingt ja verdammt schaurig. Und du denkst, Eva . . .«

»Ich denke, Eva hat sich einen angetütert, jemand hat ihr 'n Joint verpaßt und sie ist weggetreten«, sagte Wilt, »das denke ich. Wahrscheinlich pennt sie sich ihn im Klo unten aus.«

»Klingt mir nicht nach Eva«, sagte Braintree. Wilt trank seinen Kaffee und überlegte sich seine Taktik. Wenn die Geschichte von seiner Affäre mit dieser Bumspuppe rauskommen sollte, wär's vielleicht besser, er erzählte sie zuerst aus seiner Sicht. Andererseits . . .

»Was hast du denn währenddessen gemacht?« fragte Braintree.

»Tja«, sagte Wilt, »ehrlich gesagt . . .« Er zögerte. Bei näherer Überlegung war es vielleicht besser, die Puppe überhaupt nicht zu erwähnen. Falls Eva die Klappe hielt . . . »Ich hab mir auch einen kleinen angesoffen.«

»Das klingt schon besser«, sagte Braintree, »du hast doch sicher auch mit 'ner anderen geflirtet.«

»Wenn du es unbedingt wissen willst«, sagte Wilt, »eine andere hat mit mir geflirtet. Mrs. Pringsheim.«

»Mrs. Pringsheim hat mit dir geflirtet?«

»Na ja, wir sind raufgegangen, und haben uns die Spielsachen von ihrem Mann angesehen . . .«

»Spielsachen? Ich meine, du hättest mir erzählt, er wäre Biochemiker.«

»Ist er auch. Er spielt aber nun mal gerne mit Spielsachen. Elektrischen Eisenbahnen und Teddybären und so. Sie sagt, er ist ein Fall frühkindlicher Entwicklungshemmung. Ausgerechnet sie muß das sagen. Das ist mir 'ne treue Ehefrau.«

»Wieso, was ist denn passiert?«

»Och, außer daß sie die Tür abgeschlossen, sich mit weit gespreizten Beinen aufs Bett gelegt und mich aufgefordert hat, sie zu vögeln, und gedroht hat, mir ein Flötensolo zu blasen, ist nichts passiert«, sagte Wilt.

Peter Braintree sah ihn ungläubig an. »Nichts?« sagte er schließlich. »Nichts? Ich meine, wie hast du dich verhalten?«

»Hinhaltend«, sagte Wilt.

»Das ist ja ein ganz neuer Ausdruck dafür«, sagte Braintree. »Du gehst mit Mrs. Pringsheim nach oben und hältst hin, während sie mit gespreizten Beinen auf dem Bett liegt, und da möchtest du noch wissen, warum Eva nicht nach Hause gekommen ist? Wahrscheinlich ist sie bei irgendeinem Anwalt vorbeigegangen und reicht gerade die Scheidungsklage ein.«

»Aber ich sage dir doch, ich hab mit dem Weibstück nichts gemacht«, sagte Wilt, »ich habe ihr gesagt, sie sollte ihr Puderdöschen woanders verhökern.«

»Und das nennst du hinhalten? Ihr Puderdöschen verhökern? Zum Kuckuck, wo hast du denn diesen Ausdruck her?«

»Fleisch Eins«, sagte Wilt, stand auf und holte sich noch eine Tasse Kaffee.

Als er zu seinem Stuhl zurückkam, war er sich über seine Version im klaren.

»Ich weiß nicht, was dann passiert ist«, sagte er, als Braintree unbedingt hören wollte, wie's weitergegangen war. »Ich bin weggepennt. Das muß der Wodka gewesen sein.«

»Mit einer nackten Frau in einem verschlossenen Zimmer bist du einfach weggepennt? Das soll wirklich passiert sein?« sagte Braintree. Es klang nicht so, als glaubte er auch nur ein Wort von der Geschichte.

»Genau«, sagte Wilt.

»Und als du wieder zu dir kamst?«

»War ich auf dem Heimweg«, sagte Wilt. »Ich habe keine Ahnung, was dazwischen passiert ist.«

»Na ja, ich denke, das werden wir von Eva hören«, sagte Braintree, »sie muß es ja wissen.«

Er stand auf und ging weg, und Wilt blieb allein, um sich den nächsten Schritt zu überlegen. Das erste, was er tun mußte, war sicherzustellen, daß Eva nichts sagte. Er ging rüber zum Telefon im Flur und wählte seine Nummer zu Hause. Es meldete sich niemand. Wilt ging zum Raum 187, wo er eine Stunde mit den Drehern und Klempnern verbrachte. Den ganzen Tag über versuchte er mehrere Male, Eva anzurufen, aber sie meldete sich nicht.

»Vielleicht hat sie den Tag bei Mavis Mottram verbracht, sich an ihrer Schulter ausgeflennt und ihr haarklein erzählt, was für ein Schwein ich bin«, dachte er. »Bestimmt wartet sie schon auf mich, wenn ich heute abend heimkomme.«

Aber das tat sie nicht. Statt dessen lag ein Brief auf dem Küchentisch, und daneben ein Päckchen. Wilt machte den Brief auf.

»Ich fahre mit Sally und Gaskell weg, um über alles nachzudenken. Was du gestern abend getan hast, war abscheulich. Ich werde es Dir nie verzeihen. Vergiß nicht, etwas Hundefutter zu besorgen. Eva. P.S. Sally sagt, wenn Du das nächste Mal ein Flötensolo brauchst, laß es Dir von Judy blasen.«

Wilt sah auf das Päckchen. Ohne daß er's aufmachte, wußte er, was drin war. Diese teuflische Puppe. In einem plötzlichen Wutanfall nahm Wilt es und schleuderte es durch die Küche ins Spülbecken. Zwei Teller und eine Untertasse fielen aus dem Geschirrständer und zerklirrten auf dem Boden.

»Scheiß auf das Miststück«, sagte Wilt vieldeutig, indem er Eva, Judy und Sally Pringsheim gleichermaßen in seine Wut einschloß. Dann setzte er sich an den Tisch und sah sich noch mal den Brief an. »Fahre weg, um über alles nachzudenken.« Wohl mit dem Hintern. Denken? Die blöde Kuh war doch denkunfähig. Sie würde doch bloß über seine Unzulänglichkeiten jammern und tratschen und sich in ein exaltiertes Selbstmitleid hineinsteigern. Wilt konnte richtig hören, wie sie gerade schon wieder von diesem verdammten Bankdirektor schwatzte, und daß sie ihn hätte heiraten sollen, statt sich einen Mann aufzuhalsen, der in der Berufsschule nicht mal befördert wurde, sondern in der Gegend rumlief und in anderer Leute Badezimmern aufblasbare Puppen bumste. Und Sally Pringsheim, diese mistige Schlampe, hetzte sie auch noch auf. Wilt las den Nachsatz: »Sally sagt, wenn Du das nächste Mal ein Flötensolo brauchst . . .« Himmelherrgott! Als hätte er das letzte Mal eins haben wollen. Aber da stand es, ein neues Lügenmärchen trieb seine Blüten, wie die Geschichte, daß er in Betty Crabtree verliebt sei, als er sie bloß ein einziges Mal nach der Abendschule im Auto mitgenommen hatte. Wilts Privatleben war mit solchen Märchen durchsetzt, Waffen in Evas Arsenal, die sie rausholte, wenn die Lage es erforderte, und über seinem Haupte schwang. Und jetzt hatte Eva das allerletzte Druckmittel in der Hand, die Puppe, Sally Pringsheim und das Flötensolo. Die Ausgewogenheit gegenseitiger Beschuldigungen, der Stützpfeiler ihrer Beziehung, hatte sich dramatisch verschoben. Von Wilt würde es eine tollkühn ausgedachte Tat erfordern, wenn er sie wiederherstellen wollte.

»Vergiß nicht, etwas Hundefutter zu besorgen.« Na, wenigstens hatte sie ihm das Auto dagelassen. Es stand in der Garage. Wilt fuhr rüber zum Supermarkt und kaufte drei Dosen Hundefutter, einen Curryrisotto im Kochbeutel und eine Flasche Gin. Heute würde er sich einen ansaufen. Dann fuhr er wieder heim, setzte sich in die Küche und sah zu, wie Clem sein Bonzo runterschlang, während der Kochbeutel kochte. Er goß sich einen kräftigen Gin ein, füllte mit einem Spritzer Bitter Lemon auf und wanderte in der Küche herum. Und die ganze Zeit hatte er nur das Päckchen im Kopf, das da auf dem Abtropfbord lag und darauf wartete, daß er's aufmachte. Und unweigerlich würde er es aufmachen. Schon bloß aus Neugier. Er wußte es, und er wußte, daß sie es wußten, wo sie auch waren, und Sonntag abend würde Eva nach Hause kommen, und das erste, was sie täte, wäre, nach der Puppe zu fragen und ob er sich auch gut mit ihr amüsiert habe. Wilt goß sich noch ein bißchen Gin nach und dachte über den Nutzen der Puppe nach. Es mußte doch irgendeine Möglichkeit geben, das Ding dazu zu verwenden, den Spieß wieder gegen Eva zu wenden.

Als er seinen zweiten Gin hinter der Binde hatte, hatte ein Plan langsam begonnen, Kontur anzunehmen. Er drehte sich um die Puppe, ein Bohrloch und eine peinliche Prüfung seiner Charakterstärke. Sich vorzugaukeln, wie man seine Frau umbringen könne, war eine Sache. Ganz was anderes war es, das in die Tat umzusetzen, und dazwischen war alles unberechenbar. Am Ende des dritten Gins war Wilt entschlossen, den Plan auszuführen. Wenn's auch sonst nichts einbrächte, dann wenigstens doch den Beweis, daß er fähig sei, einen Mord zu begehen.

Wilt stand auf und packte die Puppe aus. In seinem inneren Zwiegespräch mit Eva erzählte sie ihm gerade, was geschähe, wenn Mavis Mottram von seinem widerlichen Betragen bei Pringsheims zu hören bekäme. »Die ganze Nachbarschaft würde sich über dich totlachen«, sagte sie, »darüber kämst du nie hinweg.«

Ach nein? Wilt lächelte betrunken in sich hinein und ging nach oben. Diesmal irrte Eva ausnahmsweise. Vielleicht kam er nicht darüber weg, aber Mrs. Eva Wilt wär überhaupt nicht da, um schadenfroh zu sein. Denn sie wäre nämlich gar nicht mehr am Leben.

Im Schlafzimmer zog Wilt die Vorhänge zu, legte die Puppe aufs Bett und suchte nach dem Ventil, das er in der Nacht davor nicht gefunden hatte. Nun fand er es und holte eine Luftpumpe aus der Garage. Fünf Minuten später war Judy fabelhaft in Form.

Sie lag auf dem Bett und lächelte zu ihm auf. Wilt kniff die Augen zusammen und schielte zu ihr runter. Er mußte zugeben, in dem Dämmerlicht sah sie fürchterlich lebendig aus. Plastik-Eva mit Mastixbusen. Jetzt mußte sie bloß noch angezogen werden. Er kramte ein paar Schubladen nach einem BH und einer Bluse durch, entschied, sie brauche keinen BH und griff zu einem alten Rock und ein Paar Strumpfhosen. In einem Pappkarton im Kleiderschrank fand er eine von Evas Perücken. Sie hatte natürlich mal ihre Perückenphase gehabt. Zum guten Schluß ein Paar Schuhe. Als er mit allem fertig war, lag Eva Wilts Ebenbild auf dem Bett und lächelte starr zur Decke hoch.

»Ein süßer Fratz«, sagte Wilt und ging in die Küche runter, um nachzusehen, was der Kochbeutel machte. Er war ein Qualmbeutel. Wilt drehte den Herd ab, ging aufs Klo unter der Treppe und überlegte sich seinen nächsten Schritt. Er würde die Puppe für die erste Probe aufs Exempel benutzen, so daß er, falls es dazu kam, schon an den ganzen Mordverlauf gewöhnt wär und gefühllos handeln würde wie ein Automat. Töten aus bedingtem Reflex. Mord aus Gewohnheit. Außerdem wüßte er dann, wie er den ganzen Zauber zeitlich richtig einteilen müsse. Und daß Eva übers Wochenende mit Pringsheims weggefahren war, paßte ebenfalls ins Konzept. Nach diesem Muster würde sie demnächst öfter mal verschwinden.

Irgendwie würde er sie schon dazu bringen, es wieder und immer wieder zu tun. Und dann der Besuch beim Arzt.

»Ich kann halt bloß nicht schlafen, Herr Doktor. Meine Frau fährt dauernd weg und läßt mich allein, und ich kann mich einfach nicht daran gewöhnen, allein zu schlafen.« Ein Rezept für Schlaftabletten. Dann an dem gewissen Abend. »Heute abend mache ich dir die Ovomaltine, Liebes. Du siehst müde aus. Ich bring sie dir ans Bett.« Dankbarkeit, gefolgt von Schnarchen. Runter zum Auto . . . ziemlich früh wär am besten . . . ungefähr um halb elf . . . zur Schule rüber und runter ins Loch. Vielleicht in einem Plastiksack . . . nein, kein Plastiksack. »Ich habe gehört, Sie haben kürzlich einen großen Plastiksack gekauft, Sir. Ob es Ihnen wohl was ausmacht, ihn uns zu zeigen?« Nein, besser, sie einfach so ins Loch runterzutun, das sie nächsten Morgen mit Beton füllten. Und schließlich ein fassungsloser Wilt. Er würde zu Pringsheims rübergehen. »Wo ist Eva? Doch, Sie wissen es.« »Nein, wir wissen es nicht.« »Lügen Sie mich nicht an. Sie kommt doch immer hier her.« »Wir lügen nicht. Wir haben Eva nicht gesehen.« Danach ginge er zur Polizei.

Grundlos, spurlos und unauffindbar. Und unbestreitbar, daß er ein Mann war, der zu handeln verstand. Oder aber nicht. Wenn er etwa unter der Anspannung zusammenbräche und ein Geständnis machte? Das wäre aber auch eine Art Rechtfertigung. So oder so, wüßte er dann, was für ein Mann er ist, und wenigstens einmal in seinem Leben hätte er wirklich gehandelt. Und fünfzehn Jahre Gefängnis wären fast gleichbedeutend mit fünfzehn, nein mehr, zwanzig Jahren Berufsschule vor lauter Rüpeln, die ihn verachteten und denen er was über Piggy und den Herrn der Fliegen erzählen mußte. Aber davon abgesehen konnte er in seinem Prozeß das Buch auch immer als mildernden Umstand anbringen.

»Hohes Gericht, verehrte Geschworene, ich möchte Sie bitten, sich einmal in die Lage des Angeklagten zu versetzen. Zehn Jahre lang hat er vor der entsetzlichen Aussicht gestanden, dieses gräßliche Buch klassenweise gelangweilten und feindseligen Jugendlichen vorlesen zu müssen. Er hat die Qual der ständigen Wiederholung, des Abscheus und Ekels über Goldings empörend romantische Auffassung vom Wesen des Menschen geduldig ertragen müssen. Ja, ja, ich höre Sie sagen, Golding sei kein Romantiker, seine Auffassung vom Wesen des Menschen, wie sie in seiner Schilderung einer Gruppe auf eine einsame Insel ausgesetzter Jungen zum Ausdruck komme, sei genau das Gegenteil von Romantik, und die Gefühlsduselei, die ich ihm zum Vorwurf mache und von der das Erscheinen meines Klienten vor diesem Gericht Zeugnis gibt, sei nicht im ›Herrn der Fliegen‹ zu finden, sondern in seinem Vorläufer, der ›Koralleninsel‹. Aber, hohes Gericht, meine Herren Geschworenen, es gibt so etwas wie eine umgekehrte Romantik, eine Romantik der Enttäuschung, des Pessimismus und Nihilismus. Wollen wir einmal für einen Augenblick annehmen, mein Klient hätte zehn Jahre nicht mit dem Vorlesen von Goldings Werk, sondern der ›Koralleninsel‹ vor Lehrlingsgruppen zugebracht: ist es wohl recht und billig, sich vorzustellen, er wäre auch dann zu dem verzweifelten Mittel gezwungen gewesen, seine Frau umzubringen? Nein. Hundertmal nein. Ballantynes Buch hätte ihm das spontane Gefühl, die Selbstbeherrschung, den Optimismus und den Glauben an die Fähigkeit des Menschen geschenkt, sich mit Hilfe seines Scharfsinns aus der verzweifeltsten Lage zu befreien . . .«

Vielleicht war es keine besonders gute Idee, diese Beweisführung allzu weit zu verfolgen. Der Angeklagte Wilt hatte ja schließlich eine ganze Menge Scharfsinn bewiesen, als er sich aus einer verzweifelten Lage befreite. Trotzdem war's ein hübscher Gedanke. Wilt beendete sein Geschäft auf dem Klo und sah sich nach Toilettenpapier um. Es war keines da. Die verdammte Rolle war zu Ende. Er griff in die Tasche, fand Evas Brief und verwendete ihn nutzbringend. Dann spülte er ihn weg, streute etwas Harpic hinterher, um seine Meinung über ihn und über sie zu bekunden, und ging in die Küche und goß sich noch einen Gin ein.

Den Rest des Abends verbrachte er mit einem Stück Brot, etwas Käse und einer Dose Pfirsichen vor dem Fernseher, bis es Zeit war, den ersten Probelauf zu wagen. Er ging vor die Haustür und sah die Straße rauf und runter. Es war jetzt fast dunkel, und niemand war zu sehen. Er ließ die Haustür offen, ging nach oben, holte die Puppe und legte sie ins Auto auf den Rücksitz. Er mußte ein bißchen schieben und pressen, um sie reinzukriegen, aber schließlich bekam er die Tür zu. Wilt stieg ein, setzte rückwärts in die Parkview Avenue hinaus und fuhr zum Kreisel runter. Als er auf dem Parkplatz hinter der Schule ankam, war es genau halb elf. Er hielt und sah sich im Wagen sitzend um. Keine Seele weit und breit, und nirgends Licht. War auch nicht zu erwarten. Die Schule machte um neun zu.

6

Sally lag nackt an Deck des Kajütboots, ihre straffen Brüste zeigten zum Himmel, die Beine hatte sie gespreizt. Eva lag neben ihr auf dem Bauch und sah flußabwärts.

»O Gott, ist das himmlisch«, murmelte Sally, »ich fahr ja auf diese Landschaft total ab.«

»Du hast wohl deine Ich-fahr-total-drauf-ab-Phase«, sagte Gaskell, als er den Kahn im Zickzack auf eine Schleuse zusteuerte. Er trug Kapitänsmütze und Sonnenbrille.

»Gemeinplatz-Baby«, sagte Sally.

»Wir kommen gleich zu einer Schleuse«, sagte Eva ängstlich, »und da sind ein paar Männer.«

»Männer? Vergiß die Männer, Liebes. Es gibt bloß dich und mich und G, und G ist kein Mann, gelle, G-Baby?«

»Ich habe meine Augenblicke«, sagte Gaskell.

»Aber so selten, so furchtbar selten«, sagte Sally. »Aber was soll's? Wir haben unser Eiapopeia und schippern in der guten alten Sommerzeit den Fluß runter.«

»Hätten wir nicht das Haus aufräumen müssen, ehe wir losfuhren?« fragte Eva.

»Das Geheimnis von Parties ist nicht, hinterher aufzuräumen, sondern das Feld zu räumen, wir können das alles ja noch machen, wenn wir zurückkommen.« Eva stand auf und ging nach unten. Sie waren gleich an der Schleuse, und sie hatte keine Lust, sich nackt, wie sie war, von den beiden alten Zauseln angaffen zu lassen, die nebendran auf der Bank saßen.

»Herrgott, Sally, kannst du nicht was mit unserer Seelenfreundin anstellen? Sie geht mir noch an die Nippel«, sagte Gaskell.

»Ach, G-Baby, das tut sie nun wirklich nicht. Wenn sie's täte, machtest du doch den Kater Miesemau.«

»Kater Miesemau?«

»Du würdest dich lächelnd verdünnisieren, Zuckerherzchen, Schwanz voran. Sie ist halt bloß gargantuesk uterin.«

»Sie ist halt bloß pantagruelisch öde.«

»Wart's ab, Liebling, wart's ab. Man muß das Emanzipierte hervorheben, das Negative weglassen und sie nicht mit ihrem Einfaltspinsel herumfummeln lassen.«

»Einfaltsmöse. Sagen wir Zweifaltsmöse«, sagte Gaskell, als er das Boot krachend in die Schleuse kurvte.

»Darum geht's doch ausschließlich.«

»Worum?« sagte Gaskell.

»Ums Rumfummeln mit Einfaltsmöschen. Ich meine, es ist alles paletti mit Eva und uns. Sie macht die Hausarbeit, Gaskell-Baby kann den Schiffskapitän spielen und dicke Titten genießen, und Sally-Schätzchen kann mit ihrem labyrinthischen Geist minotaurern.«

»Geist?« sagte Gaskell. »Die Polyunbefriedigten haben keinen Geist. Und da wir gerade von Dummköpfen reden – was ist mit Einfaltspimmel?«

»Der hat doch Judy zum Fummeln. Wahrscheinlich vögelt er sie gerade, und morgen abend bleibt er auf und sieht sich mit ihr Kojak an. Wer weiß, vielleicht schickt er sie sogar zu Mavis Lollofrigida Mottrams Ikebana-Abend. Ich finde, die haben sich gesucht und gefunden. Man kann nicht gerade sagen, er hätte gestern abend nicht sehr an ihr gehangen.«

»Du sagst es«, sagte Gaskell und machte die Schleusentore zu. Als das Boot nach unten sank, starrten die beiden alten Männer auf der Bank Sally an. Sie nahm ihre Sonnenbrille ab und sah sie herausfordernd an.

»Daß es euch bloß nicht auf die Prostata schlägt, ihr alten Gockel«, sagte sie frech. »Habt ihr noch nie einen nackten Arsch gesehen?«

»Sprechen Sie mit mir?« fragte einer der Männer.

»Ich red doch nicht mit mir selber.«

»Dann will ich Ihnen sagen«, entgegnete der Mann, »ich habe schon mal einen wie Ihren gesehen. Einmal.«

»Einmal kann ungefähr stimmen«, sagte Sally. »Wo denn?«

»Bei einer alten Kuh, die gerade gekalbt hatte«, sagte der Mann und spuckte in ein sauber gejätetes Geranienbeet.

Eva saß in der Kabine und fragte sich, worüber sie wohl redeten. Sie horchte auf das Plätschern des Wassers und das Pochen des Motors und dachte über Henry nach. Es sah ihm nicht ähnlich, so etwas zu tun. Wirklich nicht. Und vor all den Leuten. Er mußte betrunken gewesen sein. Es war so demütigend. Na ja, das sollte er büßen. Sally sagte, man solle die Männer büßen lassen. Das sei ein Teil des Prozesses, sich von ihnen zu befreien. Man müsse ihnen zeigen, daß man sie nicht brauche, und Gewalt sei das einzige, was die männliche Psyche verstünde. Deswegen sei sie auch mit Gaskell so streng. Männer seien wie Tiere. Man müsse ihnen zeigen, wer die Hosen anhat.

Eva ging in die Kombüse und polierte das Spülbecken aus rostfreiem Stahl. Henry würde schon merken, wie wichtig sie sei, wenn sie ihm fehlte, und er die Hausarbeit machen und für sich selber kochen müsse, und wenn sie zurückkäme, da kriegte er aber was zu hören wegen der Puppe. Das war doch nicht normal. Vielleicht sollte Henry mal einen Psychiater aufsuchen. Sally sagte, er habe auch ihr das widerlichste Angebot gemacht. Das zeigte nur, daß man niemandem trauen konnte. Und vor allem Henry nicht. Sie hätte nie vermutet, daß Henry daran denken könne, so etwas zu tun. Aber Sally war so reizend und verständnisvoll gewesen. Sie wußte, wie Frauen sich sowas zu Herzen nehmen, und sie war Henry nicht mal böse gewesen.

»Er ist eben ein Analkomplex-Baby«, hatte sie gesagt, »das ist bezeichnend für eine männerbeherrschte Chauvinistenschweinegesellschaft. Ich habe noch kein MCS gesehen, das ›leck mich am Arsch‹ gesagt und nicht auch gemeint hätte.«

»Henry sagt das dauernd«, hatte Eva zugegeben. »Leck mich wegen dem, leck mich wegen was anderem.«

»Da hast du's, Eva-Baby. Was habe ich dir gesagt? Sprachentwürdigung analmäßig.«

»Das ist verflucht widerlich«, sagte Eva, und das war's auch.

Sie polierte und putzte weiter, bis sie wieder aus der Schleuse raus waren und den Fluß hinab den weiten Wasserflächen der Mündungsseen zusteuerten. Dann ging sie an Deck und sah sich über die flache, menschenleere Landschaft weg den Sonnenuntergang an. Es war alles so romantisch und aufregend, so anders als alles, was sie bisher erlebt hatte. Das war das Leben, wie sie sich's immer erträumt hatte – reich, lustig und beglückend. Eva Wilt seufzte. Allen Widerwärtigkeiten zum Trotz war sie im Frieden mit der Welt.

Auf dem Parkplatz hinter der Berufsschule war Henry mit nichts im Frieden. Im Gegenteil, er lag im Krieg mit Evas Ebenbild. Als er betrunken um das Auto herumstolperte und sich mit Judy abmühte, wurde ihm klar, daß sogar eine aufblasbare Puppe ihren eigenen Kopf hatte, wenn es darum ging, sie aus einem Kleinwagen zu ziehen. Judys Arme und Beine blieben an allem möglichen hängen. Wenn sich Eva in der Nacht, wenn er sie beseitigte, genauso benahm, hätte er ja verteufelt zu ackern, um sie aus dem Wagen zu kriegen. Er würde sie zu einem ordentlichen Bündel zusammenschnüren müssen. Das wär das allerbeste. Er zerrte die Puppe an den Beinen, bekam sie schließlich heraus und legte sie auf die Erde. Dann stieg er wieder in den Wagen, um nach ihrer Perücke zu suchen. Er fand sie unter dem Sitz und setzte sie ihr wieder auf, nachdem er ihr den Rock zurechtgezogen hatte, damit er nicht ganz so viel enthüllte. Er sah sich auf dem Parkplatz, bei den Baubuden und am Hauptgebäude um, aber niemand war zu sehen. Alles in Ordnung. Er nahm die Puppe unter den Arm und zog zur Baustelle los. Auf halbem Wege merkte er, daß er es nicht ganz richtig machte. Die betäubte und schlafende Eva wär viel zu schwer, als daß er sie unter dem Arm tragen könnte. Er würde einen Erste-Hilfe-Griff anwenden müssen. Wilt blieb stehen, hievte sich die Puppe auf den Rükken und zockelte weiter, wobei er wild schwankte, teils weil er, dank dem Gin, gar nicht anders konnte, und teils, weil es die Unternehmung echter machte. Mit Eva über der Schulter würde er einfach ein bißchen schwanken müssen. Er langte am Zaun an und warf die Puppe hinüber. Dabei fiel die Perücke wieder runter. Wilt tastete im Matsch herum und fand sie wieder. Dann ging er zur Eingangspforte rüber. Sie war verschlossen. Das wäre sie auch dann. Daran mußte er denken. Solche Details waren wichtig. Er versuchte, hinüberzuklettern, schaffte es aber nicht. Er brauchte etwas, was er als Tritt benutzen könne. Ein Fahrrad. Gewöhnlich standen ein paar in den Fahrradständern am Haupteingang. Er stopfte sich die Perücke in die Tasche, ging um die Baubuden herum und an der Kantine vorbei und tappte gerade über den Rasen neben dem Sprachlabor, als aus dem Dunkel eine Gestalt auftauchte und eine Taschenlampe ihm ins Gesicht leuchtete. Es war der Hausmeister.

»He, wo wollen Sie denn hin?« fragte der Hausmeister. Wilt blieb stehen.

»Ich bin ... ich bin nur noch mal zurückgekommen, um mir ein paar Aufzeichnungen aus dem Lehrerzimmer zu holen.

»Ach, Sie sind's, Mr. Wilt«, sagte der Hausmeister. »Sie sollten aber mittlerweile wissen, daß Sie zu dieser nachtschlafenden Zeit nicht mehr reinkommen. Wir machen um halb zehn dicht.«

»Tut mir leid. Ich hab nicht daran gedacht«, sagte Wilt.

Der Hausmeister seufzte. »Na ja, weil Sie's sind und weil's bloß dies eine Mal ist ...«, sagte er und schloß die Tür zum Hauptgebäude auf. »Sie müssen aber zu Fuß rauf. Die Fahrstühle sind nachts außer Betrieb. Ich warte hier unten auf Sie.«

Wilt torkelte langsam die fünf Treppen zum Lehrerzimmer

hinauf und ging an seinen Spind. Er nahm eine Handvoll Blätter und ein Exemplar von ›Bleakhaus‹ heraus, das er sich schon immer mal für ein paar Monate hatte mit nach Hause nehmen wollen, aber nie getan hatte. Er stopfte sich die Notizen in die Tasche und stieß auf die Perücke. Während er damit herumfummelte, konnte er ja auch noch nach einem Gummiband suchen. Das würde die Perücke auf Judys Kopf festhalten. Er fand einige in einer Schachtel im Materialschrank, steckte die Zettel in die andere Tasche und ging hinunter.

»Vielen Dank«, sagte er zum Hausmeister, »tut mir leid, daß ich Sie belästigt habe.« Er schwankte davon und um die Ecke zu den Fahrradständern.

»Blau wie ein Wassermolch«, sagte der Hausmeister und ging in sein Dienstzimmer zurück.

Wilt beobachtete, wie er sich seine Tabakspfeife ansteckte, dann wendete er seine Aufmerksamkeit den Fahrrädern zu. Die Scheißdinger waren alle abgeschlossen. Er würde halt eins rübertragen müssen. Er legte ›Bleakhaus‹ in den Gepäckkorb, hob das Rad hoch und trug es rüber zum Zaun. Dann stieg er drauf und über den Zaun und tastete im Dunkeln nach der Puppe. Endlich fand er sie und brachte fünf Minuten mit dem Versuch zu, die Perücke auf ihrem Kopf festzuhalten, während er unter ihrem Kinn das Gummiband festmachte. Es schnippte immer wieder weg. »Na, wenigstens ist das eine Schwierigkeit, die ich mit Eva nicht habe«, murmelte er, als die Perücke endlich saß. Er vergewisserte sich, daß sie nicht abfallen konnte, dann tappte er vorsichtig los, an Kieshaufen, Maschinen, Säcken und Baueisen vorbei, als ihm plötzlich einfiel, daß er selber in Gefahr war, in eins der Bohrlöcher zu fallen. Er legte die Puppe auf die Erde, fingerte in der Tasche nach der Lampe und leuchtete auf den Boden. Ein paar Meter weiter war ein großes Viereck aus dicken Brettern. Wilt ging hin und hob es hoch. Darunter war ein Loch, ein hübsches, großes Loch. Genau die richtige Größe. Sie würde da perfekt reinpassen. Er leuchtete mit der Taschenlampe hinunter. Das waren sicher zehn Meter. Er schob die Bretter zur Seite und ging die Puppe holen. Die Perücke war wieder runtergefallen.

»Scheiße«, sagte Wilt und griff in die Tasche nach einem neuen Gummiband. Fünf Minuten später war Judys Perücke mit vier Gummibändern unterm Kinn fest an ihrem Platz. Das sollte wohl reichen. Jetzt mußte er Evas Ebenbild nur noch zu dem Loch schleifen und feststellen, ob es breit genug war. An dieser Stelle zögerte Wilt. Er kriegte langsam Zweifel an der Zuverlässigkeit seines Plans. Nach seinem Geschmack waren zu viele unvorhergesehene Dinge aufgetaucht. Andererseits hatte es aber auch was Erheiterndes, mitten in der Nacht allein auf der Baustelle zu sein. Vielleicht wäre es besser, wenn er jetzt nach Hause führe. Nein, er hatte die Sache bis zum Ende durchzustehen. Er würde die Puppe in das Loch stecken, um wirklich sicherzugehen, daß es groß genug war. Dann würde er ihr die Luft ablassen, nach Hause fahren, und den Ablauf so lange wiederholen, bis er gelernt hätte, im Schlaf zu töten. Er würde die Puppe im Kofferraum verwahren. Eva guckte da nie rein. Und in Zukunft würde er sie erst auf dem Parkplatz aufblasen. Auf diese Weise ahnte Eva nicht, was vor sich ging. Bestimmt nicht. Wie einfach doch der Plan ist, dachte Wilt und lächelte still in sich hinein. Dann hob er Judy hoch und schob sie, die Füße voran, auf das Loch zu. Wilt beugte sich vor, und sie glitt mühelos hinein. Perfekt. Und in diesem Moment rutschte er auf dem matschigen Boden aus. Mit verzweifelter Anstrengung, die ihn zwang, die Puppe loszulassen, warf er sich zur Seite und grapschte nach den Brettern. Vorsichtig rappelte er sich wieder hoch und fluchte. Seine Hosen waren mit Schlamm beschmiert, und seine Hände zitterten.

»Um ein Haar war ich verflucht nochmal selber da unten«, murmelte er und sah sich nach Judy um. Aber Judy war weg. Wilt langte nach seiner Taschenlampe und leuchtete ins Loch. Die Puppe hing auf halber Höhe, leicht gegen die Seiten gekeilt, fest und hatte ausnahmsweise noch die Perücke auf dem Kopf. Wilt starrte verzweifelt auf das Ding runter und fragte sich, was zum Teufel jetzt zu tun sei. Es – oder sie – war mindestens sechs Meter tief unten. Fünf. Jedenfalls ganz schön weit unten und bestimmt zu tief, um an sie ranzukommen. Aber immer noch zu weit oben, als daß die Arbeiter sie am Morgen nicht deutlich sehen könnten. Wilt knipste die Taschenlampe aus und zog das Brettervierecek heran, so daß das Loch halb zugedeckt war. So käme er wenigstens nicht in Gefahr, der Puppe Gesellschaft zu leisten. Dann stand er auf und versuchte darüber nachzudenken, wie er sie herausbekäme.

Ein Seil mit einem Haken. Er hatte weder Seil noch Haken. Er war vielleicht in der Lage, ein Seil aufzutreiben, aber Haken waren ganz was anderes. Ein Seil nehmen, an irgend etwas festbinden, runterklettern und die Puppe raufholen? Bestimmt nicht. Es wär schon fürchterlich genug, sich mit zwei Händen am Seil runterzulassen, aber der Gedanke, mit einer Hand wieder hochzuklettern und mit der anderen die Puppe zu halten, war reiner Wahnsinn. So landete er bloß selber unten im Loch, und wenn er sich über etwas klar war, dann war's das, daß er nicht vorhatte, am Montagmorgen unten in einem zehn Meter tiefen Loch entdeckt zu werden, im Arm eine Bumspuppe mit Möse aus Plastik, und in den Kleidern seiner Frau. So lang ging's in die Katastrophe. Wilt stellte sich die Szene im Direktorzimmer vor, wenn er zu erklären versuchte, wie er dazu kam, unten in . . . Und überhaupt fanden sie ihn vielleicht gar nicht, oder hörten seine Schreie nicht. Diese verdammten Zementwagen machten ja einen Höllenlärm, und er riskierte doch verflucht nochmal nicht, unter Beton . . . o Scheiße. Da hatte er die poetische Gerechtigkeit. Nein, das einzige war, diese verfluchte Bumspuppe irgendwie auf den Grund des Lochs zu kriegen und zum Himmel zu hoffen, daß keiner sie bemerkte, ehe der Beton drauf kam. Na ja, wenigstens würde er auf diese Weise rausbekommen, ob das ein vernünftiges Verfahren war, Eva loszuwerden. Wenigstens das war auf der Plusseite zu vermerken. Auch der trübste Tag hatte seine . . .

Wilt ging los und sah sich nach was um, womit er Judy Parterre befördern könne. Er versuchte es mit einer Handvoll Kies, aber sie wackelte nur ein bißchen und blieb, wo sie war. Etwas Schwereres war nötig. Er ging rüber zu einem Sandhaufen, schippte etwas Sand in einen Plastiksack und schüttete ihn in das Loch, aber außer daß er Mrs. Wilts Perücke einen besonders makaber-realistischen Akzent verlieh, machte der Sand nichts. Wenn er einen Ziegelstein auf die Puppe würfe, vielleicht platzte sie dann. Wilt sah sich nach einem Ziegelstein um und mußte sich schließlich mit einem großen Lehmklumpen zufriedengeben. Der müßte reichen. Er ließ ihn ins Loch fallen. Es gab einen Bums, Gerassel von Kies und noch einen Bums. Wilt leuchtete runter. Judy war unten gelandet und hatte es sich in einer grotesken Stellung bequem gemacht. Ihre Beine waren vor ihrer Brust verknäult, während sie einen Arm wie hilfeflehend nach ihm ausstreckte. Wilt holte noch einen Klumpen Lehm und warf ihn hinunter. Diesmal rutschte die Perücke zur Seite, und der Kopf neigte sich auf ihrer Schulter. Wilt gab auf, er konnte nichts weiter tun. Er zog die Bretter wieder über das Loch und ging zum Zaun zurück.

Hier kam er schon wieder in Verlegenheit. Das Fahrrad stand auf der anderen Seite. Er holte sich ein Brett, lehnte es gegen den Zaun und kletterte hinüber. Jetzt das Rad wieder zum Fahrradständer zurücktragen. Ach, scheiß auf das Fahrrad. Es konnte bleiben, wo es war. Er hatte die Schnauze voll von der ganzen Angelegenheit. Er war nicht mal imstande, sich eine Plastikpuppe anständig vom Halse zu schaffen. Da war's einfach lächerlich anzunehmen, er könne mit irgendwelcher Aussicht auf Erfolg einen richtigen Mord planen und ausführen. Er mußte verrückt sein, daß er sich sowas einfallen ließ. Das war alles dieser verdammte Gin.

»Jaja, gib dem Gin nur die Schuld«, murmelte sich Wilt in den Bart, als er zum Wagen zurücklatschte. »Du hattest diese Idee schon seit Monaten.« Er stieg ins Auto, saß im Dunkeln da und fragte sich, was in drei Teufels Namen über ihn gekommen sei, daß er davon spinnen konnte, Eva umzubringen. Das war Schwachsinn, totaler Schwachsinn, genauso verrückt, wie sich vorzustellen, er könne sich dazu erziehen, ein kaltblütiger Mörder zu werden. Wo war diese Idee entstanden? Worum ging's hier eigentlich? Klar, Eva war eine dämliche Kuh, die ihm sein Leben zur Hölle machte, indem sie an ihm herummeckerte und ihrer Neigung zu fernöstlichem Seelenqualm mit einer hektischen Begeisterung frönte, die den besonnensten Ehemann aus der Fassung bringen mußte, aber warum dieser Knall mit dem Ermorden? Warum mußte er seine Männlichkeit durch Gewalt beweisen? Wo hatte er das her? Mitten auf dem Parkplatz wurde Henry Wilt, mit einem Schlage nüchtern und klar im Kopf, sich bewußt, wie seltsam sich die zehn Jahre Abteilung Allgemeinbildung bei ihm ausgewirkt hatten. Zehn lange Jahre waren die Gipser II und Fleisch I der Kultur in Gestalt von Wilt und dem ›Herrn der Fliegen‹ ausgeliefert gewesen, und genauso viele Jahre war Wilt der Unkultur ausgesetzt, der stets bedenkenlosen Bereitwilligkeit von Gipser II und Fleisch I, gewalttätig zu sein. Das war der Keim von allem. Dies und die Wirklichkeitsfremdheit der Literatur, mit der er sich hatte plagen müssen. Zehn Jahre lang war Wilt das Medium gewesen, durch das Phantasiegestalten wanderten, Nostromo, Shane, Jack und Piggy, Gestalten, die handelten und deren Taten etwas in Bewegung setzten. Und die ganze Zeit sah er sich selbst in ihren Augen, ein erfolgloser, willenloser Mensch, der nur dem Zwang der Verhältnisse gehorchte. Wilt schüttelte den Kopf. Und aus dem allen und den Seelenschrammen der letzten zwei Tage war dieser *acte gratuit* entstanden, dieses Quasi-Verbrechen, die symbolische Ermordung Eva Wilts.

Er ließ den Wagen an und fuhr vom Parkplatz. Er würde Braintrees besuchen. Sie wären sicher noch wach und freuten sich über seinen Besuch, außerdem mußte er mit jemandem reden. Auf der Baustelle wirbelten unterdessen seine Notizen über ›Die Gewalt als Faktor der Zerstörung des Familienlebens‹ im Nachtwind rum und fielen in den Dreck.

7

»Die Natur ist ja so säuisch«, sagte Sally und leuchtete mit einer Taschenlampe durch die Luke auf das Schilf. »Ich meine, nimm mal die Schilfkolben. Ich meine, die sind doch absolut archetypisch phallisch. Findest du nicht auch, G?«

»Schilfkolben?« sagte Gaskell, der hilflos auf eine Karte starrte. »Schilfkolben sagen mir nichts.«

»Landkarten auch nicht, wie man sieht.«

»Seekarten, Baby, Seekarten.«

»Was macht schon der kleine Unterschied?«

»Im Augenblick verdammt viel. Wir sind entweder im Froschwasser oder in der Moorbreite. Ich kann nicht sagen, wo.«

»Ach, laß es doch einfach die Moorbreite sein. Ich schwärme einfach für die Breiten. Eva-Herzchen, wie wär's mit noch 'ner Kanne Kaffee? Ich bleib die ganze Nacht wach und seh mir an, wie's über den Schilfkolben dämmert.«

»Ja? Na, ich nicht«, sagte Gaskell. »Die letzte Nacht hat mir gereicht. Dieser blöde Kerl mit der Puppe im Bad, und Schei schneidet sich auch noch. Das reicht für einen Tag. Ich kriech jetzt lieber unter die Decke.«

»An Deck kriechst du«, sagte Sally, »du kriechst an Deck unter die Decke, G. Eva und ich schlafen hier unten. Bei dreien ist einer zu viel.«

»Drei? Mit Busen-Baby wären wir mindestens fünf. Okay, ich schlafe an Deck. Wir müssen zeitig aufstehen, wenn wir von dieser verdammten Sandbank runterkommen wollen.«

»Hat Kapitän Pringsheim uns auf Sand gesetzt, Baby?«

»Das liegt an diesen Seekarten. Wenn sie doch bloß die Tiefen genau angäben.«

»Wenn du wüßtest, wo wir sind, würdest du wahrscheinlich sehen, daß sie's tun. Aber es ist natürlich sinnlos zu wissen, es ist drei Meter tief ...«

»Faden, Schätzchen, Faden.«

»Drei Faden tief im Froschwasser, wenn wir in Wirklichkeit in der Moorbreite sind.«

»Na egal, wo wir sind, du solltest mal lieber hoffen, daß es 'ne Flut gibt, die uns hochhebt und wegträgt.«

»Und wenn's keine gibt?«

»Dann müssen wir uns was anderes einfallen lassen. Vielleicht kommt jemand vorbei und schleppt uns ab.«

»Mein Gott G, du bist doch ein Weltmeister«, sagte Sally. »Ich meine, warum konnten wir nicht einfach draußen in der Mitte bleiben? Aber nein, du mußtest ja diesen Dreckskahn auf 'ne Sandbank schippern, und das alles wegen was? Wegen Enten, gottverdammten Enten.«

»Gänsen, Baby, Graugänsen. Nicht bloß Enten.«

»Okay, dann eben wegen Graugänsen. Bloß weil du sie fotografieren willst, sitzen wir jetzt fest, wo niemand mit einem Boot hinfährt, der richtig im Kopf ist. Was meinst du, wer hier herkommen soll? Die Möwe Jonathan?«

In der Kombüse kochte Eva Kaffee. Sie trug den knallroten Kunststoff-Bikini, den ihr Sally geliehen hatte. Er war eigentlich zu klein für sie, so daß sie rundrum peinlich rausquoll, und er lag ordinär eng an, aber letztlich war es besser, als nackt rumzulaufen, auch wenn Sally sagte, Nacktheit hieße Freiheit, und guck dir die Indianer am Amazonas an. Sie hätte ihre eigenen Sachen mitnehmen sollen, aber Sally hatte furchtbar auf Eile gemacht, und nun war alles, was sie hatte, der zitronengelbe Hausanzug und der Bikini. Also ehrlich, Sally war so autora ... autora-dingsbums ... na ja, eben herrisch.

»Mehrzweck-Plastik, schurzmäßig, Baby«, hatte sie gesagt, »und G hat dieses Faible für Plastik, nicht wahr, G?«

»Bio-abbaumäßig, ja.«

»Bio-abbaumäßig?« fragte Eva in der Hoffnung, in irgendein neues Geheimnis der Frauenemanzipation eingeführt zu werden.

»Plastikflaschen, die sich auflösen, statt rumzuliegen und einen ökologischen Morast zu erzeugen«, sagte Sally, öffnete eine Luke und warf eine leere Zigarrenschachtel über die Reling. »Das ist Gs Lebensbeschäftigung. Das und Recycling. Unendliches Recycling.«

»Genau«, sagte Gaskell. »Wir haben schon eine eingebaute Obsolenz im Automotionssektor, wo er unmodern geworden ist. Also ist, was wir nun brauchen, die eingebaute bio-abbaumäßige Deliqueszenz auf dem allgemeinen Verbrauchssektor.«

Eva hörte verständnislos, aber mit dem Gefühl zu, sich irgendwie im Zentrum einer intellektuellen Welt zu befinden, die weit über die von Henry und seinen Freunden hinausging, die so langweilig über neue Leistungskurse und ihre Schüler redeten.

»Wir haben ganz hinten im Garten einen Komposthaufen«, sagte sie, als sie endlich verstand, worüber geredet wurde. »Ich tu die Kartoffelschalen und den ganzen Müll drauf.«

Gaskell hob die Augen zum Kabinendach. Pardon, zur Kajütdeckung. »Da wir gerade von Müll reden«, sagte Sally, und strich zärtlich über Evas Hintern, »wie mag Henry wohl mit Judy zurechtkommen.«

Eva zuckte zusammen. Der Gedanke daran, wie Henry und die Puppe im Bad lagen, quälte sie noch immer.

»Ich weiß einfach nicht, was in ihn gefahren war«, sagte sie und sah Gaskell mißfällig an, als er kicherte. »Ich meine, es ist doch nicht so, daß er jemals untreu gewesen ist oder irgend sowas. Und 'ne Masse Ehemänner sind das. Patrick Mottram geht dauernd fremd und hat Affären mit anderen Frauen, aber Henry war in dieser Hinsicht immer sehr zuverlässig. Er mag ja still und nicht sehr unternehmend sein, aber niemand könnte von ihm sagen, er wär ein Windhund.«

»Oh, sicher«, sagte Gaskell, »er hat bestimmt 'ne Sendepause sexmäßig. Mir blutet das Herz für ihn.«

»Ich verstehe nicht, warum ihr behauptet, daß mit ihm was nicht in Ordnung ist, bloß weil er treu ist.«

»G hat das nicht so gemeint, nicht wahr, G?« sagte Sally, »er meinte, in einer Ehe muß es echte Freiheit geben. Kein Herrschen, keine Eifersucht, kein Besitzenwollen. Richtig, G?«

»Richtig«, sagte Gaskell.

»Der Beweis wahrer Liebe ist, wenn man seiner Frau dabei zusehen kann, wie sie's mit einem anderen treibt, und sie immer noch liebt«, fuhr Sally fort.

»Ich könnte Henry nie zusehen . . .«, sagte Eva. »Nie.«

»Also liebst du ihn nicht. Du bist unsicher. Du vertraust ihm nicht.«

»Ihm vertrauen?« sagte Eva. »Wenn Henry mit 'ner anderen ins Bett ginge, versteh ich nicht, wie ich ihm vertrauen könnte. Ich meine, wenn es das ist, was er will, warum hat er mich dann geheiratet?«

»Das«, sagte Gaskell, »ist die Goldene Quizfrage.«

Er nahm seinen Schlafsack und ging an Deck. Eva flennte schon wieder. »Is ja gut«, sagte Sally und legte den Arm um sie. »G hat doch bloß Spaß gemacht. Er hat's überhaupt nicht so gemeint.«

»Das ist es doch nicht«, sagte Eva, »ich verstehe bloß überhaupt nichts mehr. Es ist alles so kompliziert.«

»Großer Gott, du siehst schrecklich aus«, sagte Peter Braintree, als Wilt vor seiner Haustür stand.

»Ich fühle mich auch schrecklich«, sagte Wilt. »Alles der Gin.«

»Willst du damit sagen, Eva ist nicht zurück?« sagte Braintree und ging durch den Flur voran zur Küche.

»Sie war nicht da, als ich heimkam. Bloß ein Brief, in dem stand, sie führe mit Pringsheims weg, um über alles nachzudenken.«

»Um über alles nachzudenken? Eva? Worüber denn?«

»Na ja . . .«, begann Wilt und besann sich eines Besseren, »die Sache mit Sally, wahrscheinlich. Sie sagt, sie wird mir nie verzeihen.«

»Aber du hast doch mit Sally nichts gemacht. Hast du mir jedenfalls erzählt.«

»Klar, hab ich nicht, aber da liegt ja der Hund begraben. Wenn ich getan hätte, was dieses nymphomanische Miststück wollte, dann hätt's diesen ganzen Scheiß Ärger nicht gegeben.«

»Das verstehe ich nicht, Henry. Ich meine, wenn du gemacht hättest, was sie wollte, hätte Eva was zu meckern gehabt. Ich kapier aber nicht, warum sie explodiert sein sollte, wenn du gar nichts gemacht hast.«

»Sally muß ihr gesagt haben, ich hätte was gemacht«, sagte Wilt, der entschlossen war, die Geschichte mit der Puppe im Badezimmer nicht zu erwähnen.

»Meinst du das Flötensolo?«

»Ich weiß selber nicht, was ich meine. Was ist überhaupt ein Flötensolo?«

Peter Braintree guckte verdutzt aus der Wäsche.

»Das weiß ich nicht so ganz genau«, sagte er, »aber es ist offenbar etwas, was der Mann nicht tun sollte. Wenn ich nach Hause käme und Betty erzählte, ich hätte ein Flötensolo gemacht, dächte sie bestimmt, ich hätte jemandem ein Ständchen gebracht.«

»Überhaupt wollte ich es sowieso nicht machen«, sagte Wilt. »Sie wollte es bei mir machen.«

»Vielleicht heißt es, jemandem einen ablutschen«, sagte Braintree und setzte Wasser auf. »So hört es sich für mich an.«

»Na, für mich hat sich's nicht so angehört«, sagte Wilt mit Schaudern. »Bei ihr klang's so, als wollte sie mir mit 'ner Trompete in die Ohren tuten. Du hättest mal ihren Blick sehen sollen.«

Er setzte sich verzagt an den Küchentisch.

Braintree musterte ihn neugierig. »Du siehst ja aus, als wärst du im Krieg gewesen«, sagte er.

Wilt sah an seinen Hosen runter. Sie waren schlammverschmiert und an seinen Knien klebten runde Lehmplacken. »Ja ... äh ... also, ich hatte auf dem Weg hierher 'ne Panne«, erklärte er wenig überzeugend, »ich mußte einen Reifen wechseln und habe mich hingekniet. Ich war ein bißchen blau.« Peter Braintree grunzte mißtrauisch. Das hörte sich für ihn nicht sehr überzeugend an. Der arme, alte Junge war offenbar ein bißchen aus dem Tritt.

»Wasch's dir halt in der Spüle aus«, sagte er.

Wenig später kam Betty Braintree die Treppe herunter. »Entschuldige, aber ich habe mit angehört, was du über Eva gesagt hast«, sagte sie. »Das tut mir ja so leid, Henry. Ich würde mir aber keine Sorgen machen. Sie kommt bestimmt zurück.«

»Da wäre ich nicht so sicher«, sagte Wilt düster, »und überhaupt bin ich mir nicht sicher, ob ich will, daß sie wiederkommt.«

»Ach, Eva ist doch in Ordnung«, sagte Betty. »Sie kriegt diese plötzlichen Rappel, aber die dauern doch nie lange. So ist sie halt nun mal. Eva ist schnell begeistert, aber es legt sich auch schnell wieder.«

»Ich glaube, das machte Henry ja gerade Kummer«, sagte Braintree, »daß sie schnell begeistert ist und sich schnell hinlegt.«

»Nein, bestimmt nicht. So ist nun Eva ganz und gar nicht.«

Wilt saß am Küchentisch und nippte an seinem Kaffee. »Bei der Sippschaft, in der sie jetzt verkehrt, bin ich auf alles bei ihr gefaßt«, murmelte Wilt kummervoll. »Erinnert ihr euch noch, was war, als sie diese Phase mit der makrobiotischen Schonkost hatte? Dr. Mannix sagte mir damals, ich wär fast der schwerste Skorbutfall, den er seit dem Bau der Burma-Eisenbahn zu Gesicht bekommen hätte. Und dann diese Geschichte mit dem Trampolin. Sie ging zu einem ›Halt-dich-fit‹-Kursus an der Volkshochschule in Bulham und kaufte sich so ein Scheiß Trampolin. Ihr wißt ja, die alte Mrs. Portway hat sie mit dem Ding ins Krankenhaus gebracht.«

»Ich weiß, es hat irgend'n Unfall gegeben, aber Eva hat mir nie erzählt, was wirklich passiert ist«, sagte Betty.

»Natürlich nicht. Es war ein verfluchtes Wunder, daß wir nicht angezeigt worden sind«, sagte Wilt. »Es fetzte Mrs. Portway einfach durchs Treibhausdach. Überall lag Glas auf dem Rasen, und Mrs. Portway war ja auch nie gerade die Gesündeste.«

»Hatte sie nicht diese rheumatische Gelenkentzündung?«

Wilt nickte bekümmert. »Und die Schmisse in ihrem Gesicht«, sagte er, »das war unser Gewächshaus war das.«

»Ich muß schon sagen, ich kann mir bessere Orte für'n Trampolin vorstellen als Gewächshäuser«, sagte Braintree. »Das war doch kein sehr großes Gewächshaus, gelt?«

»Es war auch gottseidank kein sehr großes Trampolin«, sagte Wilt, »sonst wär sie sonst wohin geflogen.«

»Also, das zeigt doch nur«, sagte Betty, die die Sache von der heiteren Seite nahm, »Eva stellt vielleicht irrsinnige Dinge an, aber sie wird schnell davon geheilt.«

»Aber Mrs. Portway nicht«, sagte Wilt, der nicht zu trösten war, »sie lag sechs Wochen im Krankenhaus, und die Hautverpflanzungen wuchsen nicht an. Seither hat sie sich nicht mehr an unser Haus rangetraut.«

»Du wirst sehen, Eva hängt diese Pringsheim-Clique in ein oder zwei Wochen aus dem Hals. Das ist eben wieder so'ne Laune von ihr.«

»Eine Laune mit 'ner Masse Vorteilen, wenn ihr mich fragt«, sagte Wilt, »Geld, gesellschaftliches Ansehen und Gruppensex. Alles, was ich ihr nicht bieten könnte, und alles hochgemotzt mit 'ner Menge intellektuellem Blabla über Frauenemanzipation und Gewalt und die Intoleranz der Toleranz und die Revolution der Geschlechter, und man ist nicht richtig reif, wenn man nicht bi ist. Da kommt einem doch der Kaffee hoch, aber das ist eben der Quark, auf den Eva reinfällt. Ich meine, sie würde sogar verfaulte Heringe kaufen, wenn irgend so ein Clown, der gesellschaftlich höher steht, ihr sagte, das wäre das Raffinierteste, was man essen könnte. Erzählt mir was von Leichtgläubigkeit!«

»Es ist halt so, daß Eva einfach zu viel Energie hat«, sagte Betty. »Du solltest sie mal zu überreden versuchen, daß sie 'n Ganztagsjob annimmt.«

»'n Ganztagsjob?« sagte Wilt. »Sie hat mehr Ganztagsjobs gehabt als ich warme Mahlzeiten. Natürlich, das besagt heutzutage nicht viel. Was ich kriege, ist immer bloß ein kaltes Abendbrot und ein Zettel, auf dem steht, daß sie zum Töpfern oder zur Transzendentalen Meditation oder etwas ähnlich Halbgarem gegangen ist. Und überhaupt ist Evas Vorstellung von einem Job, gleich die ganze Fabrik zu übernehmen. Erinnert ihr euch an Potters, diese Maschinenbaufirma, die vor ein paar Jahren nach einem Streik pleite ging? Also, wenn ihr mich fragt, war das Evas Schuld. Sie hatte so'n Job bei einer Beratungsfirma, die die Rentabilität untersuchte, und die schickten Eva in die Fabrik, und sofort darauf hörte man, daß sie streiken wollten.«

Sie redeten noch eine Stunde weiter, bis Braintrees ihn aufforderten, zum Schlafen dazubleiben. Aber Wilt wollte nicht. »Ich hab morgen einiges zu erledigen.«

»Und das wäre?«

»Zum Beispiel den Hund füttern.«

»Du kannst doch jederzeit rüberfahren und das tun. Clem wird über Nacht schon nicht verhungern.«

Aber Wilt steckte zu tief im Selbstmitleid, um sich überreden zu lassen, und außerdem machte er sich noch immer wegen der Puppe Gedanken. Er könnte nochmal versuchen, das Ding aus dem Loch zu holen. Er fuhr heim und ging in einem Kuddelmuddel aus Laken und Decken zu Bett. Er hatte es am Morgen nicht gemacht. »Der arme, alte Henry«, sagte Betty, als Peter und sie nach oben gingen. »Er sah ja ziemlich grauslich aus.«

»Er sagte, er hatte 'ne Panne und mußte das Rad wechseln.«

»Ich meinte nicht seine Sachen. Sein Gesichtsausdruck hat mir Angst gemacht. Meinst du nicht auch, er ist kurz vorm Zusammenklappen?«

Peter Braintree schüttelte den Kopf. »Du sähst auch so aus, wenn du zehn Jahre jeden Tag deines Lebens Gasinstallateure III und Gipser II hättest und dir dann deine Frau wegliefe«, sagte er.

»Warum lassen sie ihn nicht was Besseres unterrichten?«

»Warum? Weil die Berufsschule unbedingt 'ne Berufsfachschule werden soll, und sie dauernd neue Leistungskurse einrichten und nur Leute mit –'m Doktor als Lehrer einstellen, für die sich dann keine Schüler melden, und also sind sie vollgepfropft mit Spezialisten wie Dr. Fitzpatrick, der alles weiß, was man über die Kinderarbeit in vier Baumwollspinnereien in Manchester im Jahre 1837 wissen kann, und sonst gar nichts. Stell den vor eine Klasse Lehrlinge, die einen Tag für die Schule frei gekriegt haben, und es wär der Teufel los. Ich muß sowieso einmal die Woche in seine Fortgeschrittenen-Klassen rein und denen sagen, sie sollten gefälligst die Schnauze halten. Henry dagegen wirkt sanft, aber er wird mit Rowdies fertig. Er ist sehr gut in seinem Job. Das ist seine Schwierigkeit, und außerdem ist er kein Arschlecker, und das ist an der Schule dein Tod. Wenn du niemandem den Arsch leckst, kommst du nicht vorwärts.«

»Weißt du«, sagte Betty, »der Unterricht dort hat Schreckliches mit deiner Ausdrucksweise angerichtet.«

»Er hat Schreckliches mit meiner Lebensauffassung angerichtet, von meiner Ausdrucksweise ganz zu schweigen«, sagte Braintree. »Es langt, daß ein Mann zum Trinker wird.«

»Bei Henry sieht's ganz so aus. Er stank nach Gin aus dem Mund.«

»Er kommt schon drüber weg.«

Aber das tat Wilt nicht. Er wachte am Morgen mit dem Gefühl auf, irgendwas laufe verkehrt, von Eva mal ganz abgesehen. Diese verfluchte Puppe. Er lag im Bett und versuchte, darüber nachzudenken, wie er das Ding beseitigen könne, ehe die Arbeiter am Montagmorgen auf die Baustelle kamen, aber außer daß er eine Kanne Benzin in das Loch gießen und anzünden könnte, was bei näherer Überlegung der allerbeste Weg schien, die Aufmerksamkeit darauf zu lenken, daß er eine Plastikpuppe in den Kleidern seiner Frau da reingeschmissen hatte, fiel ihm nichts Brauchbares ein. Er mußte halt auf sein Glück vertrauen.

Als die Sonntagszeitung kam, stand er auf, ging runter und las sie neben seinem Müsli. Dann fütterte er den Hund und lömerte im Schlafanzug im Haus herum, ging runter in die Gaststätte ›Zum Fährweg‹ Mittag essen, machte am Nachmittag ein Nickerchen und saß den ganzen Abend vor der Glotze. Dann machte er das Bett, legte sich hin und verbrachte eine schlaflose Nacht damit, daß er darüber brütete, wo Eva sein könne, was sie wohl gerade mache, und warum er, der so viele Stunden ergebnislos darüber nachgegrübelt hatte, wie er sie sich durch Mord vom Halse schaffen könne, jetzt auch nur im geringsten besorgt sein sollte, wo sie freiwillig gegangen war.

»Ich meine, wenn ich nicht wollte, daß das passiert, warum habe ich dann dauernd drüber nachgedacht, wie ich sie umbringen könnte«, dachte er um zwei. »Normale Menschen gehen nicht mit einem Neufundländer spazieren und hecken dabei Pläne aus, wie sie ihre Frau umbringen, wenn sie sich genauso gut auch scheiden lassen könnten.« Aber wahrscheinlich gab es irgendeinen verwickelten, psychologischen Grund dafür. Wilt konnte sich selber mehrere vorstellen, eigentlich fast zu viele, um entscheiden zu können, welcher der passendste wär. Auf jeden Fall verlangte eine psychologische Erklärung einen Grad an Selbsterkenntnis, von der Wilt, der nicht mal sicher war, ob er überhaupt ein Selbst hatte, fühlte, daß sie ihm versagt war. Zehn Jahre mit den Gipsern II und dem ›Ausgeliefertsein an die Unkultur‹ hatten ihm zumindest die Erkenntnis vermittelt, daß es eine Antwort auf jede Frage gab und es ziemlich egal war, welche Antwort man gab, solange man sie überzeugend gab. Im 14. Jahrhundert hätte man gesagt, der Teufel habe ihm solche Gedanken in den Kopf gesetzt, jetzt, in der Nach-Freudschen Zeit, mußte es ein Komplex oder, um wirklich zeitgemäß zu sein, ein chemisches Ungleichgewicht sein. In hundert Jahren würden sie mit irgendeiner völlig anderen Erklärung rausrücken. Mit dem tröstlichen Gedanken, daß die Wahrheiten des einen Zeitalters die Absurditäten eines anderen seien und daß es nicht viel ausmache, was man dächte, so lange man das Richtige täte, und seiner Meinung nach tat er das, schlief Wilt schließlich ein.

Um sieben schreckte ihn der Wecker hoch, und um halb neun hatte er schon seinen Wagen auf dem Parkplatz hinter der Schule abgestellt. Er ging an der Baustelle lang, wo die Arbeiter bereits an der Arbeit waren. Dann fuhr er ins Lehrerzimmer rauf und sah aus dem Fenster. Das Bretterviereck lag noch an seinem Platz und verdeckte das Loch, aber die Bohrmaschine hatten sie schon zurückgesetzt. Offenbar waren sie damit fertig.

Um fünf vor neun nahm er fünfundzwanzig Exemplare ›Shane‹ aus dem Schrank und ging damit rüber zu KFZ III. ›Shane‹ war ein ideales Schlafmittel. Es würde die Bestien ruhighalten, während er dasaß und beobachtete, was da unten vor sich ging. Der Raum 593 im Maschinenbauflügel gestattete ihm eine Aussicht wie von der Haupttribüne. Wilt machte die Eintragung ins Klassenbuch, verteilte die ›Shane‹-Exemplare und sagte der Klasse, sie sollten damit weitermachen. Er sagte es sehr viel energischer, als es selbst für einen Montagmorgen üblich war, und die Klasse machte sich daran, über die traurige Lage der Siedler nachzulesen, während Wilt, von einem aktuelleren Drama in Anspruch genommen, aus dem Fenster starrte.

Ein Lastwagen mit einer Mischtrommel mit flüssigem Beton war auf der Baustelle eingetroffen und fuhr jetzt langsam rückwärts auf das Bretterviereck zu. Er hielt an und es entstand eine quälende Pause, in der der Fahrer aus dem Führerhaus kletterte und sich eine Zigarette ansteckte. Ein anderer Mann, offenbar der Polier, kam aus einer Holzbaracke und marschierte rüber zu dem Lastwagen, und binnen kurzem hatte sich eine kleine Gruppe um das Loch zusammengefunden. Wilt erhob sich von seinem Pult und ging ans Fenster. Warum verdammt nochmal machten sie nicht ein bißchen Dampf? Endlich stieg der Fahrer wieder in sein Führerhaus, und zwei Männer schoben die Bretter weg. Der Polier gab dem Fahrer ein Zeichen. Die Schüttrinne für den Beton schwenkte in ihre Position. Ein weiteres Zeichen. Die Trommel begann sich zu neigen. Der Beton kam heraus. Wilt sah, wie er langsam die Schüttrinne hinunterkroch, und genau in dem Moment sah der Polier in das Loch runter. Ein Arbeiter tat das gleiche. Im nächsten Augenblick war der Teufel los. Der Polier gestikulierte und schrie wie wahnsinnig. Vom Fenster aus sah Wilt die offenen Münder und das Armegefuchtel, aber der Beton floß weiter. Wilt schloß die Augen und erschauerte. Sie hatten diese verfluchte Bumspuppe gefunden.

Auf der Baustelle draußen knallten die Mißverständnisse aufeinander.

»Was ist los? Ich schütte so schnell, wie ich kann«, schrie der Fahrer, der die wilden Zeichen des Poliers falsch verstand. Er zog den Hebel noch weiter raus, und die Betonflut stieg. Im nächsten Moment war ihm klar, daß er irgendeinen Fehler gemacht hatte. Der Polier riß an der Führerhaustür und schrie Zeter und Mordio.

»Halt, um Gottes willen, halt«, schrie er. »Eine Frau ist in dem Loch unten!«

»Eine was?« fragte der Fahrer und stellte den Motor ab.

»Eine Frau, verdammte Scheiße, da, sieh dir an, was du verflucht nochmal gemacht hast. Ich sage dir, halt, ich sage dir, keinen Beton mehr, und du machst weiter. Du hast einfach so zwanzig Tonnen flüssigen Beton auf sie gekippt.« Der Fahrer stieg aus seinem Führerhaus und ging zu der Schütte, von der noch die letzten Zementbröckchen gemächlich in das Loch rutschten. »Eine Frau?« sagte er. »Was? Da unten? Was macht sie da?«

Der Polier starrte ihn wie besessen an. »Macht?« brüllte er, »was meinst du, was sie da macht? Was würdest du denn machen, wenn gerade zwanzig Tonnen flüssiger Beton auf dich draufgeplumpst wären? Elend ersaufen tätste.«

Der Fahrer kratzte sich am Kopf. »Ja, also, ich habe ja nicht gewußt, daß sie da unten ist. Wie sollte ich denn das wissen? Hättste mir sagen sollen.«

»Dir sagen?« kreischte der Polier. »Habe ich dir doch gesagt. Ich hab dir gesagt, du sollst aufhören. Du hast nicht zugehört.«

»Ich dachte, du wolltest, daß ich schneller schütte. Ich konnt nicht hören, was du gesagt hast.«

»Also, alle anderen Arschlöcher konnten«, zeterte der Polier.

Wilt in Raum 593 allerdings auch. Er hatte erregt aus dem Fenster gestarrt, während die Panik sich ausbreitete. Neben ihm hatte KFZ III jedes Interesse an ›Shane‹ verloren. Sie klebten dichtgedrängt am Fenster und glotzten.

»Bist du ganz sicher?« fragte der Fahrer.

»Sicher? ›'türlich bin ich sicher«, schrie der Polier. »Frag Barney.«

Der andere Arbeiter, offensichtlich Barney, nickte. »Sie war da unten, klar. Kann ich beeiden. Ganz zusammengekrumpelt war sie. Sie streckte eine Hand in die Luft hoch und ihre Beine waren . . .«

»Ogottogott«, sagte der Fahrer, sichtlich erschüttert. »Zum Teufel, was machen wir denn jetzt?«

Das war die Frage, die Wilt schon die ganze Zeit quälte. Die Polizei rufen, vermutlich. Der Polier bestätigte ihm seine Ansicht.

»Die Bullen holen. 'n Krankenwagen holen. Die Feuerwehr holen und 'ne Pumpe holen. Um Gottes willen, holt 'ne Pumpe.«

»Pumpe taugt nix«, sagte der Fahrer, »du kannst den Beton da nie rauspumpen, nie im Leben. Sowieso würde's nix nützen. Sie ist doch inzwischen tot. Totgequetscht. Ersäuft doch nicht mit zwanzig Tonnen Beton drauf. Warum hat sie bloß nix gesagt?«

»Hätte das was geändert, wenn sie was gesagt hätte«, fragte der Polier heiser. »Du hättest trotzdem weitergeschüttet.«

»Also, wie ist sie da überhaupt runtergekommen?« fragte der Fahrer, um das Thema zu wechseln.

»Woher soll ich verflucht nochmal das'n wissen? Sie muß reingefallen sein . . .«

»Und wohl die Bretter wieder drübergezogen haben«, sagte Barney, der offenbar praktisch denken konnte. »Sie ist verdammt nochmal umgebracht worden.«

»Das wissen wir doch alle«, kreischte der Polier. »Von Chris hier. Ich habe ihm gesagt, er soll nicht mehr weiterschütten. Ihr habt's gehört. Jeder 'ne halbe Meile weit muß es gehört haben, bloß Chris nicht. Nein, er muß weitermachen . . .«

»Sie ist ermordet worden, ehe sie ins Loch geschmissen wurde«, sagte Barney. »Die Holzabdeckung wär nicht dagewesen, wenn sie selber reingefallen wär.«

Der Polier wischte sich das Gesicht mit einem Taschentuch und sah auf das Brettviereck. »Das stimmt«, murmelte er. »Keiner kann sagen, wir hätten keine ordentlichen Sicherheitsvorkehrungen getroffen. Du hast recht. Sie muß ermordet worden sein. O mein Gott!«

»Lustmord, höchstwahrscheinlich«, sagte Barney. »Erst vergewaltigt, dann erwürgt. Das, oder es war die Geliebte von jemand. Denkt an meine Worte. Sie war völlig zusammengekrumpelt, und diese Hand . . . Diese Hand vergeß ich nie, und wenn ich hundert werde.«

Der Polier starrte ihn kreidebleich an. Er schien außerstande mitzuteilen, was er empfand. Wilt auch. Er ging wieder an sein Pult und saß da, den Kopf in die Hände gestützt, während die Klasse zum Fenster rausgaffte und aufzuschnappen versuchte, was gesagt wurde. Wenig später heulten Sirenen in der Ferne und wurden lauter. Ein Polizeiauto kam angefahren, vier Feuerwehrwagen rasten auf den Parkplatz, ein Krankenwagen folgte. Als immer mehr uniformierte Männer sich dort versammelten, wo mal nichts als ein Loch in der Erde gewesen war, wurde klar, daß die Puppe da runterzukriegen verdammt viel einfacher gewesen war als sie wieder rauszuholen.

»Der Beton da bindet in zwanzig Minuten ab«, erklärte der Fahrer, als zum ixten Male eine Pumpe vorgeschlagen wurde. Ein Polizeiinspektor und der Feuerwehrchef starrten auf das Loch runter.

»Sind Sie sicher, Sie haben da unten die Leiche einer Frau gesehen?« fragte der Inspektor. »Sind Sie davon überzeugt?«

»Überzeugt?« polterte der Polier. »'türlich bin ich überzeugt. Sie glauben doch nicht . . . Erzähl's ihnen Barney. Er hat sie auch gesehen.«

Und Barney erzählte dem Inspektor alles noch plastischer als vorher. »Sie hatte so Haare, ne, und ihre Hand zeigte nach oben, als wollte sie um Hilfe bitten, und dann diese Finger . . . Ich sage Ihnen, es war grauslich. Es sah nicht normal aus.«

»Nein, na, das kann's ja wohl auch nicht«, sagte der Inspektor teilnahmsvoll.

»Und Sie sagen, es lag ein Brett oben auf dem Loch, als Sie heute morgen herkamen.«

Der Polier fuchtelte stumm mit den Armen, und Barney zeigte ihm die Bretter. »Ich habe auch mal draufgestanden«, sagte er. »Hier war alles in Ordnung, so wahr mir Gott helfe.«

»Die Sache ist, wie kriegen wir sie wieder raus?« sagte der Feuerwehrchef. Das war ein Problem, das dem Leiter der Baufirma vorgetragen wurde, als er endlich erschien.

»Das weiß der Himmel«, sagte er. »Es gibt keine einfache Möglichkeit, den Beton nun wieder rauszuholen. Wir müßten Bohrer einsetzen, um zehn Meter runterzukommen.«

Eine Stunde später waren sie der Lösung des Problems noch

keinen Schritt näher. Als sich KFZ III von diesem aufregenden Schauspiel losriß und zum Technischen Zeichnen ging, sammelte Wilt die ›Shane‹-Exemplare ungelesen wieder ein und ging total mit den Nerven fertig rüber ins Lehrerzimmer. Der einzige Trost, der ihm in den Sinn kam, war, daß sie mindestens zwei oder drei Tage brauchten, um sich nach unten zu graben und zu entdecken, daß das, was ganz so wie die Leiche einer ermordeten Frau ausgesehen hatte, in Wirklichkeit eine aufblasbare Puppe war. Oder mal gewesen war. Wilt zweifelte eigentlich daran, daß sie jetzt noch aufgeblasen sei. Dieser flüssige Beton hatte was schrecklich Hartnäckiges gehabt.

8

Was schrecklich Hartnäckiges hatte auch die Sandbank an sich, auf die das Kajütboot aufgelaufen war. Zu allem Unglück war auch noch der Motor kaputtgegangen. Gaskell sagte, es sei die Kupplung.

»Ist das was Ernstes?« fragte Sally.

»Das heißt lediglich, wir müssen uns zu einem Bootshafen schleppen lassen.«

»Von wem?«

»Von einer vorbeifahrenden Jacht, schätze ich«, sagte Gaskell.

Sally sah über die Reling auf die Schilfkolben.

»Vorbeifahrende Jacht?« sagte sie. »Wir sind schon die ganze Nacht und den halben Vormittag hier, aber bis jetzt ist niemand vorbeigekommen, und wenn, könnten wir sie vor lauter Scheiß Schilfkolben nicht sehen.«

»Ich dachte, du hättest für Schilfkolben was übrig.«

»Das war gestern«, schnappte Sally zurück, »heute bedeuten sie bloß, daß wir für niemanden zu sehen sind, der mehr als zehn Meter von uns weg ist. Und jetzt hast du auch noch den Motor kleingekriegt. Ich habe dir ja gesagt, daß du ihn nicht so hochdrehen sollst.«

»Also, wie sollte ich denn wissen, daß das 'ne Kupplung kaputtmachen würde«, sagte Gaskell. »Ich habe doch bloß versucht, uns von dieser Sandbank runterzukriegen. Das mußt du mir mal erzählen, wie ich das wohl machen soll, ohne den verfluchten Motor hochzudrehen.«

»Du könntest aussteigen und schieben.«

Gaskell guckte vorsichtig über die Reling. »Ich könnte aussteigen und ertrinken«, sagte er.

»Dann wäre das Boot leichter«, sagte Sally. »Wir müssen alle unsere Opfer bringen, und du hast gesagt, die Flut würde uns wieder flott machen.«

»Ich habe mich eben geirrt. Das ist Süßwasser da unten, und das heißt, daß die Flut nicht bis hierher kommt.«

»Das erzählt der mir jetzt. Erst sind wir im Froschteich . . .«

»Wasser«, sagte Gaskell.

»Froschwasser, ist ja auch egal. Dann sind wir in der Moorbreite. Wo sind wir denn nun wirklich, Herr im Himmel?«

»Auf einer Sandbank«, sagte Gaskell.

In der Kajüte hantierte Eva herum. Es war nicht viel Platz zum Herumhantieren da, aber sie machte das beste daraus. Sie räumte die Kojen auf, legte das Bettzeug in die Kästen darunter, schüttelte die Kissen auf und leerte die Aschenbecher. Sie fegte den Boden, polierte den Tisch, putzte die Fenster, wischte die Regale staub und machte überhaupt alles so nett und ordentlich wie nur möglich. Und ihre Gedanken wurden in der Zeit immer ungeordneter und konfuser, so daß, als sie fertig war und jeder Gegenstand in Reichweite an Ort und Stelle stand und die ganze Kajüte gründlich aufgeräumt war, sie gründlich durcheinander und sich über fast alles im unklaren war.

Pringsheims waren wirklich so kultiviert und reich und klug und sagten die ganze Zeit gescheite Sachen, aber sie zankten sich dauernd und gerieten sich auch wegen jeder Kleinigkeit in die Haare, und um ehrlich zu sein, sie waren ziemlich unpraktisch und kannten nicht mal die primitivsten Grundsätze der Hygiene. Gaskell ging aufs Klo und wusch sich hinterher nicht die Hände, und der Himmel wußte, wann er sich das letzte Mal rasiert hatte. Und wie sie das Haus im Rossiter Grove verlassen hatten, ohne nach der Party sauberzumachen, und das ganze Wohnzimmer voller Tassen und

Zeugs. Eva war ganz schön entsetzt gewesen. In so einem Durcheinander hätte sie ihr Haus nie zurückgelassen. Genau das hatte sie Sally gesagt, aber Sally hatte gemeint, wie unspontan sie doch sei, und sie hätten das Haus ja sowieso nur für diesen Sommer gemietet, und es sei typisch für ein mannorientiertes Gesellschaftssystem zu erwarten, eine Frau ginge ein Vertragsverhältnis als Haussklavin ein. Eva versuchte, ihren Gedanken zu folgen und fühlte sich schuldig, weil sie's nicht konnte und weil es offenbar unter aller Würde war, häuslich und fleißig zu sein, und sie war's.

Und dann war da noch, was Henry mit dieser Puppe gemacht hatte. Es sah Henry so gar nicht ähnlich, sowas zu machen, und je länger sie darüber nachdachte, desto weniger ähnlich sah es ihm. Er mußte betrunken gewesen sein, aber auch dann ... und ganz nackt? Und wo hatte er die Puppe her? Sie hatte Sally gefragt und mit Entsetzen erfahren, Gaskell fahre total auf Plastik ab und schwärme einfach dafür, mit Judy kleine Spielchen zu machen, und Männer seien nun mal so, und deshalb seien die einzigen Beziehungen von Bedeutung die zwischen Frauen, denn Frauen hätten es nicht nötig, ihre Männlichkeit durch irgendeinen offenen Akt haltlos sexueller Gewalttätigkeit zu beweisen, nicht wahr? Aber da hatte sich Eva schon wieder in einem Labyrinth aus Worten verheddert, die sie nicht begriff, die aber wichtig klangen, und sie hatten eine weitere Tast-Therapie-Sitzung abgehalten.

Und das war nun auch wieder so was, worüber sie sich nicht im Klaren war. Tast-Therapie. Sally hatte gesagt, sie sei noch immer gehemmt, und gehemmt zu sein sei ein Zeichen von gefühls- und empfindungsmäßiger Unreife. Eva schlug sich mit ihren gemischten Gefühlen in dieser Sache herum. Einerseits wollte sie nicht gefühls- und empfindungsmäßig unreif sein, und wenn ihre Abneigung dagegen, nackt in den Armen einer Frau zu liegen, sich geben könne, und nach Evas Meinung schlug eine Medizin desto besser an, je widerlicher sie schmeckte, dann war sie ganz sicher dabei, ihr psycho-sexuelles Verhaltensmuster in Riesensprüngen zu verbessern.

Andererseits war sie überhaupt nicht überzeugt davon, daß die Tast-Therapie wirklich angenehm sei. Nur mit einer bemerkenswerten Willensanstrengung konnte sie ihre Abneigung dagegen überwinden, und selbst dann blieben noch unterschwellig Zweifel, ob's richtig sei, sich so sinnlich berühren zu lassen. Das war alles sehr verwirrend, und um dem Ganzen die Krone aufzusetzen, nahm sie nun auch noch die Pille. Eva hatte sehr heftig protestiert und betont, Henry und sie hätten immer schon ein Baby haben wollen und nie eins bekommen, aber Sally hatte unbedingt darauf bestanden.

»Eva-Baby«, hatte sie gesagt, »bei Gaskell weiß man nie. Manchmal kriegt er monatelang kein krummes Fädchen gerade und dann, peng, ist er plötzlich der Platzhirsch persönlich. Dann ist er überhaupt nicht wählerisch.«

»Aber ich meine, du hättest gesagt, es liefe so toll zwischen euch«, sagte Eva.

»Na ja, sicher. Alle Jubeljahre mal. Wissenschaftler sublimieren halt und G lebt nur für seinen Kunststoff. Und wir möchten doch nicht, daß du mit Gs Genen im Uterus zu Henry zurückgehst, na, möchten wir das etwa?«

»Bestimmt nicht«, sagte Eva, die dieser Gedanke entsetzte, und sie hatte nach dem Frühstück die Pille genommen, bevor sie in die winzige Kombüse rüber ging, um abzuwaschen. Es war alles so anders als Transzendentale Meditation und Töpfern.

An Deck zankten Sally und Gaskell sich noch immer.

»Zum Teufel, was gibst du eigentlich deinem hirnlosen Busen-Baby?« fragte Gaskell.

»TT, Körperberührung, Fummelemanzipation«, sagte Sally, »sie ist erotisch unterentwickelt.«

»Geistig aber auch. Mir sind ja schon ein paar Schafsköpfe in meinem Leben begegnet, aber sie ist mit am beschränktesten. Aber egal, ich meinte diese Pillen, die sie zum Frühstück nimmt.«

Sally lächelte. »Ach die«, sagte sie.

»Ja, die. Willst du ihr das kleine bißchen Verstand auch

noch aus dem Kopf pusten, oder was?« sagte Gaskell. »Wir haben schon genug Schwierigkeiten, ohne daß Moby Dick 'n Trip einwirft.«

»Orale Empfängnisverhütung, Baby, schlicht die gute alte Pille.«

»Orale Empfängnisverhütung? Wofür bloß, zum Teufel? Ich würde sie nicht mal mit einem sterilisierten Kochlöffel anfassen.«

»Gaskell, Herzchen, du bist so naiv. Wegen der Echtheit, bloß wegen der Echtheit. Es macht meine Beziehung zu ihr so viel realistischer, überleg doch mal. Als zöge man einen Gummi über einen Dildo.«

Gaskell starrte sie an. »Großer Gott, das heißt doch nicht etwa, du hättest . . .«

»Noch nicht. Johnny Banana ruht noch still in seinem Täschchen, aber demnächst, wenn sie ein bißchen emanzipierter ist . . .« Sie lächelte schmachtend in Richtung Schilfkolben. »Vielleicht ist es gar nicht so schlecht, daß wir hier festsitzen. Dadurch haben wir Zeit, so viel wundervolle Zeit, und du kannst dir deine Enten begucken . . .«

»Graugänse«, sagte Gaskell, »und beim Jachtverleih läuft für uns inzwischen 'ne Mords-Rechnung auf, wenn wir das Boot nicht mit der Zeit zurückbringen.«

»Rechnung?« sagte Sally. »Du bist wohl verrückt. Du meinst doch nicht etwa, daß wir für diesen Kartoffelkahn was bezahlen?«

»Aber du hast ihn doch im Jachthafen gemietet. Ich meine, du willst mir doch nicht etwa erzählen, du hast das Boot einfach genommen«, sagte Gaskell. »Um Himmels willen, das ist Diebstahl!«

Sally lachte. »Ehrlich, G, was bist du moralisch. Ich finde, du bist inkonsequent. Aus der Bibliothek klaust du Bücher und aus dem Labor Chemikalien, aber wenn's um Boote geht, kriegst du Anfälle.«

»Bücher sind was anderes«, sagte Gaskell erregt.

»Ja«, sagte Sally, »wegen Büchern wird man nicht eingelocht. Das ist der ganze Unterschied. Wenn du also unbedingt glauben möchtest, ich habe das Boot geklaut, dann glaub's ruhig weiter.«

Gaskell nahm ein Taschentuch und putzte seine Brille. »Willst du mir erzählen, du hast es nicht geklaut?« fragte er schließlich.

»Ich hab's geliehen.«

»Geliehen? Von wem?«

»Schei.«

»Scheimacher?«

»Genau. Er hat gesagt, wir könnten es immer haben, wenn wir wollten, na, und nun haben wir es.«

»Weiß er das?«

Sally seufzte. »Guck mal, er ist doch in Indien, nicht wahr, und macht Curry-Sperma. Was tut's also, ob er's weiß oder nicht. Bis er zurückkommt, sind wir längst im großen Land der Freiheit.«

»Scheiße«, sagte Gaskell angeödet, »irgendwann bringst du uns bestimmt noch mal bis übern Hals in den Dreck.«

»Gaskell-Herzchen, manchmal langweilst du mich irrsinnig mit deiner Nervosität.«

»Ich will dir mal was sagen. Du machst mich nervös mit deiner gottverdammten Einstellung zu anderer Leute Eigentum.«

»Eigentum ist Diebstahl.«

»Na klar, bring das mal den Bullen bei, wenn sie dich am Wickel haben. In diesem Land sind die Polypen von Diebstahl nicht begeistert.«

Die Polypen waren auch über die wohlgenährte Frau nicht sehr begeistert, die offenbar ermordet und unter zehn Metern und zwanzig Tonnen rasch abbindendem Beton begraben worden war. Barney hatte noch das ›wohlgenährt‹ hinzugefügt. »Sie hatte auch große Brüste«, erklärte er bei der siebenten Version dessen, was er gesehen hatte. »Und die Hand nach oben gestreckt . . .«

»Ja, also, über die Hand wissen wir nun alles«, sagte Inspektor Flint. »Das haben wir alles schon mal gehört, aber jetzt erwähnen Sie zum ersten Mal Brüste.«

»Die Hand hat mich einfach geschafft«, sagte Barney. »Ich meine, man denkt ja nicht an Brüste in so einer Situation.«

Der Inspektor drehte sich zum Polier um. »Haben Sie die Brüste der Toten bemerkt?« erkundigte er sich. Aber der Polier schüttelte nur den Kopf. Es hatte ihm die Sprache verschlagen.

»Wir haben also eine wohlgenährte Frau . . . Wie alt, würden Sie sagen?«

Barney kratzte sich nachdenklich am Kinn. »Nicht alt«, sagte er schließlich, »bestimmt nicht alt.«

»In den Zwanzigern?«

»Könnte sein.«

»In den Dreißigern?«

Barney zuckte die Achseln. Da war was, was er sich ins Gedächtnis zurückrufen wollte. Etwas, was ihm vorhin komisch vorgekommen war.

»Aber bestimmt nicht in den Vierzigern?«

»Nein«, sagte Barney. »Jünger.« Er sagte es ziemlich zögernd.

»Sie sind nicht sehr präzise«, sagte Inspektor Flint.

»Ich kann's nicht ändern«, sagte Barney kläglich. »Man sieht eine Frau in einem mistigen tiefen Loch unten, und Beton patscht auf sie runter, da fragt man sie nicht nach ihrem Alter.«

»Ganz recht. Das ist mir klar, aber wenn Sie sich einfach mal besinnen könnten. Hatte sie irgend was Besonderes an sich . . .«

»Besonderes? Na ja, da war diese Hand, nich . . .«

Inspektor Flint seufzte. »Ich meine irgend etwas Ungewöhnliches an ihrem Äußeren. Ihre Haare zum Beispiel. Welche Farbe hatten sie?«

Barney hatte es. »Ich wußte doch, daß irgendwas war«, sagte er triumphierend. »Ihre Haare. Die waren ganz schief.«

»Nun, das ist wohl klar, nicht wahr? Man wirft eine Frau nicht in ein zehn Meter tiefes Bohrloch, ohne ihr Haar dabei durcheinanderzubringen.«

»Nein, so sah's nicht aus. Es hing auf der Seite und war plattgedrückt. Als wär sie geschlagen worden.«

»Wahrscheinlich ist sie geschlagen worden. Wenn das stimmt, daß die Holzabdeckung an ihrem Platz war, wie Sie sagen, dann ist sie nicht aus eigenem Entschluß da runtergegangen. Aber Sie können immer noch keine genaue Angabe über ihr Alter machen?«

»Tja«, sagte Barney, »an manchen Stellen sah sie jung aus und an manchen nicht. Das ist alles, was ich weiß.«

»An welchen Stellen?« fragte der Inspektor und hoffte zum Himmel, Barney finge nicht wieder von dieser Hand an.

»Tja, ihre Beine paßten nicht richtig zu ihren Titten, wenn sie verstehen, was ich meine.« Inspektor Flint verstand nicht. »Sie waren ganz dünn und wie zusammengekrumpelt.«

»Was denn? Ihre Beine oder ihre Titten?«

»Ihre Beine natürlich«, sagte Barney. »Ich habe Ihnen doch gesagt, sie hatte so herrliche große ...«

»Wir behandeln das als Mordfall«, sagte Inspektor Flint zehn Minuten später zum Direktor. Der Direktor saß hinter seinem Schreibtisch und dachte verzweifelt über die ungünstige Wirkung in der Öffentlichkeit nach.

»Sie sind absolut überzeugt, daß es kein Unfall war?«

»Die feststellbaren Anzeichen lassen bestimmt auf keinen Unfalltod schließen«, sagte der Inspektor, »aber wir werden in diesem Punkt erst absolut sicher sein, wenn es uns gelingt, an die Leiche heranzukommen, und das wird, fürchte ich, einige Zeit dauern.«

»Zeit?« sagte der Direktor. »Wollen Sie damit sagen, Sie können sie nicht heute morgen herausholen?«

Inspektor Flint schüttelte den Kopf. »Ausgeschlossen, Sir«, sagte er. »Wir fassen zwei Möglichkeiten ins Auge, an die Leiche heranzukommen, und für beide brauchen wir mehrere

Tage. Die eine ist, uns durch den Beton zu ihr durchzubohren, und die andere, ein zweites Loch neben dem ursprünglichen zu bohren, und von der Seite an sie heranzukommen.«

»Großer Gott«, sagte der Direktor und sah auf seinen Kalender, »aber das heißt ja, daß Sie dort draußen mehrere Tage ununterbrochen zu graben haben.«

»Ich fürchte, das ist nicht zu ändern. Wer sie auch dort hinuntergetan hat, er hat ordentliche Arbeit geleistet. Wir werden trotzdem versuchen, so diskret wie möglich vorzugehen.«

Durchs Fenster konnte der Direktor vier Polizeiautos, einen Feuerwehrwagen und einen großen blauen Lieferwagen sehen. »Das ist ja wirklich äußerst bedauernswert«, murmelte er.

»Das ist Mord immer«, sagte der Inspektor und erhob sich. »Das liegt in der Natur der Sache. Inzwischen riegeln wir die Baustelle ab und wären Ihnen dankbar für Ihre Mitarbeit.«

»Selbstverständlich gern«, sagte der Direktor und seufzte.

Im Lehrerzimmer rief die Anwesenheit so vieler Uniformierter, die in ein Bohrloch guckten, unterschiedliche Reaktionen hervor. Dasselbe tat das Dutzend Polizisten, die die Baustelle absuchten und hin und wieder stehenblieben, um irgendwas vorsichtig in Umschläge zu stecken. Erst die Ankunft des dunkelblauen Lieferwagens entschied die Angelegenheit.

»Das ist eine motorisierte Mordzentrale«, erklärte Peter Fenwick. »Offenbar hat irgendein Irrer eine Frau in einem der Bohrlöcher verbuddelt.«

Die Neue Linke, die sich in einer Ecke versammelt hatte und darüber diskutierte, warum wohl so eine Menge paramilitärische Faschistenschweine mit der Sache zu tun habe, stieß einen Seufzer erleichterten Bedauerns aus, äußerte aber weiterhin Zweifel.

»Nein, im Ernst«, sagte Fenwick, »ich habe einen von ihnen gefragt, was sie da täten. Ich dachte, es wäre irgendwo 'ne Bombenalarmübung.«

Dr. Cox, der Leiter der Naturwissenschaften, bestätigte

das. Sein Dienstzimmer ging direkt auf das Loch. »Es ist zu schrecklich, um darüber nachzudenken«, murmelte er, »immer, wenn ich aufsehe, denke ich, wie sie wohl hat leiden müssen.«

»Was meinen Sie, was sie in diese Umschläge stecken?« fragte Dr. Mayfield.

»Beweisstücke«, sagte Dr. Board mit sichtlicher Genugtuung. »Haare, Hautfetzen und Blutflecke. Der übliche triviale Bodensatz des Gewaltverbrechens.«

Dr. Cox eilte aus dem Zimmer, und Dr. Mayfield sah angewidert drein. »Wie ekelhaft«, sagte er, »ist es nicht möglich, daß da ein Irrtum vorliegt? Ich meine, warum sollte jemand hier eine Frau ermorden wollen?«

Dr. Board nippte an seinem Kaffee und sah ihn nachdenklich an. »Ich kann mir jede Menge Gründe vorstellen«, sagte er heiter. »In meinem Abendkurs sind mindestens ein Dutzend Frauen, die ich freudigen Herzens totschlagen und in Löcher schmeißen würde. Sylvia Swansbeck zum Beispiel.«

»Wer es auch war, er muß gewußt haben, daß sie heute den Beton reinschütten«, sagte Fenwick. »Mir sieht's so aus, als hätt's mit der Schule zu tun.«

»Einer unserer Schüler mit wenig Gemeinschaftssinn vielleicht«, schlug Dr. Board vor, »ich nehme an, man hatte noch keine Zeit nachzuprüfen, ob von den Kollegen jemand vermißt wird.«

»Wahrscheinlich stellt sich heraus, daß es nichts mit der Schule zu tun hat«, sagte Dr. Mayfield. »Irgendein Irrer . . .«

»Immer langsam, Sie müssen die Tatsachen sehen«, unterbrach Dr. Board, »es war doch offenbar ein bißchen Berechnung mit dabei. Wer auch immer der Mörder war . . . ist, er hat das ziemlich sorgfältig geplant. Was mich stutzig macht, ist, warum er auf die arme Frau nicht Erde geschaufelt hat, so daß sie nicht mehr zu sehen war. Möglicherweise hatte er es vor, wurde aber gestört, ehe er es ausführen konnte. Einer jener kleinen verhängnisvollen Zufälle.«

In der Ecke des Lehrerzimmers saß Wilt und trank seinen

Kaffee im Bewußtsein, daß er als Einziger nicht aus dem Fenster sah. Verdammt nochmal, was sollte er tun? Das Vernünftigste wäre, zur Polizei zu gehen und zu erklären, er habe versucht, eine aufblasbare Puppe loszuwerden, die er von jemandem bekommen habe. Aber würde man ihm glauben? Wenn's nichts weiter war als das, warum hatte er sie mit Perücke und Kleidern ausstaffiert? Und warum hatte er sie aufgeblasen gelassen? Warum hatte er das Ding nicht einfach weggeworfen? Er wiederholte sich gerade die Pros und Kontras dieser Fragen, als der Leiter der Maschinenbauabteilung reinkam und verkündete, die Polizei wolle ein neues Loch neben dem alten bohren, statt sich durch den Beton zu graben.

»Möglicherweise können sie da ein paar Stückchen von ihr sehen, die zur Seite rausragen«, erklärte er. »Offenbar hatte sie einen Arm in die Luft gestreckt, und mit dem vielen Beton, der auf sie draufgefallen ist, besteht die Möglichkeit, daß dieser Arm an die Seite gepreßt worden ist. So geht's viel schneller voran.«

»Ich sehe keinen Grund zur Eile«, sagte Dr. Board, »ich könnte mir vorstellen, daß sie recht gut erhalten ist in dem ganzen Beton. Mumifiziert, würde ich sagen.«

Wilt in seiner Ecke bezweifelte das ziemlich. Mit zwanzig Tonnen Beton auf dem Ast hatte wohl selbst Judy, die eine außerordentlich biegsame Puppe gewesen war, dem Druck kaum widerstehen können. Sie war geplatzt, so sicher wie das Amen in der Kirche, und somit fände die Polizei nichts weiter als den leeren Plastikarm einer aufblasbaren Puppe. Sie würden sich kaum die Mühe machen, eine geplatzte Plastikpuppe auszugraben.

»Und noch eins«, fuhr der Maschinenbauleiter fort, »falls der Arm herausragt, kann man Fingerabdrücke abnehmen.«

Wilt lächelte in sich hinein. Das war nun was, was sie bei Judy bestimmt nicht fänden, Fingerabdrücke! Fröhlicher gestimmt trank er seinen Kaffee aus und ging zu einer Klasse Höherer Sekretärinnen. Sie hummelten schon nach Neuigkeiten vom Mord.

»Meinen Sie, es war ein Sexualmord?« fragte ein schmales blondes Mädchen in der ersten Reihe, als Wilt die Exemplare von ›England heute‹ austeilte. Er hatte schon immer festgestellt, daß das Kapitel ›Der Wandel der Jugend‹ bei Höheren Sekretärinnen gut ankam. Es handelte von Sex und Gewalt und war schon seit zwölf Jahren ein alter Hut, aber das waren die Sekretärinnen auch. Heute war das Buch nicht nötig.

»Ich glaube, es ist überhaupt niemand umgebracht worden«, sagte Wilt und setzte sich hinter sein Pult.

»Aber ja doch. Sie haben doch 'ne Frauenleiche da unten gesehen«, beharrte die schmale Blonde.

»Sie denken, sie hätten da unten was gesehen, das wie eine Leiche aussah«, sagte Wilt, »das heißt doch nicht, daß es eine war. Die Einbildung spielt den Leuten manchmal Streiche.«

»Die Polizei denkt das aber nicht«, sagte ein hochgewachsenes Mädchen, dessen Vater irgendwas im Rathaus war. »Sie müssen sicher sein, wenn sie sich so viel Mühe machen. Wir hatten einen Mord auf unserem Golfplatz, und alles was sie fanden, waren abgeschnittene Leichenteile im Wasserhindernis bei Loch Fünfzehn. Da lagen sie schon sechs Monate drin. Jemand schlug einen Ball auf Loch Zwölf, und er flog in den Tümpel. Als erstes fischten sie einen Fuß raus. Der war ganz aufgequollen und grün und . . .«

In der dritten Reihe fiel ein blasses Mädchen aus Wilstanton in Ohnmacht. Bis Wilt sie wieder zu Bewußtsein und ins Krankenzimmer gebracht hatte, war die Klasse bei Crippen, Haigh und Christie angelangt. Als er zurückkam, hörte er sie über Säurebäder diskutieren.

». . . und alles, was sie fanden, waren ihre falschen Zähne und die Gallensteine.«

»Du weißt wohl eine ganze Menge über Mord«, sagte Wilt zu dem langen Mädchen.

»Daddy spielt mit dem Polizeipräsidenten Bridge«, erklärte sie. »Er kommt zu uns zum Essen und erzählt Supergeschichten. Er sagt, sie sollten den Strang wieder einführen.«

»Das kann ich mir vorstellen«, sagte Wilt erbost. Das war

typisch für Höhere Sekretärinnen, daß sie Polizeipräsidenten kannten, die den Strang wiedereinführen wollten. Diese Gören hatten bloß Mammy und Daddy und Pferde im Kopf.

»Jedenfalls tut Hängen nicht weh«, sagte das lange Mädchen, »Sir Frank sagt, einen Mann aus der Todeszelle holen, auf die Falltür stellen, ihm 'ne Schlinge um den Hals legen und den Hebel ziehen, schafft ein guter Henker in zwanzig Sekunden.«

»Warum diese Vergünstigung bloß auf Männer beschränken?« fragte Wilt bitter. Die Klasse sah ihn mit vorwurfsvollen Augen an.

»Die letzte Frau, die gehängt wurde, war Ruth Ellis«, sagte die Blonde in der ersten Reihe.

»Bei Frauen ist das sowieso ganz anders«, sagte die Lange.

»Wieso?« fragte Wilt unvorsichtigerweise.

»Na ja, es geht langsamer.«

»Langsamer?«

»Mrs. Thomson mußten sie an einem Stuhl festbinden«, gab die Blonde zum besten. »Sie hat sich abscheulich benommen.«

»Ich muß sagen, ich finde eure Einstellung sonderbar«, sagte Wilt. »Eine Frau, die ihren Mann umbringt, ist zweifellos abscheulich. Aber daß sie sich wehrt, wenn man sie zur Hinrichtung holt, kommt mir überhaupt nicht abscheulich vor. Ich finde, daß . . .«

»Es ist nicht bloß das«, unterbrach ihn die Lange, die sich nicht abbringen ließ.

»Was denn dann?« fragte Wilt.

»Es geht langsamer bei Frauen. Sie müssen ihnen erst wasserdichte Unterhosen anziehen.«

Wilt starrte sie angeekelt an. »Wasserdichte was?« fragte er ohne nachzudenken.

»Wasserdichte Unterhosen«, sagte die Lange.

»Du lieber Gott«, sagte Wilt.

»Nämlich, wenn sie beim Hängen unten ankommen, fallen ihnen alle inneren Organe raus«, fuhr das lange Mädchen fort und gab Wilt damit den Gnadenstoß. Der starrte sie wie von Sinnen an und stolperte aus dem Zimmer.

»Was hat er denn?« sagte das Mädchen. »Man könnte annehmen, ich hätte was Gemeines gesagt.«

Im Korridor lehnte sich Wilt gegen die Wand und kämpfte gegen den Brechreiz. Diese verfluchten Gören waren schlimmer als die Gasinstallateure. Die Gasinstallateure ließen sich wenigstens nicht über derart ekelhafte anatomische Einzelheiten aus, und abgesehen davon kamen die Höheren Sekretärinnen alle aus sogenannten anständigen Familien. Bis er sich genügend bei Kräften fühlte, um ihnen wieder gegenüberzutreten, war die Stunde zu Ende.

Verlegen ging Wilt ins Klassenzimmer zurück und sammelte die Bücher ein.

»Der Name Wilt, sagt der Ihnen was? Henry Wilt?« fragte der Inspektor.

»Wilt?« sagte der Stellvertretende Direktor, dem übertragen worden war, mit der Polizei fertig zu werden, während der Direktor seine Zeit nutzbringender damit zubrachte, die ungünstige Wirkung in der Öffentlichkeit wieder auszubügeln, die durch die entsetzliche Geschichte entstanden war.

»Ja, selbstverständlich. Er ist einer von unseren Lehrern in Allgemeinbildung. Wieso? Gibt's was ...«

»Wenn es Ihnen nichts ausmacht, Sir, würde ich ihn gern kurz sprechen. Vertraulich.«

»Aber Wilt ist ein völlig harmloser Mann«, sagte der Stellvertretende Direktor, »ich bin sicher, er kann Ihnen überhaupt nicht helfen.«

»Vielleicht nicht, aber trotzdem ...«

»Sie wollen damit doch nicht etwa auch nur andeutungsweise zu verstehen geben, Henry Wilt hätte irgend etwas mit der ...« Der Stellvertretende Direktor brach ab und beobachtete den Gesichtsausdruck des Inspektors. Er war verdächtig neutral.

»Ich möchte lieber nicht auf Einzelheiten eingehen«, sagte Inspektor Flint, »und das beste ist, wir ziehen keine übereilten Schlüsse.«

Der Stellvertretende Direktor griff zum Telefon. »Möchten Sie, daß er zu dem . . . äh . . . Lieferwagen hinüberkommt?« fragte er.

Inspektor Flint schüttelte den Kopf. »Wir möchten so diskret wie möglich sein. Wenn ich nur eben ein leeres Dienstzimmer benutzen dürfte.«

»Nächste Tür ist eins. Das können Sie nehmen.«

Wilt saß mit Peter Braintree in der Kantine beim Mittagessen, als die Sekretärin des Stellvertretenden Direktors mit einer Mitteilung herunterkam.

»Kann das nicht warten?« fragte Wilt.

»Er sagte, es sei sehr dringend.«

»Vielleicht ist deine Hauptlehrerstelle nun doch noch endlich durchgekommen«, sagte Braintree strahlend. Wilt schlang den Rest seiner Russischen Eier runter und stand auf.

»Das bezweifle ich«, sagte er und ging bleich aus der Kantine und die Treppe hinauf. Er hatte den schrecklichen Verdacht, die Beförderung sei das letzte, weswegen ihn der Stellvertretende Direktor sprechen wolle.

»Also Sir«, sagte der Inspektor, als sie in dem Dienstzimmer saßen, »ich heiße Flint, Inspektor Flint, Kriminalpolizei, und Sie sind Mr. Wilt? Mr. Henry Wilt?«

»Ja«, sagte Wilt.

»Also, Mr. Wilt, wie Sie sicher bemerkt haben werden, untersuchen wir den mutmaßlichen Mord an einer Frau, deren Leiche wahrscheinlich am Boden eines der Pfeilerlöcher für das neue Gebäude deponiert worden ist. Ich denke, Sie wissen davon?«

Wilt nickte. »Und natürlich sind wir an allem interessiert, was uns helfen könnte. Ob es Ihnen wohl was ausmacht, einen Blick auf diese Notizen zu werfen?«

Er reichte Wilt ein Blatt Papier. Es trug die Überschrift »Notizen zu ›Die Gewalt als Faktor der Zerstörung des Familienlebens‹«, und darunter standen mehrere Untertitel.

1. Zunehmende Anwendung von Gewalt im öffentlichen Leben, um politische Ziele zu erreichen:
   A) Bombenlegen
   B) Flugzeugentführung
   C) Menschenraub
   D) Meuchelmord
2. Untauglichkeit von Polizeimethoden bei Bekämpfung von Gewalt:
   A) Negatives Verhalten. Polizei nur fähig, auf Verbrechen zu reagieren, nachdem es geschehen.
   B) Anwendung von Gewalt durch Polizei selbst.
   C) Niedriger Intelligenzgrad des Durchschnittspolizisten.
   D) Zunehmender Gebrauch raffinierter Methoden bei Verbrechern, z.B. Ablenkungsmanöver.
3. Einfluß der Medien. Fernsehen macht Verbrechensmethoden allgemein bekannt.

Da stand noch mehr. Viel mehr. Wilt sah die Liste runter, und das Gefühl, daß jetzt das Schicksal seinen Lauf nehme, stieg in ihm auf.

»Sie erkennen die Handschrift wieder?« fragte der Inspektor.

»Erkenne ich wieder«, sagte Wilt, womit er ziemlich übereilt die abgehackte Ausdrucksweise von Leuten im Zeugenstand annahm.

»Sie geben zu, daß Sie diese Notizen geschrieben haben?« Der Inspektor griff nach den Notizen und nahm sie wieder an sich.

»Ja.«

»Sie geben Ihre Meinung über Polizeimethoden wider?«

Wilt gab sich einen Ruck. »Das waren bloß Stichworte, zu einem Vortrag für den Sonderkurs der Feuerwehrlehrlinge«, erklärte er. »Es waren einfach flüchtig hingeworfene Gedanken. Sie müssen natürlich noch weiter ausgeführt werden ...«

»Aber Sie bestreiten nicht, daß Sie das geschrieben haben?«

»Natürlich nicht. Das habe ich doch gerade gesagt, oder?«

Der Inspektor nickte und griff zu einem Buch. »Und das ist auch Ihres?«

Wilt warf einen Blick auf ›Bleakhaus‹. »Das steht doch drin, nicht wahr?«

Inspektor Flint schlug den Buchdeckel auf. »Tatsächlich«, sagte er und tat erstaunt, »tatsächlich.«

Wilt starrte ihn an. Es hatte keinen Sinn, noch weiter den Schein zu wahren. Das beste wär, er brächte es schnell hinter sich. Sie hatten das verdammte Buch im Gepäckkorb des Fahrrads gefunden, und die Notizen mußten ihm auf der Baustelle aus der Tasche gefallen sein.

»Sehen Sie, Inspektor«, sagte er, »ich kann alles erklären. Es ist wirklich ganz einfach. Ich bin auf die Baustelle gegangen ...«

Der Inspektor erhob sich. »Mr. Wilt, wenn Sie bereit sind, eine Erklärung abzugeben, sollte ich Sie vielleicht aufmerksam machen ...«

Wilt ging zu der Mordzentrale runter und gab in Anwesenheit eines Polizeistenographen eine Erklärung ab. Daß er in den blauen Lieferwagen hineinstieg, aber nicht wieder rauskam, wurde mit Interesse von den Lehrern, die im Gebäude der Naturwissenschaftler unterrichteten, von den Schülern in der Kantine und von fünfundzwanzig weiteren Kollegen vermerkt, die aus dem Fenster des Lehrerzimmers gafften.

9

»Dies verfluchte Scheißding!« sagte Gaskell, als er ölverschmiert neben dem Motor der Jacht kniete, »man möchte doch meinen, selbst in diesem steinzeitlichen Königreich sollten sie einen anständigen Motor bauen können. Das Mistding hier muß für die Arche Noah gemacht worden sein.«

»Am Arsche Noahs«, sagte Sally, »und hör bloß auf, die gekrönten Häupter zu verarschen, Eva ist eine Reginaphile.«

»Eine was?«

»Eine Reginaphile. Monarchistin. Kapier schon. Sie ist der Königin fleißiges Arbeitsbienchen, also sei nicht so antibritisch. Wir wollen doch nicht, daß sie genauso wie der Motor aufhört zu arbeiten; vielleicht ist es nicht die Kupplung.«

»Wenn ich doch bloß das Vorderteil abbekäme, da könnte ich dir's sagen«, sagte Gaskell.

»Und was sollte das nutzen? Kannst du dir hier 'ne neue kaufen?« sagte Sally und ging in die Kajüte, wo Eva sich fragte, was sie zum Abendbrot kochen sollte.

»Ölgötzkell bastelt immer noch am Motor rum. Er sagt, es ist die Kupplung.«

»Kupplung?« sagte Eva und wurde rot.

»Oh Gott Baby, Kupplung, nicht Verkupplung. Sie verbindet was miteinander.«

»Was denn?«

»So wie der Schenkelknochen ans Kniegelenk gekuppelt ist, so ist die Kupplung irgendwie mit dem Kolben verbunden, und wie jeder weiß, sind Kolben Penissymbole. Der mechanisierte Sexersatz der Männer. Die Außenbordmotormacke.

Nur ist der hier zufällig ein Innenborder, genau wie seine Eier, die nie runtergerutscht sind. Wirklich, Gaskell ist dermaßen rückschrittlich.«

»Ich kapier überhaupt nichts«, sagte Eva.

Sally legte sich in die Koje und zündete sich eine Zigarre an. »Das ist es ja, was ich an dir liebe, Eva. Du bist so unwissend. Unwissenheit ist wundervoll. Meine habe ich verloren, als ich vierzehn war.«

Eva schüttelte den Kopf. »Diese Männer«, sagte sie verächtlich.

»Er war alt genug, um mein Großvater zu sein«, sagte Sally. »Er war mein Großvater.«

»Oh nein, wie entsetzlich.«

»Nein, nicht richtig«, sagte Sally lachend, »er war Künstler. Mit Bart. Und sein Kittel roch nach Farbe, und er hatte so ein Atelier und wollte mich unbedingt nackt malen. Ich war ja so unschuldig damals. Er sagte zu mir, ich sollte mich auf die Couch legen, und rückte meine Beine zurecht. Immer rückte er meine Beine zurecht, dann trat er zurück, guckte mich an und malte. Und eines schönen Tages, als ich da so lag, kam er und bog meine Beine zur Seite und küßte mich, und dann war er auf mir drauf und sein Kittel rutschte hoch und . . .«

Eva saß da und hörte völlig hingerissen zu. Sie konnte sich alles ganz genau vorstellen, sogar den Farbgeruch im Atelier und die Pinsel. Sally hatte so ein aufregendes Leben geführt, so ereignisreich und so romantisch, wenn auch irgendwie schauerlich. Eva versuchte sich zu erinnern, wie sie mit vierzehn gewesen war, als sie noch nicht mal mit Jungs ausging, und Sally lag da schon mit einem berühmten Künstler in dessen Atelier auf der Couch.

»Aber er hat dich vergewaltigt«, sagte sie schließlich. »Warum hast du's nicht der Polizei gemeldet?«

»Der Polizei? Ach, du Dummerchen. Ich war auf so 'ner entsetzlich vornehmen Schule. Die hätten mich sofort nach Hause geschickt. Klar, sie waren progressiv und so, aber ich hätte nicht ausgehen dürfen, und mich von diesem Künstler malen lassen, und meine Eltern hätten mir nie verziehen. Sie waren ja so streng.« Sally seufzte, von den Härten ihrer von vorn bis hinten erdichteten Kindheit überwältigt. »Und jetzt verstehst du sicher auch, warum ich solche Angst habe, daß mir Männer wehtun. Wenn du mal vergewaltigt worden bist, weißt du, was penismäßige Aggression ist.«

»Das kann ich mir vorstellen«, sagte Eva, die sich nicht recht vorstellen konnte, was penismäßige Aggression sein sollte.

»Dann siehst du die Welt auch ganz anders an. Wie G sagt: Nichts ist gut und nichts ist schlecht. Es ist, basta.«

»Ich habe mal einen Vortrag über Buddhismus gehört«, sagte Eva, »und genau das hat Mr. Podgett auch gesagt. Er sagte . . .«

»Der ganze Zen ist doch Quatsch. Genauso wie bloß rumzusitzen und zu warten. Das ist passiv. Du mußt die Dinge in die Hand nehmen. Wenn du lange genug bloß rumsitzt und wartest, bist du geliefert. Dann ist irgend jemand einfach über dich weggetrampelt. Du mußt die Dinge nach deinem Kopf geschehen lassen, und nicht nach dem von jemand anderem.«

»Das klingt aber nicht sehr menschenfreundlich«, sagte Eva. »Ich meine, wenn wir alle immer einfach das machten, was uns gefällt, dann wäre das für die anderen aber nicht sehr nett.«

»Die anderen, das ist die Hölle«, sagte Sally. »Das ist von Sartre, und er muß es doch wissen. Zu tun, was einem gefällt, ist richtig, und keine Gewissensbisse. Wie G sagt: Ratten sind das Musterbeispiel. Meinst du, Ratten überlegen sich, was für andere gut ist?«

»Na, also das wohl nicht,« sagte Eva.

»Eben. Ratten sind nicht moralisch. Nicht die Bohne. Sie handeln einfach. Das Denken interessiert sie 'n feuchten Kehricht.«

»Meinst du, Ratten können denken?« fragte Eva, die die Probleme der Nagetier-Psychologie inzwischen vollkommen ernst nahm.

»Natürlich nicht. Ratten sind, und damit basta. Sie kennen keine *joie maligne.*«

»Wer ist Joan Malin?«

»'ne Kusine zweiten Grades von *douleur universelle*«, sagte Sally und drückte ihre Zigarre im Aschenbecher aus. »Also können wir alles machen, was wir wollen und wann wir wollen. Das ist die frohe Botschaft. Es sind nur solche Leute wie G mit ihrer Gelehrtheit, die da 'ne Ladehemmung haben.«

»Geleertheit?« sagte Eva.

»Sie müssen unbedingt wissen, wie alles funktioniert. Wissenschaftler. Lawrence hatte recht. G ist bloß Kopf und kein bißchen Fleisch und Blut.«

»Henry ist auch ein bißchen so«, sagte Eva. »Er liest oder redet ständig über Bücher. Ich habe zu ihm gesagt, er weiß nicht, wie die Welt wirklich ist.«

In der motorisierten Mordzentrale lernte Wilt sie kennen. Er saß Inspektor Flint gegenüber, dessen Miene wachsenden Argwohn ausdrückte.

»Also, gehen wir alles einfach nochmal durch«, sagte der Inspektor. »Sie sagen, was diese Männer da unten in dem Loch gesehen haben, war in Wirklichkeit eine aufblasbare Plastikpuppe mit einer Vagina.«

»Die Vagina ist Nebensache«, sagte Wilt, und tat so gelassen wie nur möglich.

»Das mag ja sein«, sagte der Inspektor. »Die meisten Puppen haben keine, aber ... schön, lassen wir das beiseite. Der Punkt, auf den ich hinaus möchte, ist, ob Sie absolut sicher sind, daß da unten kein richtiger lebender Mensch ist.«

»Absolut sicher«, sagte Wilt, »und wenn, dann ist fraglich, ob er jetzt noch lebt.«

Der Inspektor sah ihn mißfällig an. »Darauf brauchen Sie mich nicht aufmerksam zu machen«, sagte er. »Wenn die entfernteste Möglichkeit bestünde, daß das, was auch immer da unten ist, noch am Leben wäre, säße ich hier doch nicht, oder?«

»Nein«, sagte Wilt.

»Na also. Kommen wir jetzt zum nächsten Punkt. Wieso trug das, was die Männer gesehen haben, sie sagen, eine Frau und Sie sagen, eine Puppe . . . wieso trug dieses Ding Kleider, hatte Haare und, was noch bemerkenswerter ist, einen eingeschlagenen Schädel und streckte eine Hand in die Luft.«

»Sie ist so gefallen«, sagte Wilt. »Ich nehme an, der Arm hat sich an der Seite verfangen und streckte sich nach oben.«

»Und ihr wurde der Schädel eingeschlagen?«

»Tja, also, ich habe einen Lehmklumpen auf sie geworfen«, gab Wilt zu, »das könnte es erklären.«

»Sie haben ihr einen Lehmklumpen auf den Kopf geworfen?«

»Genau das habe ich gesagt«, pflichtete Wilt bei.

»Ich weiß, daß Sie genau das gesagt haben. Was ich wissen will, ist, warum Sie sich genötigt sahen, einen Lehmklumpen einer aufblasbaren Puppe auf den Kopf zu werfen, die, soweit ich sehe, Ihnen nie einen Schaden zugefügt hat.«

Wilt zögerte. Die verdammte Puppe hatte ihm so oder so eine ganze Menge Schaden zugefügt, aber es war wohl nicht der richtige Moment, darauf einzugehen. »Ich weiß nicht recht«, sagte er schließlich, »ich dachte bloß, es könnte vielleicht helfen.«

»Helfen, was zu tun?«

»Helfen . . . ich weiß nicht. Ich hab' es eben gemacht, und aus. Ich war betrunken.«

»Schön, wir kommen gleich noch mal darauf zurück. Aber eine Frage haben Sie mir immer noch nicht beantwortet. Wenn es eine Puppe war, warum hatte sie denn dann Kleider an?«

Wilt sah sich verzweifelt um und traf auf den Blick des Polizeistenographen. In diesen Augen lag etwas, was kein Vertrauen einflößte. Es war der nackte Argwohn.

»Sie werden mir das nicht glauben wollen«, sagte Wilt. Der Inspektor sah ihn an und nahm sich eine Zigarette.

»Ja?«

»Tatsächlich habe ich sie so verkleidet«, sagte Wilt und wand sich vor Verlegenheit.

»Sie haben sie verkleidet?«

»Ja«, sagte Wilt.

»Und darf man fragen, zu welchem Zweck Sie sie verkleidet haben?«

»Das weiß ich nicht genau.«

Der Inspektor seufzte bedeutungsvoll. »Na gut, gehen wir nochmal zum Anfang zurück. Wir haben also eine Puppe mit einer Vagina, die Sie verkleiden, mitten in der Nacht hier herbringen, in ein zehn Meter tiefes Loch werfen und mit Dreckklumpen beschmeißen. Das haben Sie doch gesagt, nicht wahr?«

»Ja«, sagte Wilt.

»Würden Sie nicht vielleicht lieber allen Beteiligten eine Menge Zeit und Verdruß ersparen wollen, indem Sie hier und jetzt gestehen, daß das, was im Augenblick unter zwanzig Tonnen Beton in diesem Bohrloch hoffentlich in Frieden ruht, die Leiche einer ermordeten Frau ist?«

»Nein«, sagte Wilt, »das würde ich ganz entschieden nicht.«

Inspektor Flint seufzte erneut. »Sie wissen, wir werden dieser Sache auf den Grund gehen«, sagte er. »Das mag Zeit kosten, und Geld kosten und weiß der Himmel, auch viel Geduld kosten, aber wenn wir dort unten ankommen . . .«

». . . werden Sie eine aufblasbare Puppe finden«, sagte Wilt.

»Mit einer Vagina?«

»Mit einer Vagina.«

Im Lehrerzimmer verteidigte Peter Braintree standhaft Wilts Unschuld. »Ich sage Ihnen, ich bin mit Henry jetzt schon sieben Jahre gut bekannt. Ganz egal, was passiert ist, er hat nichts damit zu tun.«

Mr. Morris, der Leiter der Allgemeinbildung, sah zweifelnd aus dem Fenster. »Sie haben ihn schon seit zehn nach zwei da drin. Das sind vier Stunden«, sagte er. »Sie täten das niemals, wenn sie nicht meinten, daß er irgendwas mit der toten Frau zu tun hat.«

»Die können doch meinen, wozu sie Lust haben. Ich kenne Henry. Selbst, wenn das arme Luder wollte, wäre er nicht fähig, irgendjemanden umzubringen.«

»Er hat aber am Dienstag diesen Drucker verprügelt. Das zeigt, er ist zu blinder Gewalt fähig.«

»Wieder falsch. Der Drucker hat ihn verprügelt«, sagte Braintree.

»Erst nachdem Wilt ihn einen verfluchten, rotznasigen Idioten genannt hatte«, betonte Mr. Morris. »Wer Drucker III unterrichtet und einem von denen das zu sagen wagt, der muß ja auf seinen Geisteszustand untersucht werden. Die haben den armen alten Pinkerton auf dem Gewissen, nicht wahr. Er hat sich in seinem Auto vergast.«

»Wenn Sie mich fragen, hatten die's verdammt drauf angelegt, auch den guten Henry umzubringen.«

»Dieser Schlag könnte natürlich schädlich auf sein Gehirn gewirkt haben«, sagte Mr. Morris mit hämischer Genugtuung. »Gehirnerschütterungen können im Charakter eines Menschen komische Sachen anrichten. Ihn über Nacht aus einem netten, stillen, harmlosen Kerl wie Wilt in einen mordgierigen Irren verwandeln, der plötzlich durchdreht. Noch merkwürdigere Dinge hat's schon gegeben.«

»Ganz sicher wär Henry der erste, der Ihnen zustimmte«, sagte Braintree. »Es ist bestimmt nicht sehr vergnüglich, in diesem Wagen zu sitzen und von Kriminalbeamten verhört zu werden. Ich frag mich, was sie mit ihm machen.«

»Die stellen ihm einfach Fragen. Zum Beispiel: ›Wie kommen Sie mit Ihrer Frau aus?‹ und ›Können Sie uns sagen, was Sie Sonnabend nacht gemacht haben?‹ Sie fangen freundlich an und arbeiten sich dann langsam zu den schweren Geschützen vor.«

Peter Braintree saß da wie vom Donner gerührt. Eva. Er hatte sie völlig vergessen, und was Sonnabend nacht anging, so erinnerte er sich genau, was Henry ihm erzählt hatte, als er dreckverklebt und bleich wie der Tod an seiner Haustür aufgekreuzt war ...

»Ich meine nur«, sagte Mr. Morris, »mir kommt es sehr merkwürdig vor, daß man eine Leiche am Boden eines mit Beton gefüllten Schachtes findet, und als nächstes erfährt man, sie hätten Wilt zum Verhör in diese Mordzentrale gebracht. Wirklich sehr merkwürdig. Ich möchte nicht in seiner Haut stecken.« Er stand auf und ging aus dem Zimmer, und Peter Braintree saß da und fragte sich, ob er jetzt nicht irgendwas tun müsse, zum Beispiel einen Anwalt anrufen und ihn bitten vorbeizukommen und mit Henry zu reden. Das war aber wohl noch ein bißchen verfrüht, und vermutlich konnte Henry selber einen Anwalt verlangen, falls er einen wollte.

Inspektor Flint zündete sich mit der Miene unbeteiligter Drohung schon wieder eine Zigarette an. »Wie gut kommen Sie mit Ihrer Frau aus?«

Wilt zögerte. »Ganz gut«, sagte er.

»Bloß ganz gut? Nicht besser?«

»Wir werden wirklich prima miteinander fertig«, sagte Wilt, dem klar war, daß er einen Fehler gemacht hatte.

»Ich verstehe. Und ich nehme an, sie kann Ihre Geschichte von dieser aufblasbaren Puppe bestätigen.«

»Bestätigen?«

»Daß Sie die Angewohnheit hatten, sie zu verkleiden, und mit ihr herumzukramen.«

»Ich hatte überhaupt keine solche Angewohnheit«, sagte Wilt empört.

»Ich frage ja nur. Schließlich waren Sie es, der eingangs erwähnte, daß sie eine Vagina hat, nicht ich. Sie haben diese Auskunft freiwillig gegeben, und natürlich nahm ich an ...«

»Was haben Sie angenommen?« fragte Wilt. »Sie haben kein Recht ...«

»Mr. Wilt«, sagte der Inspektor, »versetzen Sie sich doch mal in meine Lage. Ich untersuche einen Fall, der sehr nach

Mord aussieht, und da kommt ein Mann und erzählt mir, daß das, was zwei Augenzeugen als die Leiche einer wohlgenährten Frau Anfang dreißig schildern . . .«

»Anfang dreißig? Puppen haben überhaupt kein Alter. Wenn diese verdammte Puppe älter als sechs Monate war . . .«

»Bitte, Mr. Wilt, wenn Sie mich eben mal weiterreden lassen wollten. Wie ich soeben sagte, haben wir einen glaubhaften Fall von Mord vor uns, und Sie geben selber zu, eine Puppe mit einer Vagina in dieses Loch geworfen zu haben. Wenn Sie jetzt in meiner Lage wären, welche Schlußfolgerung würden Sie daraus ziehen?«

Wilt versuchte, sich irgendeine absolut harmlose Deutung vorzustellen, kam aber auf keine.

»Wären Sie nicht der erste, der zugäbe, daß das alles ein bißchen merkwürdig aussieht?«

Wilt nickte. Es sah wahnsinnig merkwürdig aus.

»Schön«, fuhr der Inspektor fort. »Wenn wir jetzt mal das, was Sie gemacht haben, so wohlwollend wie möglich deuten, und besonders Ihre Hervorhebung, daß die Puppe eine Vagina hatte . . .«

»Ich hab das nicht hervorgehoben. Ich habe dies verdammte Dingsbums bloß erwähnt, um anzudeuten, daß sie äußerst naturalistisch war. Ich habe nicht zu verstehen geben wollen, daß ich die Angewohnheit hatte . . .« Er schwieg und sah unglücklich zu Boden.

»Sprechen Sie weiter, Mr. Wilt, brechen Sie jetzt nicht ab. Oft hilft es einem zu reden.«

Wilt sah ihn wütend an. Mit Inspektor Flint zu reden half ihm kein Tüttelchen.

»Wenn Sie andeuten wollen, mein Sexualleben beschränke sich darauf, es mit einer aufblasbaren Bumspuppe in den Kleidern meiner Frau zu treiben . . .«

»Gut, so weit erst mal«, sagte der Inspektor und drückte bedeutungsvoll seine Zigarette aus. »Na, nun sind wir wieder einen Schritt weiter. Sie geben also zu, ganz gleich, was in dem

Loch da unten ist, es trägt die Kleider Ihrer Frau. Ja oder nein?«

»Ja«, sagte Wilt kläglich.

Inspektor Flint stand auf. »Ich glaube, jetzt ist es an der Zeit, daß wir mal alle rübergehen und mit Mrs. Wilt ein kleines Schwätzerchen halten«, sagte er, »ich möchte mal hören, was sie zu Ihren ulkigen, kleinen Gewohnheiten zu sagen hat.«

»Ich fürchte, das wird ein bißchen schwierig sein«, sagte Wilt.

»Schwierig?«

»Tja, also wissen Sie, sie ist nämlich weggefahren.«

»Weggefahren?« sagte der Inspektor. »Ich habe richtig gehört? Sie sagten, Mrs. Wilt ist weggefahren?«

»Ja.«

»Und wo ist Mrs. Wilt hingefahren?«

»Das ist ja der Haken. Ich weiß es nicht.«

»Sie wissen es nicht?«

»Nein, ich weiß es ehrlich nicht«, sagte Wilt.

»Sie hat Ihnen nicht gesagt, wo sie hinfahren wollte?«

»Nein, sie war einfach nicht da, als ich heimkam.«

»Sie hat keinen Brief oder irgendsowas dagelassen?«

»Doch«, sagte Wilt, »das hat sie.«

»Schön, da gehen wir jetz halt zu Ihnen nach Hause und sehen uns diesen Brief mal an.«

»Ich fürchte, das ist nicht möglich«, sagte Wilt. »Ich habe ihn nicht mehr.«

»Sie haben ihn nicht mehr?« sagte der Inspektor. »Sie haben ihn nicht mehr? Wieso denn nicht?«

Wilt sah kläglich zu dem Polizeistenographen rüber. »Um die Wahrheit zu sagen, ich habe mir damit den Hintern gewischt«, sagte er.

Inspektor Flint starrte ihn finster an. »Sie haben was gemacht?«

»Na ja, es war kein Toilettenpapier im Klo, und da habe ich . . .« Er brach ab. Der Inspektor zündete sich bereits die nächste Zigarette an. Ihm zitterten die Hände, und in seinem Blick lag etwas Verhaltenes, als hätte er gerade in einen schrecklichen Abgrund geblickt.

»Mr. Wilt«, sagte er, als er sich schließlich gefaßt hatte, »ich glaube, ich bin ein leidlich toleranter Mensch, ein geduldiger Mensch und ein menschenfreundlicher Mensch, aber wenn Sie ernsthaft von mir erwarten, ich glaubte auch nur ein Wort Ihrer völlig unsinnigen Geschichte, da müssen Sie übergeschnappt sein. Erst erzählen Sie mir, Sie haben eine Puppe in das Loch geworfen. Dann geben Sie zu, daß sie die Kleider Ihrer Frau trug. Jetzt sagen Sie, daß Ihre Frau weggefahren ist, ohne Ihnen zu sagen wohin, und um allem noch die Krone aufzusetzen, besitzen Sie schließlich die Frechheit, ruhig dazusitzen und mir zu erzählen, daß Sie sich mit dem einzigen soliden Beweisstück, das Ihre Aussage hätte erhärten können, den Arsch gewischt haben.«

»Aber das hab ich«, sagte Wilt.

»Quatsch«, schrie der Inspektor. »Sie und ich, wir beide wissen ganz genau, wo Mrs. Wilt hingefahren ist, da ist es doch sinnlos, so zu tun, als wüßten wir es nicht. Sie ist da unten in dem Scheiß Loch, und Sie haben sie da reingeworfen.«

»Verhaften Sie mich?« fragte Wilt, als sie in einem dichten Pulk über die Straße zu dem Polizeiwagen gingen.

»Nein«, sagte Inspektor Flint, »Sie helfen der Polizei nur bei ihren Nachforschungen, so steht's heute abend in der Zeitung.«

»Aber mein lieber Braintree, natürlich werden wir alles tun, was wir können«, sagte der Stellvertretende Direktor. »Wilt ist immer ein zuverlässiger Kollege gewesen, und offenbar ist da irgendein schrecklicher Irrtum passiert. Sie brauchen sich gewiß keine Sorgen zu machen. Die ganze Angelegenheit kommt binnen kurzem von ganz allein wieder in Ordnung.«

»Hoffentlich haben Sie recht«, sagte Braintree, »aber es gibt einige erschwerende Umstände. Erstens ist Eva . . .«

»Eva? Mrs. Wilt? Sie wollen doch nicht andeuten . . .«

»Ich will überhaupt nichts andeuten. Alles, was ich sagen möchte ... also, sie ist spurlos verschwunden. Sie hat Henry letzten Freitag verlassen.«

»Mrs. Wilt hat ... na ja, ich kenne sie kaum, außer vom Hörensagen natürlich. Ist sie nicht die Frau, die vor ein paar Jahren bei einem Judo-Abendkursus Mr. Lockyer das Schlüsselbein gebrochen hat?«

»Das ist Eva gewesen«, sagte Braintree.

»Das hört sich nicht nach einer Frau an, die sich von Wilt unterkriegen ließe ...«

»Das tut sie auch nicht«, sagte Braintree eilig. »Wenn irgendeiner bei Wilts in Gefahr schwebt, ermordet zu werden, dann Henry. Ich denke, man sollte die Polizei davon informieren.«

Sie wurden vom Direktor unterbrochen, der mit der Abendzeitung hereinkam. »Das haben Sie wohl schon gesehen«, sagte er und wedelte erregt damit herum. »Es ist absolut entsetzlich.« Er legte die Zeitung auf den Schreibtisch und zeigte auf die Schlagzeilen. ERMORDETE IN BERUFSSCHULE UNTER BETON BEERDIGT. LEHRER HILFT POLIZEI BEI ERMITTLUNGEN.

»Du liebe Güte«, sagte der Stellvertretende Direktor, »du liebe Güte, wie furchtbar. Das hätte nicht ungünstiger kommen können.«

»Es hätte überhaupt nicht kommen sollen«, gab der Direktor bissig zurück. »Und das ist noch nicht alles. Ich habe schon ein halbes Dutzend Anrufe von Eltern bekommen, die wissen wollen, ob wir immer Mörder als Lehrkräfte beschäftigen. Wer ist dieser Wilt überhaupt?«

»Von der Allgemeinbildung«, sagte der Stellvertretende Direktor. »Er ist schon zehn Jahre bei uns.«

»Allgemeinbildung! Das hätte ich mir ja denken können. Wenn sie nicht verhinderte Dichter sind, dann Maoisten oder ... Ich weiß nicht, wo Morris sie verdammt noch eins immer herkriegt. Und nun haben wir auch noch einen Mörder unter uns. Weiß der Himmel, was ich heute abend dem Erziehungsausschuß erzählen soll. Sie haben für acht eine Notsitzung einberufen.«

»Ich muß sagen, mich ärgert, daß Wilt hier als Mörder bezeichnet wird«, sagte Braintree unbeirrt. »Es deutet nichts darauf hin, daß er irgend jemanden ermordet hat.«

Der Direktor musterte ihn einen Augenblick und sah wieder auf die Schlagzeilen. »Mr. Braintree, wenn jemand der Polizei bei ihren Mordermittlungen hilft, mag nicht erwiesen sein, daß er ein Mörder ist, aber der Verdacht besteht.«

»Das alles hilft uns im RNWE gewiß nicht mit dem neuen Unterrichtszweig weiter«, ging der Stellvertretende Direktor taktvoll dazwischen. »Für Freitag haben wir den Besuch des Inspektionsausschusses mitgeteilt bekommen.«

»Nach allem, was mir die Polizei sagt, hilft es uns auch nicht mit dem neuen Verwaltungsblock weiter«, sagte der Direktor. »Sie sagen, es dauert mindestens drei Tage, bis sie sich zum Boden des Pfeilers durchgebohrt haben, und dann müssen sie sich auch noch durch den Beton graben, um die Leiche herauszuholen. Das bedeutet, sie müssen nochmal einen ganz neuen Pfeiler gießen. Und wir sind schon jetzt in Verzug, und unser Bauetat ist halbiert worden. Warum in aller Welt konnte er sich keine andere Stelle aussuchen, um seine verdammte Frau zu verbuddeln.«

»Ich glaube nicht . . .« fing Braintree an.

»Es ist mir Wurscht, was Sie glauben«, sagte der Direktor, »ich sage Ihnen bloß, was die Polizei glaubt.«

Braintree ging aus dem Zimmer, während die beiden Direktoren sich weiter stritten und versuchten, Mittel und Wege ausfindig zu machen, der ungünstigen Wirkung in der Öffentlichkeit entgegenzutreten, die der Fall der Schule bereits eingetragen hatte. Braintree fuhr runter zum Geschäftszimmer der Abteilung Allgemeinbildung und traf Mr. Morris in völlig verzweifeltem Zustand an. Er versuchte gerade, für sämtliche Klassen von Wilt Ersatzlehrer zu finden.

»Aber morgen früh wird er wahrscheinlich wieder zurück sein«, sagte Braintree.

»Das glauben Sie doch wohl selber nicht!« sagte Mr. Morris. »Wenn sie einen so in die Zange nehmen, behalten sie ihn auch. So ist das nämlich. Die Polizei mag Fehler machen, ich sage ja nicht, sie macht keine, aber wenn sie so rasch handeln, sind sie auf 'ner heißen Spur. Wohlgemerkt, ich habe immer schon gemeint, Wilt ist ein bißchen sonderbar.«

»Sonderbar? Ich komme gerade aus dem Direktorzimmer. Möchten Sie hören, was die da oben über die ganze Abteilung Allgemeinbildung sagen?«

»Großer Gott«, sagte Mr. Morris, »bloß nicht.«

»Überhaupt, was ist an Henry so sonderbar?«

»Zu sanft und nachgiebig für meinen Geschmack. Gucken Sie sich bloß an, wie er es die ganzen Jahre hingenommen hat, Hilfslehrer zu bleiben.«

»Das war wohl kaum sein Fehler.«

»Natürlich war das sein Fehler. Er hätte bloß mal drohen müssen zu kündigen, und woanders hinzugehen, und schwupp! schon wäre er befördert worden. Nur so kommt man hier weiter. Man muß sich bemerkbar machen.«

»Das scheint er ja jetzt getan zu haben«, sagte Braintree. »Der Direktor gibt ihm bereits die Schuld, den Terminplan für den Neubau durcheinandergebracht zu haben, und wenn wir im RNWE mit dem neuen Unterrichtszweig nicht durchkommen, ist natürlich Henry der Sündenbock. Das ist wirklich zu gemein. Eva hätte mehr Feingefühl zeigen sollen, anstatt ihn so sitzen zu lassen.«

Mr. Morris sah die Sache düsterer. »Sie hätte 'ne verdammte Menge mehr Feingefühl bewiesen, wenn sie ihn hätte sitzenlassen, bevor der Lump plante, sie totzuschlagen und in diesen verfluchten Schacht zu schmeißen. Verdammt nochmal, wen krieg ich jetzt bloß dazu, morgen Gasinstallateure I zu übernehmen?«

10

In der Parkview Avenue Nr. 34 saß Wilt mit Clem in der Küche, während die Kriminalbeamten das Haus durchwühlten. »Sie finden hier bestimmt nichts Belastendes«, sagte er zu Inspektor Flint.

»Lassen Sie das unsere Sorge sein. Wir sehen uns bloß ein bißchen um.«

Er schickte einen Beamten nach oben, der Mrs. Wilts Kleider, oder was davon noch da war, inspizieren sollte.

»Wenn sie weggefahren ist, hat sie ihren halben Kleiderschrank mitgenommen«, sagte er. »Ich kenne die Frauen. Wenn sie aber gerade zwanzig Tonnen Beton zur Hochstemme bringen muß, dann kommt sie mit dem aus, was sie auf dem Leibe hat.«

Evas Garderobe fand man gut sortiert vor. Selbst Wilt mußte zugeben, daß sie nicht viel mitgenommen hatte.

»Was hatte sie an, als Sie sie zuletzt sahen?«

»Einen zitronengelben Pyjama«, sagte Wilt.

»Einen zitronengelben was?«

»Schlafanzug«, sagte Wilt, womit er die Liste belastender Aussagen um einen Punkt verlängerte. Der Inspektor hielt diese Tatsache in seinem Notizbuch fest.

»Sie war im Bett, nicht wahr?«

»Nein«, sagte Wilt. »Drüben bei Pringsheims.«

»Pringsheims? Und wer wäre das?«

»Die Amerikaner, von denen ich Ihnen erzählt habe, die im Rossiter Grove wohnen.«

»Sie haben mir gegenüber nichts von Amerikanern erwähnt«, sagte der Inspektor.

»Tut mir leid. Ich dachte, ich hätte es. Ich komme schon ganz durcheinander. Mit denen ist sie weggefahren.«

»Ach ja? Dann werden wir wohl feststellen müssen, daß die auch verschwunden sind?«

»Höchstwahrscheinlich«, sagte Wilt. »Ich meine, wenn sie mit denen weggefahren ist, müssen sie ja auch weg sein, und wenn sie nicht mit denen weg ist, kann ich mir nicht vorstellen, wo sie sonst sein sollte.«

»Ich aber«, sagte der Inspektor und betrachtete mit angeekeltem Interesse einen Fleck auf einem Laken, das einer der Beamten im Korb mit der schmutzigen Wäsche gefunden hatte. Als sie das Haus verließen, bestand das Belastungsmaterial aus dem Laken, dem Gürtel eines alten Morgenrocks, der auf geheimnisvolle Weise auf den Dachboden gekommen war, einem Hackmesser, das Wilt mal dazu benutzt hatte, eine Dose Mennige aufzumachen, und einer Injektionsspritze, die Eva sich vom Tierarzt geholt hatte, um in ihrer Zimmerpflanzenphase den Kakteen die genau richtige Menge Wasser zu geben. Außerdem ein Fläschchen mit Tabletten ohne Etikett.

»Zum Kuckuck, wie soll ich wissen, was da drin ist?« fragte Wilt, als sie ihm das Fläschchen zeigten. »Aspirin wahrscheinlich. Und überhaupt ist es voll.«

»Tun Sie's zu den anderen Beweisstücken«, sagte der Inspektor. Wilt warf einen Blick auf die Kiste.

»Himmelherrgott, was meinen Sie eigentlich, was ich alles mit ihr gemacht habe? Erst vergiftet, dann erdrosselt, und mit einem Hackmesser in Stücke gehackt und ihr dann noch 'ne Injektion mit Hydrosalz gegeben?«

»Was ist Hydrosalz«, fragte Inspektor Flint mit plötzlichem Interesse.

»Ein Zeug, mit dem Pflanzen gegossen werden«, sagte Wilt. »Die Flasche steht auf dem Fensterbrett.«

Der Inspektor legte auch die Flasche Hydrosalz in die Kiste. »Wir wissen, was Sie mit ihr gemacht haben«, sagte er. »Jetzt interessiert uns das Wie.«

Sie gingen wieder zu dem Polizeiwagen hinaus und fuhren in den Rossiter Grove rüber zu Pringsheims. »Sie bleiben mit dem Wachtmeister im Wagen sitzen, während ich nachgucke, ob sie zu Hause sind«, sagte Inspektor Flint und ging zur Haustür. Wilt sah, wie er klingelte. Er klingelte nochmal. Er bearbeitete den Türklopfer und ging schließlich durch die Pforte mit der Aufschrift ›Lieferanteneingang‹ zur Küchentür rüber. Eine Minute später war er wieder da und fummelte am Funkgerät herum.

»Sie haben den Nagel auf den Kopf getroffen, Wilt«, schnaubte er. »Sie sind weg. Das reinste Schlachtfeld ist das da. Sieht aus, als hätten sie 'ne Orgie gefeiert. Holen Sie ihn raus.«

Die beiden Kriminalbeamten zogen Wilt, nicht mehr Mr. Wilt, sondern einfach Wilt, das hatten sie genau mitgekriegt, aus dem Wagen, während der Inspektor das Revier in Fenland rief und mit unheilverkündender Eindringlichkeit von Vollzugsvollmachten redete und daß sie irgendwas schicken sollten, was sich fast wie Sonderstaffel T anhörte. Wilt stand in der Einfahrt von Rossiter Grove Nr. 12 und fragte sich, was zum Teufel mit ihm geschah. Die Ordnung der Dinge, auf die er gebaut hatte, ging um ihn herum in Trümmer.

»Wir gehen hinten rein«, sagte der Inspektor. »Das sieht gar nicht gut aus.« Sie gingen den Weg zur Küchentür runter und ums Haus herum in den Garten. Jetzt sah Wilt, was der Inspektor mit Schlachtfeld gemeint hatte. Der Garten sah keineswegs gut aus. Pappteller lagen auf dem Rasen herum oder waren vom Wind quer durch den Garten in die Dahlien und Kletterrosen gewirbelt worden, und mit Pappbechern, die teils plattgetrampelt, teils immer noch mit Pringsheims Bowle und Regenwasser gefüllt waren, war der ganze Boden besät. Aber erst die Fleischklopse gaben dem Ort den Anstrich morbider Unflätigkeit. Sie lagen mit Krautsalat bekleistert über den ganzen Rasen verstreut, so daß Wilt unwillkürlich an Clem denken mußte.

»Der Hund kehrt immer zu seinem Knochen zurück«, sagte

der Inspektor, der offenbar Wilts Gedanken lesen konnte. Sie gingen über die Terrasse zu den Wohnzimmerfenstern und guckten hinein. Der Garten war schon schlimm gewesen, da drinnen aber war's fürchterlich.

»Werfen Sie am Küchenfenster eine Scheibe ein und machen Sie von innen auf«, sagte der Inspektor zu dem größeren der beiden Beamten. Einen Augenblick später wurde das Wohnzimmerfenster aufgeschoben, und sie stiegen hinein.

»War nicht nötig, mit Gewalt einzudringen«, sagte der Beamte. »Die Hintertür war nicht zugeschlossen und das Fenster hier nicht verriegelt. Sie müssen sich in irrer Eile aus dem Staub gemacht haben.«

Der Inspektor sah sich in dem Zimmer um und zog die Nase kraus. Der Mief von kaltem Hasch, saurer Bowle und Kerzenrauch hing immer noch schwer im ganzen Haus.

»Falls sie weggefahren sind«, sagte er bedeutungsvoll und warf einen raschen Blick auf Wilt.

»Sie müssen weggefahren sein«, sagte Wilt, der sich aufgefordert fühlte, die Szene irgendwie zu kommentieren, »es würde doch niemand ein ganzes Wochenend in so einem Saustall leben wollen, ohne . . .«

»Leben? Sie haben doch ›leben‹ gesagt, nicht wahr?« sagte Flint und trat auf einen verbrannten Fleischklops.

»Ich wollte sagen . . .«

»Vollkommen Wurscht, was Sie sagen wollten, Wilt. Sehen wir lieber mal, was hier passiert ist.«

Sie gingen in die Küche, wo das gleiche Chaos herrschte, und weiter in ein anderes Zimmer. Überall dasselbe. Zigarettenkippen, die man in Kaffeetassen ausgedrückt oder auf dem Teppich ausgetreten hatte. Eine in Stücke zerbrochene Schallplatte hinter dem Sofa bedeutete das Ende von Beethovens Fünfter. Kissen lagen gegen die Wand geknautscht. Abgebrannte Kerzen baumelten post-koital schlapp von Flaschen herab. Um dem ganzen Gesudel noch einen kleinen Akzent hinzuzufügen, hatte jemand mit rotem Filzstift ein Porträt von Prinzessin Anne auf die Wand gemalt. Sie war von Polizisten mit Schutzhelmen umringt, und darunter stand: DIE ANNY IN DEN BULLENSCHAREN IST WIE DAS ASCHLOCH ZWISCHEN HAAREN. DER SCHWANZ IST TOT LANG LEBE DIE MÖSIGIN. Gedanken, die in kämpferischen Frauenkreisen zweifellos vollkommen tragbar, in Inspektor Flints Augen aber kaum geeignet waren, Pringsheims sehr hoch einzustufen.

»Nette Freunde haben Sie, Wilt«, sagte er.

»Sind keine Freunde von mir«, sagte Wilt erregt. »Diese Säue können nicht mal richtig schreiben.«

Sie gingen nach oben und guckten in das große Schlafzimmer. Das Bett war nicht gemacht, Kleidungsstücke, meistens Dessous, lagen überall am Boden oder hingen aus den Schubladen raus, und ein nicht zugestöpselter Flacon Lancôme – oder Lanvin – lag umgestürzt auf der Frisiertoilette. Das Zimmer pestete nach Parfum.

»Großer Gott«, sagte der Inspektor und musterte feindselig ein Suspensorium. »Jetzt fehlt nur noch ein bißchen Blut.«

Sie fanden es im Badezimmer, von Dr. Scheimachers verletzter Hand war Blut auf den Fußboden getropft und in dunkelroten Flecken auf die Fliesen gekleckert. Die Badezimmertür hing mit zerbrochenem Rahmen in der untersten Angel, und auch an ihr gab's Blutflecken.

»Das hab ich gewußt«, sagte der Inspektor und sann darüber nach. Er sann auch über das nach, was jemand mit Lippenstift auf den Spiegel über dem Waschbecken geschrieben hatte. Auch Wilt sah sich das an. Es erschien ihm über die Maßen anzüglich. WO WILT RITT UND EVA FLOH WER WAR DIE MÄNNLICHE CHAUVINISTENSAU?

»Reizend«, sagte Inspektor Flint. Er drehte sich zu Wilt um, dessen Gesicht jetzt die Farbe der Fliesen hatte. »Ich darf wohl annehmen, daß Sie auch davon nichts wissen. Nicht Ihr Werk?«

»Allerdings nicht«, sagte Wilt.

»Das auch nicht?« sagte der Inspektor und zeigte auf die Blutflecken in der Badewanne. Wilt schüttelte den Kopf.

»Und damit haben Sie vermutlich auch nichts zu tun?« Er deutete auf ein Präservativ, das über dem Toilettensitz an die Wand genagelt war. WO DIE BIENE DEN HONIG SUKKELT DA WIRD MIT DEM SCHNULLER SCHÖN TROCKEN GENUCKELT. Wilt starrte das Ding voll Ekel an.

»Ich weiß nicht, was ich sagen soll«, murmelte er. »Es ist alles so schrecklich.«

»Das können Sie ruhig zweimal sagen«, pflichtete der Inspektor bei und wandte sich praktischeren Überlegungen zu. »Also, hier drin ist sie nicht gestorben.«

»Woran sehen Sie das denn?« fragte der jüngere der beiden Kriminalbeamten.

»Nicht genug Blut.« Der Inspektor sah sich unsicher um. »Andererseits, ein kräftiger Schlag . . .« Sie folgten den Blutflecken den Gang lang bis zu dem Zimmer, in dem Wilt in die Puppe gedübelt worden war.

»Um Gottes willen, nichts anfassen«, sagte der Inspektor und schob die Tür mit dem Ärmel etwas weiter auf, »unsere Fußspurjungs können sich hier auf 'n Großkampftag freuen.« Er sah die Spielsachen in dem Zimmer. »Die Kinder haben Sie vermutlich auch abgemetzelt«, sagte er grimmig.

»Kinder?« sagte Wilt, »ich wußte gar nicht, daß sie welche haben.«

»Na, wenn Sie's nicht wußten«, sagte der Inspektor, der selber Familienvater war, »dann können die armen kleinen Scheißer ja von Glück reden. Von keinem großen, wie die Dinge hier so liegen, aber immerhin.«

Wilt reckte den Kopf um die Ecke und entdeckte den Teddybär und das Schaukelpferd. »Die gehören Gaskell«, sagte er, »er spielt gern mit ihnen.«

»Sagten Sie nicht eben noch, Sie hätten gar nicht gewußt, daß sie Kinder haben?«

»Sie haben auch keine. Gaskell, das ist Dr. Pringsheim. Er ist Biochemiker und, wie seine Frau sagt, einer frühkindlichen Entwicklungshemmung verhaftet.«

Der Inspektor musterte ihn nachdenklich. Die Frage der Verhaftung war mittlerweile etwas, was sorgsam erwogen werden mußte.

»Ich darf wohl annehmen, daß Sie nicht bereit sind, nun ein volles Geständnis abzulegen?« fragte er ohne viel Hoffnung.

»Nein, bin ich nicht«, sagte Wilt.

»Das hatte ich auch nicht angenommen, Wilt«, sagte der Inspektor. »Schön, schaffen Sie ihn aufs Revier. Ich komme später nach.«

Die Beamten packten Wilt bei den Armen. Das war zuviel.

»Lassen Sie mich los«, schrie er. »Sie haben kein Recht dazu. Sie haben . . .«

»Wilt«, brüllte der Inspektor, »ich gebe Ihnen eine letzte Chance. Wenn Sie jetzt nicht friedlich mitgehen, klage ich Sie sofort und auf der Stelle der Ermordung Ihrer Frau an.«

Wilt ging friedlich mit. Ihm blieb nichts anderes übrig.

»Die Schraube?« sagte Sally. »Aber du hast doch gesagt, es ist die Kupplung.«

»Ich habe mich halt geirrt«, sagte Gaskell, »sie verkuppelt.«

»Kuppelt, G, Kuppelt.«

»Okay, also kann es nicht an der Kupplung liegen. Es könnte sein, daß sich irgendwas um die Schraubenwelle gewickelt hat.«

»Zum Beispiel?«

»Wasserpflanzen zum Beispiel.«

»Warum steigst du nicht mal runter und siehst selber nach?«

»Mit dieser Brille?« sagte Gaskell, »ich könnte überhaupt nichts sehen.«

»Du weißt, ich kann nicht schwimmen«, sagte Sally.

»Ich kann aber schwimmen«, sagte Eva.

»Wir binden Ihnen ein Seil um den Bauch, da ertrinken Sie nicht«, sagte Gaskell, »Sie brauchen bloß mal eben zu tauchen und nachzufühlen, ob da unten irgendwas ist.«

»Wir wissen, was da unten ist«, sagte Sally. »Schlamm.«
»Um die Schraubenwelle«, sagte Gaskell. »Wenn da was ist, machen Sie's ab.«
Eva ging in die Kajüte und zog den Bikini an.
»Ehrlich, Gaskell, manchmal denke ich, du machst das mit Absicht. Erst ist es die Kupplung und jetzt ist es die Schraube.«
»Na ja, wir müssen halt alles versuchen. Wir können nicht einfach hier rumsitzen«, sagte Gaskell, »ich muß morgen wieder im Labor sein.«
»Daran hättest du eben eher denken sollen«, sagte Sally. »Jetzt hilft uns nur noch die Weiße Seekuh Frieda.«
»Wenn du mich fragst, kommt sie da gerade«, sagte Gaskell, als Eva aus der Kajüte kam und sich eine Badekappe aufsetzte.
»Na, wo ist das Seil?« fragte sie. Gaskell sah in einem Kasten nach und fand eins.
Er band es ihr um die Taille, und Eva kletterte über die Reling ins Wasser.
»Huch, ist das aber kalt«, kicherte sie.
»Das liegt am Golfstrom«, sagte Gaskell, »er kommt nicht bis hierher.«
Eva schwamm los und versuchte dann zu stehen.
»Das ist ja furchtbar flach und ganz schlammig.«
Sie watete an dem Seil hängend herum und fühlte unter dem Bootsheck nach. »Ich kann nichts finden«, rief sie.
»Vielleicht weiter unten«, sagte Gaskell, der zu ihr runter lugte. Eva steckte den Kopf unter Wasser und fand das Ruder.
»Das ist das Ruder«, sagte Gaskell.
»Natürlich«, sagte Eva, »das weiß ich auch, Blödmann. Ich bin ja nicht dämlich.«
Sie verschwand unter dem Boot. Diesmal fand sie die Schraube, aber es hatte sich nichts drumgewickelt.
»Es ist bloß schlammig, das ist alles«, sagte sie, als sie wieder auftauchte. »Den ganzen Boden lang ist alles Schlamm.«

»Na, das möchte so sein, nicht?« sagte Gaskell. Eva watete zur Seite herum. »Wir sitzen halt zufällig auf einer Schlammbank fest.«

Eva tauchte nochmal, aber auch die Schraubenwelle war frei. »Das habe ich dir ja gesagt«, sagte Sally, als sie Eva wieder an Bord hievten. »Du hast sie das bloß machen lassen, damit du sie in ihrem Plastik-Bikini mit dem ganzen Schlamm dran sehen kannst. Komm, Botticelli-Baby, laß dich von Sally saubermachen.«

»Gottogott«, sagte Gaskell. »Penus entsteigt den Fluten.« Er ging wieder an den Motor und betrachtete ihn unschlüssig. Vielleicht war die Benzinleitung verstopft. Das war nicht sehr wahrscheinlich, aber er mußte irgendwas versuchen. Sie konnten ja nicht für immer in diesem Schlamm festsitzen.

Auf dem Vorderdeck rubbelte Sally Eva mit einem Schwamm ab.

»Jetzt die untere Hälfte, Liebes«, sagte sie und löste den Verschluß.

»Oh, Sally. Nein, Sally.«

»Labia babia.«

»O Sally, du bist schrecklich.«

Gaskell mühte sich mit dem verstellbaren Schraubenschlüssel ab. Diese ganze Tast-Therapie widerte ihn an. Und Plastik auch.

Im Sitzungssaal tat der Direktor sein Bestes, die Mitglieder des Erziehungsausschusses zu beschwichtigen, die eine gründliche Untersuchung der Anstellungspraktiken in der Abteilung Allgemeinbildung forderten.

»Darf ich das erläutern«, sagte er geduldig und sah sich in dem Ausschuß um, der zwischen Geschäftsinteressen und sozialem Engagement genau die Waage hielt. »Das Ausbildungsgesetz von 1944 bestimmt, daß alle Lehrlinge von ihren Arbeitsstellen frei bekommen sollten, um den Eintags-Unterricht an den Berufsschulen zu besuchen . . .«

»Das wissen wir ja alles«, sagte ein Bauunternehmer, »und

wir wissen alle, daß das eine verdammte Verschwendung von Zeit und öffentlichen Geldern ist. Diesem Land ginge es tausendmal besser, wenn man sie einfach ihren Kram weiterarbeiten ließe.«

»Die Kurse, die sie besuchen«, fuhr der Direktor fort, bevor irgendjemand mit sozialem Pflichtgefühl dazwischenfunken konnte, »sind mit Ausnahme einer Stunde, einer Pflichtstunde Allgemeinbildung, berufsorientiert. Die Schwierigkeit mit der Allgemeinbildung ist nun, daß niemand weiß, was sie eigentlich bedeutet.«

»Allgemeinbildung heißt«, sagte Mrs. Chatterway, die sich darauf was zugute hielt, eine Fürsprecherin fortschrittlicher Erziehung zu sein, als die sie einen echten Beitrag zur Hebung des Analphabetentums in mehreren früher ausgezeichneten Volksschulen geleistet hatte, »sozial benachteiligten Jugendlichen eine solide Grunderziehung in Vorurteilslosigkeit und kulturellen Themen angedeihen zu lassen ...«

»Allgemeinbildung heißt, ihnen Lesen und Schreiben beizubringen«, sagte ein Firmenchef. »Es ist sinnlos, Arbeiter zu beschäftigen, die keine Anweisungen lesen können.«

»Sie bedeutet alles, was man sich darunter vorstellen möchte«, sagte der Direktor eilig. »Wenn Sie nun vor dem Problem stehen, Lehrer finden zu müssen, die bereit sind, ihr Leben damit zu verbringen, vor Klassen voller Gasinstallateure, Gipser oder Drucker zu treten, die absolut nicht einsehen, warum sie überhaupt da sind, und für einen Stoff zu interessieren, der genau genommen gar nicht existiert, dann können Sie es sich nicht leisten, wählerisch zu sein mit den Kollegen, die Sie anstellen. Das ist die Crux bei dem Problem.«

Der Ausschuß sah ihn unsicher an.

»Habe ich daraus zu entnehmen, daß Sie sagen wollen, Lehrer der Allgemeinbildung seien keine engagierten und wirklich schöpferischen Menschen mit einem tiefen Gefühl für ihre Berufung?« fragte Mrs. Chatterway angriffslustig.

»Nein«, sagte der Direktor, »das will ich damit absolut

nicht sagen. Ich versuche lediglich die Feststellung zu machen, daß Allgemeinbildungslehrer nicht wie andere Lehrer sind. Entweder sie sind von Anfang an sonderbar oder sie werden's mit der Zeit. Das liegt in der Natur ihrer Tätigkeit.«

»Aber sie sind alle äußerst befähigt«, sagte Mrs. Chatterway, »sie haben doch alle das Staatsexamen.«

»Richtig. Wie Sie ganz richtig sagen, haben alle den Hochschulabschluß. Sie sind durchweg ausgebildete Lehrer, aber die Nervenanspannung, der sie ausgesetzt sind, hinterläßt ihre Spuren. Lassen Sie es mich so erklären: Wenn Sie einen Herzverpflanzungschirurgen anstellten und ihn bäten, sein Leben damit zu verbringen, Hundeschwänze zu kupieren, würden Sie kaum erwarten, daß er nach zehn Jahren Arbeit unversehrt herauskommt. Der Vergleich stimmt genau, glauben Sie mir, genau.«

»Also, dazu kann ich nur sagen«, wandte der Bauunternehmer ein, »daß schließlich nicht alle Lehrer der Allgemeinbildung dazu getrieben werden, ihre ermordeten Ehefrauen in Pfeilerschächten zu beerdigen.«

»Und ich kann dazu nur sagen«, entgegnete der Direktor, »daß ich außerordentlich überrascht bin, daß es nicht mehr tun.«

Die Sitzung schloß ohne Ergebnis.

11

Als im Osten Albions bläulichgrün die Morgendämmerung erwachte, saß Wilt, von der natürlichen Außenwelt abgeschlossen, in der durch und durch künstlichen Umgebung des Vernehmungszimmers des Hauptpolizeireviers, die aus einem Tisch, vier Stühlen, einem Kriminalwachtmeister und einer flimmernden Beleuchtung an der Decke bestand, die leise brummte. Es gab keine Fenster, nur blaßgrüne Wände und eine Tür, durch die gelegentlich Leute kamen und gingen, und durch die Wilt zweimal in Begleitung des Polizisten austreten gegangen war. Inspektor Flint war um Mitternacht schlafen gegangen, und seinen Platz hatte Sergeant Yates eingenommen, der wieder ganz von vorn anfing.

»Wie weit vorn?« sagte Wilt.

»Ganz vorn.«

»Am Anfang erschuf Gott Himmel und Erde und alles . . .«

»Sparen Sie sich Ihr weises Kluggescheißere«, sagte Sergeant Yates.

»Das«, sagte Wilt anerkennend, »ist aber eher ein allgemeinerer Gebrauch von klug und weise!«

»Was ist?«

»Weises Kluggescheißere. Das ist Umgangssprache, aber es ist weiserweise gute Umgangssprache, wenn Sie verstehen, was ich meine.«

Sergeant Yates musterte ihn schweigend. »Dieser Raum ist schalldicht«, sagte er schließlich.

»Das habe ich schon bemerkt«, sagte Wilt.

»Hier drin könnte sich einer die Lunge aus dem Hals schreien, und draußen wär in keiner Weise was zu hören.«

»Klug oder weise?« sagte Wilt unschlüssig. »Weisheit und Klugheit sind nicht dasselbe. So manchem da draußen mag das vielleicht nicht klar sein, daß . . .«

»Schnauze!« sagte Sergeant Yates.

Wilt seufzte. »Wenn Sie mich bloß ein bißchen schlafen ließen . . .«

»Wir lassen Sie schlafen, wenn Sie uns sagen, warum, wo und wie Sie Ihre Frau umgebracht haben.«

»Ich nehme an, es hat überhaupt keinen Sinn, daß ich Ihnen sage, ich habe sie nicht umgebracht.«

Sergeant Yates schüttelte den Kopf.

»Nein«, sagte er. »Wir wissen, daß Sie's getan haben. Sie wissen, daß Sie's getan haben. Wir wissen, wo sie ist. Wir sind dabei, sie rauszuholen. Wir wissen, daß Sie sie da reingeschmissen haben. So viel haben Sie wenigstens zugegeben.«

»Ich kann Ihnen bloß immer wieder sagen, ich habe eine aufblasbare . . .«

»War Mrs. Wilt aufblasbar?«

»War sie 'ne Bumspuppe?« sagte Wilt.

»Na eben, vergessen wir also diesen Quatsch von der aufblasbaren Puppe . . .«

»Ich wollte wahrhaftig, das könnte ich«, sagte Wilt. »Ich werde nur allzu glücklich sein, wenn Sie da unten ankommen und sie ausgraben. Sie wird natürlich geplatzt sein mit dem ganzen Beton auf ihr, aber sie wird immer noch als aufblasbare Puppe zu erkennen sein.«

Sergeant Yates lehnte sich über den Tisch. »Ich möchte Ihnen mal eins sagen. Glauben Sie ja nicht, Mrs. Wilt wäre nicht mehr zu erkennen, wenn wir sie da rausholen.« Er wartete und starrte Wilt gespannt an. »Es sei denn, Sie haben Sie verunstaltet.«

»Verunstaltet?« fragte Wilt und lachte dumpf. »Sie brauchte nicht noch verunstaltet zu werden, als ich sie das letzte Mal sah. Sie sah einfach grauenhaft aus. Sie hatte diesen zitronengelben Schlafanzug an, und ihr Gesicht bedeckte eine Schicht ...« Er zögerte. Der Sergeant hatte einen ganz seltsamen Gesichtsausdruck.

»Blut?« half er nach. »Wollten Sie nicht ›Blut‹ sagen?«

»Nein«, sagte Wilt, »das wollte ich absolut nicht. Ich wollte Puder sagen. Weißer Puder und leuchtend roter Lippenstift. Ich sagte zu ihr, sie sehe verdammt beschissen aus.«

»Sie müssen ein wirklich nettes Verhältnis zu ihr gehabt haben«, sagte der Sergeant. »Ich bin nicht gewöhnt, meiner Frau zu sagen, daß sie verdammt beschissen aussieht.«

»Sie haben wahrscheinlich keine Frau, die verdammt beschissen aussieht«, sagte Wilt, der damit versuchte, den Mann zu beschwichtigen.

»Wie meine Frau ist oder nicht ist, das ist meine Angelegenheit. Sie hat mit dieser Untersuchung hier nichts zu tun.«

»Da hat sie Glück«, sagte Wilt, »ich wünschte beim Himmel, mit meiner wär das auch so.«

Bis es zwei war, hatten sie sich von Mrs. Wilts Äußerem getrennt und waren auf Zähne zu sprechen gekommen und auf das Problem, Leichen mit Hilfe von Zahnkarteien zu identifizieren.

»Hören Sie«, sagte Wilt müde, »Zähne mögen Sie ja begeistern, aber ich kann zu dieser nachtschlafenden Zeit darauf verzichten.«

»Ach, Sie tragen Gebisse oder sowas?«

»Nein, nein, tue ich nicht«, sagte Wilt, dem die Mehrzahl besonders unsympathisch war.

»Und Mrs. Wilt?«

»Nein«, sagte Wilt, »sie war immer sehr ...«

»Besten Dank«, sagte Sergeant Yates, »ich wußte ja, es würde endlich rauskommen.«

»Was denn?« sagte Wilt, der immer noch bei den Zähnen war.

»Dieses ›war‹. Die Vergangenheitsform. Der Verräter schläft nicht. Sie geben also zu, daß sie tot ist. Von hier aus wollen wir weitermachen.«

»Sowas habe ich überhaupt nicht gesagt. Sie sagten: ›Trug sie Gebisse?‹ und ich sagte, nein . . .«

»Sie sagten: ›Sie war‹. Dieses ›war‹, das interessiert mich. Wenn Sie ›ist‹ gesagt hätten, dann wär's was anderes gewesen.«

»Es hätte vielleicht anders geklungen«, sagte Wilt, und kurbelte seine Verteidigungsmaßnahmen wieder an, »aber es hätte sich von den Tatsachen nicht im geringsten unterschieden.«

»Und diese wären?«

»Daß meine Frau wahrscheinlich irgendwo gesund und munter herum . . .«

»Sie verraten sich ja andauernd, Wilt«, sagte der Sergeant. »Jetzt ist es das ›wahrscheinlich‹, und was das ›munter‹ angeht, so hoffe ich nur um Ihretwillen, wir kommen nicht dahinter, daß sie noch am Leben war, als der Beton auf sie geschüttet wurde. Das würde dem Gericht gar nicht schmecken.«

»Ich bezweifle, ob das irgendjemandem schmecken würde«, sagte Wilt. »Und wenn ich ›wahrscheinlich‹ sagte, dann meinte ich damit bloß das: wenn man Sie einen Tag und die halbe Nacht in Haft behielte und in einem weg durch Kriminalbeamte verhören ließe, dann fragten Sie sich auch langsam, was Ihrer Frau wohl zugestoßen ist. Es könnte Ihnen tatsächlich sogar die Idee kommen, daß sie allen Anzeichen zum Trotz nicht mehr leben könnte. Versuchen Sie erst mal, sich an diese Seite des Tisches zu versetzen, ehe Sie an mir rumkritteln, weil ich Worte wie ›wahrscheinlich‹ benutze. Was Unwahrscheinlicheres, als des Mordes an seiner Frau beschuldigt zu werden, wenn man ganz genau weiß, daß man's nicht getan hat, können Sie sich nicht vorstellen.«

»Hören Sie mal, Wilt«, sagte der Sergeant«, ich krittele nicht an Ihrer Ausdrucksweise rum. Das müssen Sie mir glauben. Ich versuche lediglich, so geduldig wie möglich die Tatsachen herauszukriegen.«

»Die Tatsachen sind die«, sagte Wilt. »Ich mache wie ein

Vollidiot den Fehler, eine aufblasbare Puppe in einen Pfeilerschacht zu werfen, und irgendjemand schüttet Beton drauf, und meine Frau fährt weg und ...«

»Ich sage Ihnen eins«, sagte Sergeant Yates zu Inspektor Flint, als der um sieben am Morgen zum Dienst kam. »Der Kerl ist 'ne harte Nuß. Wenn Sie mir nicht gesagt hätten, daß er kein Vorstrafenregister hat, dann hätte ich schwören können, er wär ein ganz alter Hase und ein raffinierter dazu. Sind Sie sicher, daß in der Zentralkartei nichts über ihn vorliegt?« Inspektor Flint schüttelte den Kopf.

»Hat er noch nicht angefangen, nach seinem Anwalt zu schreien?«

»Keinen Muckser. Ich sage Ihnen, entweder hat er 'n irren Zacken weg, oder er hat das schon öfter mitgemacht.«

Und das hatte Wilt. Tag für Tag, Jahr für Jahr. Bei Gasinstallateuren I und Druckern III, bei den für einen Tag in der Woche die Schulbank drückenden Autoschlossern und bei Fleisch II. Zehn Jahre lang hatte er vor Klassen gestanden und belanglose Fragen beantwortet, hatte darüber diskutiert, warum Piggys praktische Lebenseinstellung besser als Jacks Dummheit und Pangloss' Optimismus so unbefriedigend sei, warum Orwell diesen verdammten Elefanten nicht habe abschießen oder den Mann da nicht aufhängen wollen, und die ganze Zeit hatte er Versuche abzuwehren, ihn in irgendeine Falle zu locken oder so weit zu bringen wie den armen alten Pinkerton, als er sich im Auto vergaste. Im Vergleich zu Maurer IV waren Sergeant Yates und Inspektor Flint das reine Kinderspiel. Wenn sie ihn bloß ein bißchen schlafen ließen, würde er schon weiter seine Haken um sie schlagen.

»Einmal dachte ich, ich hätte ihn«, erzählte Yates Inspektor Flint, als sie sich im Flur berieten. »Ich hatte ihn auf Zähne festgenagelt.«

»Zähne?« sagte der Inspektor.

»Ich erklärte ihm gerade, daß wir Leichen jederzeit anhand ihres Zahnbildes identifizieren könnten, und da gab er beinahe zu, sie wäre tot. Aber dann ist er mir wieder entschlüpft.«

»Zähne, ach? Das ist ja interessant. Ich werde das Verhör in dieser Richtung fortsetzen. Da ist vielleicht sein schwacher Punkt.«

»Viel Glück«, sagte der Sergeant. »Ich zische ins Bett.«

»Zähne«, sagte Wilt. »Das ackern wir doch nicht nochmal durch, oder? Ich dachte, das Thema wär erschöpft. Der Typ vorhin fragte mich in der Vergangenheitsform, ob Eva welche hätte. Ich sagte ihm, sie hätte welche und ...«

»Wilt«, sagte Inspektor Flint, »mich interessiert nicht, ob Mrs. Wilt Zähne hatte oder nicht. Vermutlich wird sie ja welche gehabt haben. Was ich wissen möchte, ist, ob sie sie noch hat, Gegenwartsform.«

»Ich möchte meinen, sie hat sie noch«, sagte Wilt geduldig. »Am besten fragen Sie sie selber, wenn Sie sie finden.«

»Und wenn wir sie finden, wird sie dann in einem Zustand sein, in dem sie es uns sagen kann?«

»Verdammt nochmals, wie soll ich das denn wissen? Ich kann dazu nur sagen, wenn sie aus irgendeinem mir völlig unerfindlichen Grund sämtliche Zähne verloren haben sollte, ist der Teufel los. Das krieg ich hundert Jahre zu hören. Sie hat 'n Tick, sich die Dinger zu putzen und immer so kleine Stückchen Zahnseide ins Klo zu schmeißen. Sie können sich nicht vorstellen, wie oft ich schon dachte, ich hätte Würmer.«

Inspektor Flint seufzte. Egal, welchen Erfolg Sergeant Yates mit Zähnen gehabt hatte, ihm blieb er bestimmt versagt. Er schaltete auf andere Themen um.

»Gehn wir nochmal durch, was auf der Party bei Pringsheims passiert ist«, sagte er.

»Bitte nicht«, sagte Wilt, dem es bis da gelungen war, sich um die Erwähnung der Katastrophe mit der Puppe im Badezimmer herumzumogeln. »Ich hab's Ihnen nun schon fünfmal erzählt, langsam ist die Luft raus. Außerdem war es eine saumäßige Party. 'ne Masse Wo-ist-der-letzte-Schrei-Intellektueller, die um ihre kümmerlichen Egos ein Riesenfaß aufmachten.«

»Würden Sie sagen, Sie wären ein nach innen gekehrter Mensch, Wilt? Ein einzelgängerischer Typ Mann?«

Wilt dachte über diese Frage ernsthaft nach. Sie war auf jeden Fall wesentlicher als die Zähne.

»Ich würde nicht so weit gehen«, sagte er schließlich. »Ich bin ziemlich still, aber ich bin auch gesellig. Das muß man auch sein, wenn man mit den Klassen, die ich unterrichte, fertigwerden will.«

»Aber Sie mögen keine Parties?«

»Ich mag keine Parties, wie die von Pringsheims, nein.«

»Deren sexuelles Verhalten entrüstet Sie? Erfüllt Sie mit Abscheu?«

»Ihr sexuelles Verhalten? Ich weiß nicht, warum Sie immer darauf so herumhacken. Alles an ihnen widert mich an. Einmal dieses ganze Gequatsche von Frauenemanzipation, wenn's für jemanden wie Mrs. Pringsheim nichts anderes bedeutet, als wie eine läufige Hündin rumzurennen, während ihr Mann den ganzen Tag sich an irgendwelchen Reagenzgläschen einen abschuftet und dann nach Hause kommt, um Abendbrot machen und abwaschen zu müssen, und schließlich froh ist, wenn er noch genug Energie aufbringt, sich einen aus dem Handgelenk zu schütteln, ehe er einschläft. Wenn wir über die wirkliche Frauenemanzipation reden wollen, so ist das ganz was anderes. Ich habe nichts gegen . . .«

»Sagen wir doch mal eben kurz halt«, sagte der Inspektor. »Zweierlei, was Sie gesagt haben, interessiert mich. Ad eins, Frauen, die wie läufige Hündinnen herumrennen. Ad zwei, diese Geschichte, daß Sie sich einen aus dem Handgelenk schütteln.«

»Ich?« sagte Wilt empört. »Ich habe doch nicht von mir geredet!«

»Ach, nein?«

»Nein, das habe ich nicht.«

»Sie onanieren also nicht?«

»Jetzt hören Sie mal zu, Inspektor. Sie mischen sich in Bereiche meines Privatlebens ein, die Sie nichts angehen. Wenn Sie was über Onanie wissen wollen, lesen Sie's im Kinsey-Report nach, aber fragen Sie mich nicht.«

Inspektor Flint beherrschte sich mit Mühe. Er versuchte es auf einem anderen Weg.

»Also, als Mrs. Pringsheim auf dem Bett lag und Sie aufforderte mit ihr zu schlafen ...«

»›Ficken‹ sagte sie«, berichtigte Wilt ihn.

»... sagten Sie nein?«

»Genau«, sagte Wilt.

»Ist das nicht ein bißchen sonderbar?«

»Was, daß sie da lag oder daß ich nein sagte?«

»Daß Sie nein sagten.«

Wilt sah ihn ungläubig an.

»Sonderbar?« sagte er. »Sonderbar? Also, hier kommt 'ne Frau rein, schmeißt sich flach hin, zieht ihren Rock hoch und sagt: ›Fick mich, Liebling, fick mich bis zum Anschlag‹, hüpfen Sie dann auf sie drauf und jodeln Holldrioh, leg los, mein Baby? Ist es das, was Sie für nicht sonderbar halten?«

»Verdammt noch eins, Wilt«, fauchte der Inspektor, »Sie überstrapazieren verflucht nochmal meine Geduld.«

»Sie hätten mich ja zum besten halten können«, sagte Wilt. »Mir ist bloß wirklich klar, daß Ihre Vorstellung davon, was ein sonderbares und was kein sonderbares Benehmen ist, mit mir absolut nichts zu tun hat.«

Inspektor Flint stand auf und ging aus dem Zimmer. »Ich bringe den Lump um, so wahr mir Gott helfe, ich bringe ihn um«, schrie er den diensthabenden Polizisten an. Im Vernehmungszimmer hinter ihm legte Wilt den Kopf auf den Tisch und schlief ein.

In der Schule machte sich Wilts Fehlen in mehr als einer Weise bemerkbar. Mr. Morris hatte um neun Gasinstallateure I übernehmen müssen und war eine Stunde später mit dem Gefühl rausgekommen, er habe neue Erkenntnisse über Wilts plötzlichen Abstecher in den Meuchelmord gewonnen. Der Stellvertretende Direktor mußte gegen wahre Reporterfluten kämpfen, die erpicht waren, mehr über den Mann zu erfahren, der der Polizei bei ihren Ermittlungen in einem besonders gruseligen und berichtenswerten Fall half. Und der Direktor bereute langsam seine Kritik an der Abteilung Allgemeinbildung vor dem Erziehungsausschuß. Mrs. Chatterway hatte ihn angerufen und gesagt, sie habe seine Bemerkungen höchst geschmacklos gefunden und angedeutet, daß sie durchaus eine Untersuchung der Funktionen der Abteilung Allgemeinbildung beantragen könne. Aber in der Versammlung des Schulausschusses herrschte bei weitem die allergrößte Aufregung.

»Die Besichtigung durch den Rat Nationaler Wissenschaftlicher Entscheidungen findet am Freitag statt«, teilte Dr. Mayfield, der Leiter der Soziologie, dem Ausschuß mit. »Unter den augenblicklichen Umständen werden sie dem neuen Unterrichtszweig ja wahrscheinlich kaum ihre Zustimmung geben wollen.«

»Wenn sie ein bißchen Verstand hätten, gäben sie ihm unter keinen Umständen ihre Zustimmung«, sagte Dr. Board. »Städtebau und Dichtung des Mittelalters, also wirklich! Ich weiß, die etwas entlegenen Kombinationen sind heutzutage modern, aber Haussmann und Roswitha von Gandersheim passen auch nicht im entferntesten zusammen in ein Bett. Außerdem fehlt es dem Zweig an wissenschaftlichem Gehalt. « Dr. Mayfield fuhr wütend auf. Wissenschaftlicher Gehalt war seine starke Seite. »Ich verstehe nicht, wie Sie so etwas sagen können«, sagte er. »Der Unterrichtszweig ist so gegliedert, daß er den Bedürfnissen der Schüler nach einem thematischen Zugang entgegenkommt.«

»Diese armen, umnachteten Kreaturen, die wir mit Müh und Not von den Universitäten fernhalten, damit sie diesen wundervollen Kursus besuchen können, würden einen thematischen Zugang nicht mal erkennen, wenn sie ihn sähen«, sagte Dr. Board. »Wenn ich's mir genau überlege, ich auch nicht.«

»Wir haben alle unsere Grenzen«, sagte Dr. Mayfield verbindlich.

»Genau«, sagte Dr. Board, »und unter den obwaltenden Umständen sollten wir diese Grenzen sehen, anstatt uns neue Unterrichtszweige aus den Fingern zu saugen, aus denen Schüler nicht klug werden, die, wenn wir hier schon mal nach ihrem Volksschulabschluß fragen, überhaupt keinen haben. Weiß der Himmel, daß ich sehr für vielfältige Unterrichtsmöglichkeiten bin, aber . . .«

»Die Sache ist«, warf Dr. Cox, der Leiter der Naturwissenschaften ein, »daß nicht der neue Unterrichtszweig als solcher der Anlaß des Besuchs ist. Wie ich verstanden habe, ist dem neuen Zweig prinzipiell zugestimmt worden. Sie kommen her, um die Einrichtungen zu besichtigen, die die Schule zu bieten hat, und sie werden von der Anwesenheit der vielen Beamten von der Mordkommission wahrscheinlich kaum begeistert sein. Dieser blaue Lieferwagen ist äußerst irritierend.«

»Jedenfalls wird mit der seligen Mrs. Wilt als Bestandteil der Fundamente . . .«, fing Dr. Board an.

»Ich versuche ja alles, die Polizei dazu zu kriegen, daß sie sie entfernen von . . .«

»Dem Lehrplan?« fragte Dr. Board.

»Vom Grundstück«, sagte Dr. Mayfield. »Zu allem Unglück scheinen sie auf ein Hindernis gestoßen zu sein.«

»Ein Hindernis?«

»Sie sind bei drei Metern auf Felsen gestoßen.« Dr. Board lächelte. »Man fragt sich doch, warum erst überhaupt zehn Meter tiefe Pfeiler nötig waren, wenn bei drei Metern Fels ist«, murmelte er.

»Ich kann Ihnen nur sagen, was mir die Polizei gesagt hat«, entgegenete Dr. Mayfield. »Sie haben aber versprochen, alles zu tun, daß sie bis Freitag von der Baustelle verschwunden sind. Ich würde jetzt gern nur noch mal den Zeitplan mit Ihnen durchgehen. Der Besuch beginnt um elf mit einer Besichtigung der Bibliothek. Wir teilen uns dann in Gruppen auf und diskutieren über die Abteilungsbibliotheken und die Lehrmöglichkeiten unter besonderer Berücksichtigung unserer Erfahrung im Erteilen von Einzelunterricht . . .«

»Ich hätte nicht gedacht, daß das ein Punkt wäre, der extra betont werden muß«, sagte Dr. Board. »Bei den paar Schülern, die wahrscheinlich zu uns kommen werden, ist es doch fast sicher, daß wir die meisten Lehrer pro Schüler im ganzen Lande haben.«

»Wenn wir uns diese Meinung zu eigen machen, wird der Rat den Eindruck gewinnen, daß wir den neuen Unterrichtszweig gar nicht haben wollen. Wir müssen für eine geeinte Front sorgen«, sagte Dr. Mayfield, »wir können es uns in diesem Stadium nicht leisten, uneins zu sein. Dieser Unterrichtszweig könnte bedeuten, daß wir Berufsfachschule werden.«

Miteinander uneins waren auch die Männer, die auf der Baustelle bohrten. Der Polier war immer noch, mit Beruhigungstabletten vollgestopft, zu Hause, weil er an einer nervösen Erschöpfung litt, die ihm seine Rolle bei der Einbetonierung einer ermordeten Frau eingetragen hatte, und es war an Barney hängengeblieben, den Betrieb zu überwachen. »Da war diese Hand, nich . . .«, sagte er zu dem Wachtmeister, der mit der Leitung beauftragt war.

»Auf welcher Seite?«

»Auf der rechten«, sagte Barney.

»Dann gehn wir auf der linken runter. Da trennen wir die Hand nicht ab, wenn sie rechts rausragt.«

Sie bohrten auf der linken und trennten das elektrische Hauptkabel zur Kantine durch.

»Vergeßt diese Scheiß Hand«, sagte der Sergeant, »wir bohren auf der rechten und verlassen uns auf unser Glück. Solange wir die Tante nicht in der Mitte durchschneiden.«

Sie bohrten auf der rechten Seite und stießen nach drei Metern auf den Felsen.

»Das hält uns ja 'ne Ewigkeit auf«, sagte Barney, »wer hätte auch gedacht, daß da unten Felsen wäre.«

»Wer hätte gedacht, daß irgendso ein Idiot seine Frau ins Fundament der Schule betonieren ließe, an der er unterrichtete«, sagte der Sergeant.

»Grausig«, sagte Barney.

Inzwischen hatte sich das Kollegium wie üblich in verschiedene Gruppen gespalten. Peter Braintrees Fraktion war der Ansicht, daß Wilt unschuldig sei, und hatte von der Neuen Linken mit der Begründung Unterstützung bekommen, daß jeder, der sich mit den Bullen anlege, im Recht sein müsse. Oberlehrer Millfield reagierte entsprechend und führte die Rechte gegen Wilt aufgrund der automatischen Schlußfolgerung an, daß jeder, der sich die Unterstützung der Linken gefallen lasse, nicht recht haben könne und daß die Polizei sowieso wisse, was sie tue. Die Frage wurde auf einer Gewerkschaftsversammlung angeschnitten, auf der die jährliche Gehaltsforderung zur Debatte stand. Oberlehrer Millfield stellte einen Antrag, in dem er die Gewerkschaft aufforderte, die Kampagne zur Wiedereinführung der Todesstrafe zu unterstützen. Bill Trent konterte mit einem Antrag, der die Solidarität mit dem Genossen Wilt zum Ausdruck brachte. Peter Braintree schlug vor, einen Fond zu gründen, der Wilt bei seinen Prozeßkosten helfen solle. Dr. Lomax, der Leiter der Wirtschaftskunde, machte Einwände und wies darauf hin, daß Wilt durch die Zerstückelung seiner Frau den Lehrerstand in schlechten Ruf gebracht habe. Braintree sagte, Wilt habe niemanden zerstückelt, nicht einmal die Polizei habe diesen Verdacht geäußert, und schließlich gebe es ja so was wie ein Gesetz gegen üble Nachrede. Dr. Lomax zog seine Bemerkung zurück. Oberlehrer Millfield beharrte darauf, daß es gute Gründe zur Annahme gebe, Wilt habe seine Frau umgebracht, und überhaupt gebe es die Habeas-Corpus-Akte in Rußland nicht. Bill Trent sagte, die Todesstrafe auch nicht. Oberlehrer Millfield sagte: »Quatsch.« Schließlich wurde nach langem Streit Oberlehrer Millfields Antrag auf Erhängen durch Stimmenthaltung der Abteilung Nahrungsmittelkunde angenommen, während Braintrees Vorschlag und der Antrag der Neuen Linken zu Fall gebracht wurden. Dann ging die Versammlung weiter mit der Erörterung einer Gehaltserhöhung von fünfundvierzig Prozent, um die Lehrer an Berufsschulen mit vergleichbar hochqualifizierten Berufen auf dasselbe Niveau zu bringen. Nach der Versammlung ging Peter Braintree zum Polizeirevier, um zu sehen, ob Henry vielleicht was brauche. »Ob ich ihn wohl sprechen kann?« fragte er den Wachtmeister am Schreibtisch.

»Ich fürchte, nein, Sir«, sagte der Wachtmeister. »Mr. Wilt hilft uns noch bei unseren Ermittlungen.«

»Aber gibt's gar nichts, was ich ihm bringen kann? Braucht er nichts?«

»Für Mr. Wilt ist gut gesorgt«, sagte der Wachtmeister mit dem stillen Vorbehalt, daß das, was Wilt brauche, eine tüchtige Abreibung sei.

»Aber sollte er nicht mit einem Anwalt sprechen?«

»Wenn Mr. Wilt einen Anwalt verlangt, wird er auch einen bekommen«, sagte der Wachtmeister, »ich kann Ihnen versichern, daß er bis jetzt keinen verlangt hat.«

Und das hatte Wilt auch nicht. Nachdem ihm schließlich drei Stunden Schlaf erlaubt worden waren, kam er um zwölf aus seiner Zelle und machte sich in der Polizeikantine an ein herzhaftes Frühstück. Danach ging er wieder hager und unrasiert ins Vernehmungszimmer zurück. Das Gefühl, mit ihm ereigne sich Unwahrscheinliches, hatte bedeutend zugenommen.

»Also dann, Henry«, sagte Inspektor Flint, womit er den Amtston in der Anrede um eine Oktave runterstimmte, in der Hoffnung, daß Wilt drauf einginge, »was ist mit dem Blut?«

»Welchem Blut?« sagte Wilt und sah sich in dem keimfreien Zimmer um.

»Das Blut an den Wänden im Bad in Pringsheims Haus. Das Blut auf dem Treppenabsatz. Haben Sie eine Idee, wie's dahin gekommen ist? Überhaupt irgend 'ne Idee?«

»Absolut nicht«, sagte Wilt, »ich kann daraus bloß schließen, daß irgend jemand geblutet hat.«

»Richtig«, sagte der Inspektor, »und wer?«

»Tja, fragen Sie mich«, sagte Wilt.

»Na schön, aber Sie wissen, was wir gefunden haben?«

Wilt schüttelte den Kopf.

»Keine Idee?«

»Absolut nicht«, sagte Wilt.

»Blutflecken auf einer grauen Hose in Ihrem Kleiderschrank«, sagte der Inspektor. »Blutflecken, Henry, Blutflekken.«

»Kaum verwunderlich«, sagte Wilt, »ich meine, wenn Sie genau genug nachguckten, fänden Sie in jedem Kleiderschrank totsicher irgendwas mit Blutflecken. Es ist leider nur so, daß ich auf der Party keine graue Hose getragen habe. Ich hatte Blue Jeans an.«

»Sie hatten Blue Jeans an? Sind Sie da ganz sicher?«

»Ja.«

»Also haben die Blutflecken an der Badezimmerwand und die auf Ihrer grauen Hose nichts miteinander zu tun?«

»Inspektor«, sagte Wilt, »ich will mich um Gotteswillen nicht als Lehrer in Ihrem Beruf aufspielen, aber Sie haben eine technische Abteilung, die darauf spezialisiert ist, Blutflecken miteinander zu vergleichen. Darf ich Ihnen vielleicht vorschlagen, daß Sie von deren Kenntnissen Gebrauch machen, um rauszufinden . . .«

»Wilt«, sagte der Inspektor, »Wilt, wenn ich Ihren Ratschlag brauche, wie ich eine Morduntersuchung zu führen habe, dann werde ich Sie nicht nur darum bitten, sondern auch sofort den Dienst an den Nagel hängen.«

»Also?« sagte Wilt.

»Also was?«

»Stimmen sie überein? Stimmen die Blutflecken überein?«

Der Inspektor musterte ihn grimmig. »Und wenn ich Ihnen sagte, ja?« fragte er.

Wilt zuckte die Achseln. »Ich bin ganz und gar nicht in der

Position, darüber diskutieren zu können«, sagte er. »Wenn Sie sagen, sie stimmen überein, dann muß ich annehmen, daß sie 's tun.«

»Sie tun's nicht«, sagte Inspektor Flint. »Aber das beweist gar nichts«, fuhr er fort, bevor Wilt seine Genugtuung richtig genießen konnte. »Überhaupt nichts. Wir vermissen schließlich drei Leute. Einmal Mrs. Wilt am Grunde dieses Schachtes da . . . nein, sagen Sie's nicht, Wilt, sagen Sie's nicht. Dann diese Mrs. Dings Bumsheim, und schließlich den Herrn Doktor dazu.«

»Das gefällt mir«, sagte Wilt anerkennend, »das gefällt mir wirklich.«

»Was denn?«

»Mrs. Dings Bumsheim. Das paßt.«

»Eines schönen Tages, Wilt«, sagte der Inspektor sanft, »gehen Sie zu weit.«

»Langmutmäßig? Um einen von Mrs. Bumsheims grauenhaften Ausdrücken zu benutzen«, sagte Wilt.

Der Inspektor nickte und zündete sich eine Zigarette an.

»Wissen Sie was, Inspektor«, sagte Wilt, der sich langsam obenauf fühlte, »Sie rauchen zu viel. Die Dinger da sind nicht gut für Sie. Sie sollten versuchen . . .«

»Wilt«, sagte der Inspektor, »in fünfundzwanzig Dienstjahren habe ich beim Verhör eines Verdächtigen nicht ein einziges Mal physische Gewalt angewandt, aber es kommt einmal der Tag, der Tag, der Ort und der Verdächtigte, da werde ich beim allerbesten Willen . . .« Er stand auf und ging hinaus. Wilt setzte sich in seinem Stuhl zurück und sah zu der flimmernden Beleuchtung hoch. Er hätte gewollt, sie hörte auf zu brummen. Das ging ihm auf die Nerven.

12

Im Aalfleet – Gaskells Kartenlesekünste hatten ihn total geäfft, und sie waren weder im Froschwasser noch in der Moorbreite – ging die Situation allen auf die Nerven. Gaskells Versuche, den Motor wieder in Gang zu bringen, hatten genau das Gegenteil bewirkt. Das Cockpit schwamm vor Dieselöl, und an Deck war's schwierig, einen Schritt zu gehen, ohne auszurutschen.

»Mein Gott, G, jeder, der dich sieht, würde meinen, du wärst gerade vom Ölberg herabgestiegen«, sagte Sally, »man müßte dich so in Öl malen.«

»Das war diese Scheiß Benzinleitung«, sagte Gaskell, »ich habe sie nicht wieder drangekriegt.«

»Wieso versuchst du dann, den Motor ohne sie zu starten?«

»Um zu sehen, ob er geht.«

»Na, jetzt weißt du's. Was willst du denn nun machen? Hier herumsitzen, bis unser Futter alle ist? Du mußt dir schon was einfallen lassen.«

»Warum ich? Warum hast du nicht irgend 'ne zündende Idee?«

»Wenn du ein richtiger Mann wärst . . .«

»Ach Scheiße«, sagte Gaskell. »Die Stimme der emanzipierten Frau. Kommt's bunt, da muß man urplötzlich ein Mann sein. Wie wär's denn mit dir, du Mann-Weib? Du willst, daß wir hier wegkommen, dann mach's doch. Verlang jetzt nicht, daß ich ein Mann bin, der große, starke Mann, wenn's brenzlig wird, ich weiß nicht mehr, wie das geht.«

»Es muß doch irgend 'ne Möglichkeit geben, Hilfe zu holen«, sagte Sally.

»Na klar. Du gehst einfach mal rauf und siehst dir die Szene von oben an. Alles was du sehen wirst, ist eine Schilfkolbenorgie.«

Sally kletterte aufs Kajütendach und suchte den Horizont ab. Er war zehn Meter entfernt und bestand aus einer weiten Schilffläche.

»Da drüben ist was, das sieht wie ein Kirchturm aus«, sagte sie. Gaskell kletterte zu ihr hoch.

»Das ist ein Kirchturm. Na und?«

»Wenn wir Lichtzeichen oder so machen würden, da könnte uns vielleicht jemand sehen.«

»Genial. Natürlich warten an so dicht bevölkerten Orten wie Kirchturmspitzen die Leute bloß drauf, daß wir Lichtzeichen geben.«

»Könnten wir nicht irgendwas verbrennen?« sagte Sally. »Jemand würde den Rauch bestimmt sehen und ...«

»Spinnst du? Wenn du hier was ansteckst mit dem ganzen Benzin, das hier rumschwimmt, da kriegen die was zu sehen, darauf kannst du dich verlassen. Ein Feuerwerk aus Boot mit Leichen.«

»Wir könnten eine Dose mit Öl füllen, über Bord werfen, erst 'n bißchen wegschwimmen lassen, und dann anzünden.«

»Und das Schilf gleich mit. Zum Teufel, was willst du eigentlich? Einen Scheiß Weltuntergang?«

»G-Baby, du steigst einfach nie richtig ein.«

»Ich gebrauche meine grauen Zellen, das ist alles«, sagte Gaskell. »Du kommst dauernd mit solchen tollen Ideen wie der da an, die uns bloß noch tiefer in die Kacke reiten, als wir eh schon stecken.«

»Ich wüßte nicht, wieso«, sagte Sally.

»Ich kann dir sagen, wieso«, sagte Gaskell, »weil du nichts besseres zu tun hattest, als diesen verfluchten ›Hesperus‹ zu klauen. Darum.«

»Ich habe ihn nicht geklaut. Ich ...«

»Erzähl den Bullen das. Erzähl's ihnen doch. Fang mal schon an, das Schilf anzuzünden, dann kommen sie uns bestimmt auf den Hals und stellen uns lauter nette Fragen. Zum Beispiel, wem das Boot gehört und wie's kommt, daß wir mit der Jacht anderer Leute herumjökeln . . . und darum müssen wir so unauffällig wie möglich hier weg.«

Es begann zu regnen.

»Das fehlte uns bloß noch. Regen«, sagte Gaskell. Sally ging runter in die Kajüte, wo Eva nach dem Essen aufräumte.

»Lieber Gott, G ist einfach hoffnungslos. Erst setzt er uns auf 'ner Sandbank mitten im Nichts ab, dann macht er den Motor kaputt, und das gründlich, und jetzt weiß er nicht mehr weiter.«

»Und warum holt er keine Hilfe?« fragte Eva.

»Wie denn? Meinst du, er würde schwimmen. G könnte nicht mal drei Meter schwimmen, und wenn's um sein Leben ginge.«

»Er könnte die Luftmatratze nehmen und ins Freie rauspaddeln«, sagte Eva. »Er müßte gar nicht schwimmen.«

»Luftmatratze? Hast du Luftmatratze gesagt? Was für 'ne Luftmatratze?«

»Die in der Kiste mit den Schwimmwesten. Man braucht sie bloß aufzupusten und . . .«

»Schätzchen, du verdienst ja den Pöpöchen-Orden erster Klasse«, sagte Sally und rannte hinaus. »G, Eva hat rausgefunden, wie du Hilfe holen kannst. In der Kiste mit den Schwimmwesten ist 'ne Luftmatratze.« Sie wühlte in dem Kasten und zog die Luftmatratze hervor.

»Wenn du meinst, ich schwimme mit dem Mistding irgendwohin, bist du schon wieder falsch gewickelt«, sagte Gaskell.

»Was paßt dir denn daran nicht?«

»Bei dem Wetter? Hast du mal versucht, mit so'm Ding geradeaus zu paddeln? Das ist schon schwer genug bei Sonnenschein und keinem Wind. Aber jetzt würde ich bloß im Schilf landen, und außerdem könnte ich vor Regen auf der Brille sowieso nichts sehen.«

»Okay, warten wir also ab, bis der Sturm sich gelegt hat. Zumindest wissen wir jetzt, wie wir hier wegkommen.«

Sie ging wieder in die Kajüte und machte die Tür zu. Draußen kauerte Gaskell neben dem Motor und spielte mit dem Schraubenschlüssel rum. Wenn er doch das Ding bloß wieder in Gang brächte.

»Diese Männer«, sagte Sally verächtlich, »behaupten immer, das stärkere Geschlecht zu sein, aber wenn die Kacke am Dampfen ist, müssen wir Frauen sie raushauen.«

»Henry ist auch so unpraktisch«, sagte Eva. »Alles, was er kann, ist, 'ne Sicherung flicken. Hoffentlich macht er sich keine Sorgen um mich.«

»Ach, der ist bestimmt auf Brautschau«, sagte Sally.

»Henry nicht. Der wüßte gar nicht, wie.«

»Vielleicht treibt er es gerade mit Judy.«

Eva schüttelte den Kopf. »Er war einfach betrunken, das ist alles. Er hat so etwas noch nie gemacht.«

»Woher weißt du das denn?«

»Hör mal, er ist mein Mann.«

»Zum Teufel, was heißt hier ›mein Mann‹? Er benutzt dich doch bloß, damit du für ihn abwäschst, kochst und saubermachst. Und was gibt er dir dafür? Sag mir das mal.«

Eva mühte sich unbeholfen mit ihren Gedanken herum. Henry gab ihr eigentlich nicht so richtig was. Nichts, was sie in Worten ausdrücken konnte. »Er braucht mich«, sagte sie schließlich.

»Ach, er braucht dich! Wer braucht, gebraucht zu werden? Das Schöngerede der weiblichen Leibeigenschaft ist das. Du rettest anderen das Leben und mußt auch noch dankbar sein, daß du's durftest? Vergiß Henry. Er ist ein Schlappschwanz.«

Eva wurde wütend. Henry war vielleicht kein besonderes As, aber daß man ihn verlästerte, ging ihr gegen den Strich.

»Gaskell ist auch keiner, mit dem du groß prahlen kannst«, sagte sie und ging in die Küche.

Sally legte sich auf dem Bett zurück und faltete die Klappseite in der Mitte vom ›Playboy‹ auseinander. »Gaskell hat halt Knete«, sagte sie.

»Knete?«

»Moneten, Schätzchen. Zaster. Das Zeugs, ›that makes the world go round‹, cabaretmäßig. Du denkst, ich hab ihn wegen seiner Schönheit geheiratet? O nein. Ich rieche es, wenn 'ne Million im Anzug ist. Der Anzug darf mir nahetreten.«

»Ich könnte einen Mann nie wegen seines Geldes heiraten«, sagte Eva geziert. »Ich müßte in ihn verliebt sein. Wirklich.«

»Du hast zu viele Filme gesehen. Glaubst du wirklich, Gaskell war in mich verliebt?«

»Das weiß ich nicht, er wird's wohl gewesen sein.«

Sally lachte. »Eva, Baby, bist du naiv. Also, paß mal auf, mit G ist das so. G fährt total auf Plastik ab. Er würde es mit einem affigen Schimpansen treiben, wenn man ihm Plastik anzöge.«

»Nein ehrlich, das tät er nicht«, sagte Eva. »Das glaube ich nicht.«

»Meinst du, ich laß dich die Pille aus lauter Jux und Dollerei schlucken? Du schwirrst hier in diesem Bikini rum, und Gaskell läuft die ganze Zeit die Spucke nach dir im Munde zusammen. Wenn ich nicht hier wäre, hätte er dich längst vergewaltigt.«

»Da würde er sich aber die Zähne ausbeißen«, sagte Eva, »ich hatte mal Judounterricht.«

»Ja also, er würde es auf jeden Fall versuchen. Alles in Plastik macht ihn total wahnsinnig. Was meinst du, warum er diese Puppe hatte?«

»Das war mir wirklich nicht klar.«

»Okay. Nun hast du wieder was gelernt.«

»Ich verstehe bloß immer noch nicht, was das damit zu tun hat, daß du Gaskell geheiratet hast«, sagte Eva.«

»Paß auf, ich erzähl dir ein kleines Geheimnis. Gaskell wurde zu mir überwiesen . . .«

»Überwiesen?«

»Von Dr. Freeborn. Gaskell hatte ein Problemchen und er

konsultierte Dr. Freeborn, und Dr. Freeborn schickte ihn zu mir.«

Eva guckte sie ratlos an. »Und was solltest du mit ihm machen?«

»Ich war sozusagen seine Ziehmutter«, sagte Sally.

»Ziehmutter?«

»Die Beraterin in allen sexuellen Lagen«, sagte Sally. »Dr. Freeborn schickte mir regelmäßig Patienten, und ich half ihnen.«

»Das wär aber kein Job für mich«, sagte Eva, »ich brächte das nicht über mich, mit Männern über Sex zu reden. Warst du nicht verlegen?«

»Man gewöhnt sich dran, und es gibt Schlimmeres, um über die Runden zu kommen. G kam also mit seinem Problemchen zu mir, ich habe ihn wieder aufgerichtet, und zwar buchstäblich, und wir haben geheiratet. Ein Geschäft auf Gegenseitigkeit. Bar auf den nackten Hintern.«

»Du meinst, du . . .«

»Ich meine, ich habe Gaskell, und Gaskell hat sein Plastik. Eine elastische Beziehung also. Eine Doppelstretch-Ehe.«

Eva verdaute diese Nachricht nur mit Mühe. Irgendwie kam ihr das nicht richtig vor. »Hatten denn seine Eltern nichts dazu zu sagen?« fragte sie. »Ich meine, hat er ihnen gesagt, daß du ihm hilfst und so?«

»Sagen? Was sollten sie schon sagen? G erzählte ihnen, er hätte mich im Sommerkurs kennengelernt, und Old Pringsy kullerten fast die kleinen Gieräuglein aus dem kleinen Fettkopf. Baby, ich sag dir, dieses fette, kleine Männchen hatte vielleicht einen Peniskomplex. Verkaufen. Der brachte alles an den Mann, und wenn's das Rockefeller Center an Rockefeller gewesen wäre. Also akzeptierte er mich. Old Ma Pringsheim nicht. Sie hustete und pustete und blies die dicken Backen auf, aber das kleine Schweinchen blieb standhaft wie die Bank von England. G und ich gingen nach Kalifornien zurück, G promovierte in Plastik, und bioabbaumäßig waren wir ja schon seit jeher.«

»Ich bin froh, daß Henry nicht so ist«, sagte Eva. »Ich könnte nicht mit einem unnormalen Mann leben.«

»Aber G ist doch nicht anomal, Schätzchen. Wie ich dir schon sagte, er ist ein Plastikfetischist.«

»Wenn das nicht an ... äh ... animal ist, dann weiß ich nicht, was sonst«, sagte Eva.

Sally zündete sich ein Zigarillo an.

»Alle Männer werden von irgendwas angemacht«, sagte sie. »Sie sind manipulierbar. Du brauchst nur rauszufinden, welcher Sparren locker ist. Ich muß es schließlich wissen.«

»Henry ist nicht so. Sonst wüßte ich's.«

»Und in der Zwischenzeit treibt er's mit der Puppe. Da siehst du, wieviel du von Henry weißt. Willst du mir immer noch erzählen, er ist der große Liebhaber?«

»Wir sind zwölf Jahre verheiratet. Das ist doch nur natürlich, wenn wir's nicht mehr so oft wie früher machen. Wir haben so viel zu tun.«

»Ach du fleißiges Lieschen. Und während du deine Hausarbeit machst, was treibt dein Henry da?«

»Er unterrichtet an der Berufsschule. Da ist er den ganzen Tag und dann kommt er müde heim.«

»Er unterrichtet. Unterrichtet er dich auch über alles? Oder willst du mir als nächstes weismachen, daß er keine Nebenluft hat?«

»Ich weiß nicht, was du meinst.«

»Andere Götter neben dir. Seine Sekretärin, die ihre Knie auf seinem Schreibtisch breitmacht.«

»Er hat keine Sekretärin.«

»Dann halt eben Schülerinnen, die waren auch schon kühler innen. Er geigt ihnen die Noten hoch. Ich weiß Bescheid. Ich hab's gesehen. Ich war zu lange an Colleges, als daß man mich für dumm verkaufen kann.«

»Ich bin sicher, Henry würde nie ...«

»Das sagen sie alle, und dann, haste nich gesehen, die Scheidung, weil er nochmal Lust auf Frischgemüse hat, und alles, was du dann noch erwarten darfst, sind die Wechseljahre, daß du deinem Nachbarn durch die Jalousien beim Ausziehen zuguckst und der Mann von der Reinigung kommt.«

»Du malst alles in so gräßlichen Farben«, sagte Eva, »wirklich, das tust du.«

»So ist es aber, Tittitutti. Es ist so. Tu halt was dagegen, ehe es zu spät ist. Mach dich von Henry frei. Getrennte Freude ist doppelte Freude. Sonst bleibst du ewig unter der männlichen Fuchtel.«

Eva saß in der Koje und dachte über die Zukunft nach. Sie schien nicht gerade viel Gutes für sie bereitzuhalten, sie würden nun nie mehr Kinder haben, und Geld würden sie auch nie viel besitzen. Sie würden weiterhin in der Parkview Avenue wohnen und die Hypotheken abzahlen, und vielleicht fände Henry eine andere, und was machte sie dann? Und selbst, wenn er's nicht täte, ginge das Leben an ihr vorbei.

»Wenn ich doch bloß wüßte, was ich tun soll«, sagte sie schließlich.

Sally setzte sich auf und legte den Arm um sie.

»Warum kommst du nicht im November mit uns nach Amerika«, sagte sie. »Wir hätten so viel Spaß.«

»Das könnte ich nicht«, sagte Eva. »Das wäre Henry gegenüber nicht fair.«

Solche Skrupel plagten Inspektor Flint keineswegs. Wilts Sturheit angesichts eines so intensiven Verhörs zeigte lediglich, daß er härter war, als er aussah.

»Wir hatten ihn jetzt sechsunddreißig Stunden in der Mangel«, berichtete er im Sitzungszimmer des Polizeireviers der versammelten Mordkommission, »und wir haben nichts aus ihm herausbekommen. Das wird also eine lange, mühsame Angelegenheit, und offen gestanden habe ich meine Zweifel, daß wir ihn knacken werden.«

»Ich habe Ihnen ja gesagt, er wär 'ne harte Nuß«, sagte Sergeant Yates.

»Harte Nuß, das ist das richtige Wort«, sagte Flint. »Ich möchte sagen, eine Nuß aus Beton.«

Es gab ein bißchen sparsames Gelächter, das rasch wieder verebbte. Inspektor Flint war nicht zum Spaßen aufgelegt.

»Der Beweis, der unwiderlegbare Beweis ist das einzige, was ihn knacken kann. Der Beweis ist das einzige, was ihn vor Gericht bringt.«

»Aber den haben wir doch«, sagte Yates. »Unten in dem . . .«

»Ich weiß genau, wo er liegt, besten Dank, Sergeant. Wovon ich spreche, ist der Beweis vielfachen Mordes. Mrs. Wilt ist abgehakt. Dr. Pringsheim und Frau sind's aber nicht. Meine Vermutung ist nun, daß er alle drei umgebracht hat und daß die anderen beiden Leichen . . .« Er hielt inne, klappte den Aktendeckel auf, der vor ihm lag, und durchsuchte ihn nach den Notizen über ›Die Gewalt als Faktor der Zerstörung des Familienlebens‹. Er las eine Weile darin und schüttelte den Kopf. »Nein«, murmelte er, »das ist doch nicht möglich.«

»Was ist nicht möglich, Sir?« fragte Sergeant Yates. »Es ist alles möglich bei diesem Wüstling.«

Aber Inspektor Flint ließ sich auf keine Antwort ein. Was ihm durch den Kopf ging, war zu entsetzlich.

»Wie ich gerade sagte«, fuhr er fort, »was wir nun brauchen, ist der unwiderlegbare Beweis. Was wir bisher haben, ist bloßer Zufallskram. Ich will mehr Beweismaterial über die Pringsheims. Ich will wissen, was auf der Party vorgefallen ist, wer da war und warum es vorgefallen ist, denn so wie wir mit Wilt weiterkommen, kriegen wir nie was aus ihm raus. Snell, Sie fahren zum Biochemischen Institut der Universität und bringen so viel Sie können über Dr. Pringsheim raus. Versuchen Sie zu erfahren, ob von seinen Kollegen welche auf der Party waren. Befragen Sie die. Stellen Sie eine Liste seiner Freunde, seiner Hobbies, seiner Freundinnen zusammen, falls er welche hatte. Finden Sie heraus, ob es irgendeine Verbindung zwischen ihm und Mrs. Wilt gibt, die auf ein Motiv schließen lassen könnte. Jackson, Sie fahren zum Rossiter Grove und sehen zu, was Sie über Mrs. Pringsheim ermitteln können . . .«

Als die Konferenz aufgehoben wurde, waren Kriminalbeamte in der ganzen Stadt unterwegs, um eine Akte Pringsheim zusammenzustellen. Sogar mit der Amerikanischen Botschaft hatte man Verbindung aufgenommen, um rauszukriegen, was über das Paar in den Staaten bekannt war. Die Morduntersuchung hatte im Ernst begonnen.

Inspektor Flint ging mit Sergeant Yates in sein Büro zurück und schloß die Tür. »Yates«, sagte er, »das hier ist vertraulich. Ich wollte es da drinnen nicht zur Sprache bringen, aber ich habe das unangenehme Gefühl, daß ich weiß, warum der Mistkerl so verflucht keß ist. Ist Ihnen jemals ein Mörder untergekommen, der kalt wie 'ne Hundeschnauze sechsunddreißig Stunden Verhör durchsteht, wenn er weiß, daß wir auf den Zentimeter genau sagen können, wo die Leiche seines Opfers ist?«

Sergeant Yates schüttelte den Kopf.» In meiner Dienstzeit habe ich schon ein ganz paar ziemlich unverfrorene Kunden erlebt, besonders, seit sie nicht mehr aufgeknüpft werden, aber der schlägt dem Faß die Krone ins Gesicht. Wenn Sie mich fragen, ist er ein bösartiger Psychopath.«

Flint winkte ab. »Psychopaten fallen ganz schnell um«, sagte er. »Sie gestehen Morde, die sie nicht begangen haben, oder sie gestehen Morde, die sie begangen haben, aber auf jeden Fall gestehen sie. Wilt aber nicht. Er sitzt da und gibt mir weise Ratschläge, wie ich die Ermittlungen zu führen hätte. Werfen Sie doch mal einen Blick auf das hier.« Er schlug die Akte auf und nahm Wilts Notizen raus. »Fällt Ihnen irgendwas besonderes daran auf?«

Sergeant Yates las die Notizen zweimal durch. »Jaa, er scheint nicht viel von unseren Methoden zu halten«, sagte er schließlich. »Und das Stück über den niedrigen Intelligenzgrad des Durchschnittspolizisten gefällt mir gar nicht.«

»Und Punkt 2D?« fragte der Inspektor. »›Zunehmender Gebrauch raffinierter Methoden bei Verbrechern, z.B. Ablenkungsmanöver.‹ Ablenkungsmanöver. Kommt Ihnen da nicht ein Gedanke?«

»Sie meinen, er versucht, unsere Aufmerksamkeit von dem wahren Verbrechen auf etwas anderes zu lenken?«

Inspektor Flint nickte. »Ich meine folgendes. Ich könnte wetten, wenn wir am Fuß dieses verfluchten Pfeilers ankommen, finden wir wirklich eine aufblasbare Puppe in Mrs. Wilts Kleidern und mit 'ner Vagina. Das meine ich.«

»Aber das ist doch komplett bescheuert.«

»Bescheuert? Das ist verflucht teuflisch«, sagte der Inspektor. »Er sitzt da drinnen wie der große Naivling und gibt zu allem seinen Senf, weil er genau weiß, daß er uns auf die falsche Fährte gehetzt hat.«

Sergeant Yates setzte sich verdattert. »Aber wieso? Warum überhaupt die Aufmerksamkeit auf den Mord lenken? Warum hat er nicht einfach abgewartet und sich ganz normal verhalten?«

»Wie, und Mrs. Wilt als vermißt gemeldet? Sie vergessen die Pringsheims. Eine Frau verschwindet spurlos, gut, und? Zwei Freunde von ihr verschwinden ebenfalls und hinterlassen ihr Haus als Saustall und voll mit Blutflecken. Das erfordert nun aber eine Erklärung. Also legt er eine falsche Spur . . .«

»Aber das hilft ihm trotzdem nicht«, wandte der Sergeant ein. »Wir graben eine Plastikpuppe aus. Das heißt aber nicht, daß wir deshalb die Untersuchung einstellen.«

»Mag sein, aber das verschafft ihm eine Woche Zeit, während die Leichen sich auflösen.«

»Glauben Sie, er hat wie Haigh eine Badewanne voll Säure benutzt?« fragte der Sergeant. »Das ist ja gräßlich.«

»Natürlich ist das gräßlich. Mord ist nun mal nicht angenehm. Auf jeden Fall haben sie Haigh nur deswegen gekriegt, weil dieses blöde Arschloch ihnen gesagt hat, wo sie nach dem Modder suchen müßten. Wenn er noch eine Woche die Klappe gehalten hätte, hätten die überhaupt nichts mehr gefunden. Der ganze Käse wäre weggespült gewesen. Abgesehen davon weiß ich nicht, was Wilt verwendet hat. Ich weiß bloß, er ist ein Studierter, ein gescheiter Bursche, und er denkt, er hätte den großen Coup gemacht. Erst nehmen wir ihn mit zum Verhör, stecken ihn vielleicht sogar in Untersuchungshaft, und wenn wir so weit sind, graben wir eine aufblasbare Puppe aus. Wir stehen ja da wie Kasper Nullhorn, wenn wir mit einer Plastikpuppe als Mordbeweis vor Gericht gehen. Die ganze Welt lacht sich ja schlapp über uns. Der Fall wird also vom Gericht abgewiesen. Und was passiert, wenn wir ihn zu einem Verhör über die wahren Morde ein zweites Mal drankriegen? Der Bürgerrechtsverein schlägt uns die Hauer in die Kehle wie ein Rudel verdammter Vampire.«

»Vermutlich erklärt das, warum er nicht schon längst nach einem Rechtsanwalt geschrien hat«, sagte Yates.

»Natürlich. Was will er jetzt mit einem Anwalt? Aber kauf ihn dir ein zweites Mal, und er hat Anwälte, die treten sich gegenseitig tot, um ihm zu helfen. Die kreischen laut auf über Brutalität und Schikanen der Polizei. Sein eigenes Wort wird man nicht verstehen können. Für seine verdammten Anwälte ist das natürlich ein gefundenes Fressen. Erst Plastikpuppen und dann keine einzige Leiche. Und er kommt mit'm gewaschenen Hals davon.«

»Wer sich so was ausdenken kann, muß ein Wahnsinniger sein«, sagte Der Sergeant.

»Oder ein verfluchtes Genie«, sagte Flint bitter. »Jungejunge, was für ein Fall.« Er drückte verärgert die Zigarette aus.

»Was soll ich jetzt machen? Ihn noch mal in die Zange nehmen?«

»Nein, das mache ich. Sie fahren in die Schule rauf und setzen seinem Chef dort so lange zu, bis er sagt, was er über Wilt wirklich denkt. Kratzen Sie jedes kleine bißchen Dreck über den Kerl zusammen. Es muß was in seiner Vergangenheit zu finden sein, was uns von Nutzen ist.«

Er ging den Korridor hinunter ins Vernehmungszimmer. Wilt saß am Tisch und machte sich auf der Rückseite eines Aussageformulars Notizen. Jetzt, wo er sich auf dem Polizeirevier so nach und nach zwar nicht wie zu Hause, aber zumindest seiner Umgebung gegenüber gelöster fühlte, hatten sich seine Gedanken auf das Problem von Evas Verschwinden konzentriert. Er mußte zugeben, daß ihn die Blutflecken in Pringsheims Badezimmer beunruhigt hatten. Um wenigstens die Zeit totzuschlagen, hatte er versucht, seine Gedanken zu Papier zu bringen, und daran saß er immer noch, als Inspektor Flint ins Zimmer kam und die Tür zuschmetterte.

»Na schön, Sie sind ein gescheiter Bursche, Wilt«, sagte er, setzte sich und griff sich das Blatt, »Sie können lesen und schreiben, haben hübsch Grips und Phantasie, da wollen wir doch mal gucken, was Sie hier so aufgeschrieben haben. Wer ist denn Ethel?«

»Evas Schwester«, sagte Wilt. »Sie ist mit einem Gemüsegärtner in Luton verheiratet. Eva fährt manchmal eine Woche zu ihnen.«

»Und ›Blut im Bad‹«?

»Weil ich mich halt frage, wie's dahin gekommen ist.«

»Und ›Anzeichen überstürzten Aufbruchs‹?«

»Ich habe einfach meine Gedanken über den Zustand des Pringsheim-Hauses aufgeschrieben«, sagte Wilt.

»Sie versuchen, behilflich zu sein?«

»Ich bin hier, um Ihnen bei Ihren Ermittlungen zu helfen. Das ist die offizielle Bezeichnung, nicht?«

»Das mag die offizielle Bezeichnung sein, Wilt, aber in Ihrem Fall entspricht sie nicht den Tatsachen.«

»Das wird wohl sehr oft so sein«, sagte Wilt. »Das ist eine von diesen Formeln, die für viele Vergehen gelten.«

»Und Verbrechen.«

»Und manchmal ruinieren sie auch den Ruf eines Menschen«, sagte Wilt. »Ich hoffe, Ihnen ist klar, was Sie meinem dadurch antun, daß Sie mich hier so festhalten. Es ist schon schlimm genug, daß ich den Rest meines Lebens als der abgestempelt sein werde, der eine Plastikpuppe mit Möse in die Kleider seiner Frau gesteckt und in einen Pfeilerschacht geworfen hat, ohne daß jeder gleich denkt, ich sei außerdem auch noch ein Mörder.«

»Wo Sie den Rest Ihres Lebens verbringen, fragt kein Mensch danach, was Sie mit der Plastikpuppe gemacht haben«, sagte der Inspektor.

Wilt nahm das Zugeständnis sofort auf.

»Na also, haben Sie sie endlich gefunden«, sagte er eifrig. »Das ist schön. Da kann ich ja gehen.«

»Sitzengeblieben und's Maul gehalten«, fuhr der Inspektor bissig los. »Sie gehen nirgendwo hin, und wenn, dann bloß in so'm großen schwarzen Wagen. Mit Ihnen bin ich noch nicht fertig. Ich fange wirklich gerade erst an.«

»Geht das schon wieder los«, sagte Wilt. »Ich wußte's ja, daß Sie wieder von vorn anfangen wollen. Ihr Burschen habt bloß Primitivgründe in eurem Schädel. Ursache und Wirkung, Ursache und Wirkung. Was war zuerst da, das Ei oder die Henne, das Protoplasma oder Gott der Herr? Ich nehme an, diesmal geht's darum, was Eva sagte, als wir uns zu der Party umzogen.«

»Diesmal«, sagte der Inspektor, »will ich, daß Sie mir ganz genau erzählen, warum Sie diese verfluchte Puppe in das Loch geschmissen haben.«

»Ja, das ist 'ne interessante Frage«, sagte Wilt und verstummte. Es schien ihm keine gute Idee, unter den augenblicklichen Umständen zu versuchen, Inspektor Flint verständlich zu machen, was er wirklich im Sinn hatte, als er die Puppe in den Schacht warf. Der Inspektor sah nicht so aus wie einer, der überhaupt leicht begriffe, daß ein Mann die Vorstellung haben könne, seine Frau umzubringen, ohne das wirklich in die Tat umzusetzen. Es war wohl besser, darauf zu warten, daß Eva wieder lebendig zum Vorschein käme, ehe er sich auf das unbekannte Terrain totaler Unwirklichkeit wagte. Wenn Eva da wäre, mochte Flint vielleicht Verständnis für ihn haben. Ohne sie aber ganz bestimmt nicht.

»Sagen wir mal einfach, ich wollte das Ding loswerden.«

»Sagen wir mal einfach überhaupt nicht sowas«, sagte Flint, »sagen wir mal einfach, Sie verfolgten einen Hintergedanken, als sie sie da reintaten.«

Wilt nickte. »Das geb ich zu«, sagte er.

Inspektor Flint nickte aufmunternd. »Das dachte ich mir. Und welcher war das?«

Wilt erwog seine Worte genau. Er war dabei, den Boden unter den Füßen zu verlieren.

»Sagen wir mal einfach, es sollte sowas wie ein Experiment sein.«

»Experiment? Was für ein Experiment?«

Wilt dachte einen Augenblick nach.

»Interessantes Wort, ›Experiment‹«, sagte er. »Es kommt vom lateinischen ›experimentum‹ und heißt . . .«

»Es ist scheißegal, wo es herkommt«, sagte der Inspektor, »ich will wissen, wo es hinführt.«

»Klingt auch ein bißchen nach Exhumierung, wenn man genauer darüber nachdenkt«, sagte Wilt, indem er seinen semantischen Zermürbungsfeldzug fortsetzte.

Inspektor Flint ging schnurstracks in die Falle. »Exhumierung? Wessen Exhumierung?«

»Irgend jemandes«, sagte Wilt vergnügt. »Experimentieren, was Neues ans Licht bringen, exhumieren, die Alte ans Licht bringen. Man könnte sagen, das wäre zu bedenken, wenn man eine Leiche exhumiert. Man kann es nicht bei allen Leichen wagen, sie nochmal in den Leichenwagen . . . obwohl ich nicht annehme, daß ihr Burschen Leichenwagen benutzt.«

»Himmelherrgott«, schrie der Inspektor. »Können Sie denn nie beim Thema bleiben? Sie haben gesagt, Sie haben ein Experiment gemacht, und ich will wissen, worum es ging.«

»Um eine Idee, eine bloße Idee«, sagte Wilt, »eine dieser Eintagsfliegen unter den Grillen des Geistes, die wie Schmetterlinge durch die Sommerlandschaft des Gemüts flattern, vom Windhauch der Assoziation bewegt, der wie ein plötzlicher Regen kommt . . . Ich hab das recht gern.«

»Ich nicht«, sagte der Inspektor und sah ihn scharf an.

»Ich will bloß wissen, worum es ging bei dem Experiment, mehr nicht.«

»Das habe ich Ihnen doch gesagt. Um eine Idee.«

»Was für eine Idee?«

»Halt eine Idee«, sagte Wilt. »Eine bloße ...«

»So wahr mir Gott helfe, Wilt«, schrie der Inspektor, »wenn Sie jetzt wieder von diesen Scheiß Schmetterlingen anfangen, gebe ich den unberührten Grundsatz eines ganzen Lebens auf und drehe Ihnen Ihr verfluchtes Genick um.«

»Ich wollte die Schmetterlinge diesmal gar nicht erwähnen«, sagte Wilt vorwurfsvoll, »ich wollte sagen, daß ich eine Idee zu einem Buch hatte ...«

»Ein Buch?« knurrte Inspektor Flint. »Was für ein Buch? Gedichte oder Kriminalgeschichten?«

»Eine Kriminalgeschichte«, sagte Wilt, dankbar für die Anregung.

»Ich verstehe«, sagte der Inspektor, »soso, Sie wollten einen Krimi schreiben. Dann lassen Sie mich doch mal die Handlung in großen Zügen raten. Ein Lehrer unterrichtet an einer Berufsschule und hat eine Frau, die er haßt, und beschließt, sie umzubringen ...«

»Machen Sie weiter«, sagte Wilt, »bisher gefällt's mir sehr gut.«

»Das habe ich mir gedacht«, sagte Flint erfreut. »Also, dieser Lehrer meint, er sei ein gescheites Kerlchen, das die Polizei reinlegen könnte. Er traut der Polizei nicht viel zu. Und so schmeißt er eine Plastikpuppe in ein Loch, das mit Beton gefüllt werden soll, in der Hoffnung, die Polizei verplempere ihre Zeit damit, sie wieder auszugraben, während er inzwischen seine Frau ganz woanders vergraben hat. Übrigens, wo haben Sie Mrs. Wilt vergraben, Henry? Bringen wir doch das ein für allemal hinter uns. Wo haben Sie sie hingebracht? Sagen Sie mir nur das. Sie werden sich wohler fühlen, wenn's raus ist.«

»Ich habe sie nirgendwo hingebracht. Ich habe Ihnen das nicht einmal, ich hab's Ihnen tausendmal gesagt. Wie oft soll ich's Ihnen denn noch sagen, daß ich nicht weiß, wo sie ist.«

»Eins muß ich Ihnen ehrlich sagen«, sagte der Inspektor, als er endlich Worte fand. »Ich hab schon einige eiskalte Burschen während meiner ganzen Dienstzeit kennengelernt, aber vor Ihnen muß ich den Hut abnehmen. Sie sind das geriebenste Miststück, das mir je zu meinem Unglück in die Quere kommen mußte.«

Wilt schüttelte den Kopf. »Wissen Sie«, sagte er, »Sie tun mir leid, Inspektor, ehrlich. Sie sehen die Wahrheit nicht, auch wenn Sie direkt vor Ihnen steht.«

Inspektor Flint stand auf und ging raus. »Sie da«, sagte er zu dem ersten besten Beamten, der ihm über den Weg lief. »Gehen Sie in den Vernehmungsraum und stellen Sie diesem Schweinehund Fragen, und hören Sie erst auf, wenn ich's Ihnen sage.«

»Was soll ich ihn denn fragen?«

»Alles. Einfach alles. Fragen Sie ihn vor allem, warum er eine aufblasbare Plastikpuppe in ein Bohrloch geschmissen hat. Das ist alles. Fragen Sie ihn das immer und immer wieder. Den Lump krieg ich schon noch klein.«

Er ging runter in sein Büro, ließ sich in seinen Sessel plumpsen und versuchte zu denken.

13

In der Schule saß Sergeant Yates in Mr. Morris' Büro. »Tut mir leid, daß ich Sie schon wieder stören muß«, sagte er, »aber wir brauchen noch ein paar zusätzliche Einzelheiten über diesen Wilt.«

Der Leiter der Abteilung Allgemeinbildung sah ermattet vom Stundenplan auf. Er hatte verzweifelt versucht, irgend jemanden zu finden, der Maurer IV übernehmen könnte. Price kam nicht in Frage, weil er KFZ II hatte, und Williams kam schon gar nicht in Frage. Der war bereits am Tag zuvor mit nervösen Magenbeschwerden nach Hause gegangen und hatte gedroht, diese Übung zu wiederholen, falls irgend jemand Maurer IV in seiner Gegenwart auch nur erwähnen sollte. So blieb nur Mr. Morris selber übrig, und er war nur allzu gern bereit, sich von Sergeant Yates solange, wie es ihm Spaß machte, stören zu lassen, wenn das hieß, daß er nicht zu diesen verfluchten Maurern mußte. »Zu jeder Schandtat bereit«, sagte er mit einer Leutseligkeit, die in komischem Widerspruch zu dem gehetzten Flackern in seinen Augen stand. »Welche Einzelheiten möchten Sie denn gerne haben?«

»Nur einen allgemeinen Eindruck von dem Mann, Sir«, sagte der Sergeant. »Hatte er irgendwas Ungewöhnliches an sich?«

»Ungewöhnliches?« Mr. Morris dachte einen Moment nach. Außer seiner Bereitschaft, jahrein, jahraus ohne ein Wort der Klage die allerwüstesten Klassen zu unterrichten, konnte er sich an nichts Ungewöhnliches an Wilt erinnern. »Möglicherweise könnte man seine nach so vielen Jahren langsam etwas manische Reaktion auf den ›Herrn der Fliegen‹ etwas ungewöhnlich nennen, aber ich habe mich nicht weiter drum gekümmert ...«

»Wenn Sie eben mal 'ne Sekunde warten könnten, Sir«, sagte der Sergeant und kramte mit seinem Notizbuch herum. »Sie sagten doch eben ›manische Reaktion‹ oder?«

»Ja, also, was ich damit sagen wollte ...«

»Auf Fliegen, Sir?«

»Auf den ›Herrn der Fliegen‹. Das ist ein Buch«, sagte Mr. Morris, nun nicht mehr sicher, ob es klug gewesen war, diesen Umstand zu erwähnen. Polizisten hatten nicht besonders viel Gefühl für diese Feinheiten literarischen Geschmacks, als was er wiederum Intelligenz definierte.

»Ich will nur hoffen, ich habe nichts Falsches gesagt.«

»Aber nicht im geringsten, Sir. Gerade diese kleinen Einzelheiten sind es ja, die uns helfen, uns ein Bild vom Innenleben des Verbrechers zu machen.«

Mr. Morris seufzte. »Ich hätte bestimmt nie angenommen, daß Mr. Wilt sich als sowas entpuppen würde, als er damals von der Universität zu uns kam.«

»Sicher nicht, Sir. Hat denn Mr. Wilt jemals was Geringschätziges über seine Frau gesagt?«

»Etwas Geringschätziges? Du liebe Güte, nein. Dazu hatte er wohlgemerkt auch gar keinen Grund. Eva sprach für sich selbst.« Er sah traurig zum Fenster hinaus auf die riesige Bohrmaschine.

»Also war Ihrer Meinung nach Mrs. Wilt keine sehr liebenswerte Frau?«

Mr. Morris schüttelte den Kopf. »Sie war ein grauenhaftes Weib.«

Sergeant Yates kaute an seinem Kugelschreiber.

»Sie sagten ›grauenhaft‹, Sir?«

»Ich fürchte, ja. Ich hatte sie mal in meinem Elementarkursus Theater im Abendunterricht.«

»Elementarkursus?« fragte der Sergeant und schrieb es auf.

»Ja, nur verstand Mrs. Wilt das ›elementar‹ ganz anders. Sie schmiß sich einfach mit allzu großer Energie auf ihre Rollen, um irgendwo überzeugend zu wirken. Ihre Desdemona neben mir als Othello ist etwas, was ich wohl nie vergessen werde.«

»Eine ungestüme Frau, würden Sie das so sagen?«

»Lassen Sie es mich folgendermaßen ausdrücken«, sagte Mr. Morris, »wenn Shakespeare das Stück so geschrieben hätte, wie Mrs. Wilt es spielte, dann wäre Othello derjenige gewesen, der erwürgt wurde.«

»Ich verstehe, Sir«, sagte der Sergeant, »ich entnehme dem, daß sie keine Neger mochte.«

»Ich habe keine Ahnung, was sie über die Rassenfrage dachte«, sagte Mr. Morris, »ich spreche von ihrer körperlichen Kraft.«

»Eine kräftige Frau, Sir?«

»Sehr«, sagte Mr. Morris mit Rührung.

Sergeant Yates sah ihn verdutzt an. »Es wirkt doch seltsam, daß so eine Frau sich von Mr. Wilt einfach so umbringen ließ, ohne sich heftiger zu wehren.«

»Mir erscheint es unglaublich«, stimmte Mr. Morris zu, »und vor allem deutet das auf einen derart fanatischen Heldenmut bei Henry hin, den sein Verhalten in dieser Abteilung nie vermuten ließ. Ich kann mir nur denken, daß er in dem Moment nicht ganz bei sich war.« Sergeant Yates hakte nach. »Dann war er Ihrer wohlüberlegten Meinung nach nicht bei Sinnen, als er seine Frau tötete?«

»Bei Sinnen? Ich finde daran nichts Sinnvolles, seine Frau zu töten und ihre Leiche in ein . . .«

»Ich meinte, Sir«, sagte der Sergeant, »ob Sie glauben, Mr. Wilt ist ein Irrer.«

Mr.Morris zögerte. In seiner Abteilung gab es eine ganze Menge Kollegen, die er als geistig gefährdet bezeichnet haben würde, aber das wollte er lieber nicht an die große Glocke hängen. Andererseits mochte es dem armen Wilt vielleicht helfen.

»Ja, ich glaube«, sagte er schließlich, denn im Grunde war er ein gutartiger Mensch. »Ziemlich verrückt. Unter uns, Sergeant, jeder, der bereit ist, diese widerborstigen jungen Rowdies zu unterrichten, die wir hier kriegen, kann nicht ganz gesund im Kopf sein. Und erst letzte Woche hat Wilt mit einem von den Druckern Streit bekommen und wurde ins Gesicht geschlagen. Ich denke, das könnte vielleicht mit seinem späteren Verhalten was zu tun haben. Ich verlasse mich darauf, daß Sie meine Äußerungen streng vertraulich behandeln. Ich möchte nicht ...«

»Selbstverständlich, Sir«, sagte Sergeant Yates. »Ich will Sie nicht länger aufhalten.«

Er fuhr ins Polizeirevier zurück und berichtete Inspektor Flint von seinen Ermittlungsergebnissen.

»Total plemplem«, verkündete er. »Das ist seine Meinung. Davon ist er ziemlich überzeugt.«

»In diesem Fall durfte er den Kerl gar nicht anstellen«, sagte Flint. »Er hätte den Halunken einfach rausschmeißen müssen.«

»Rausschmeißen? Aus der Berufsschule? Sie wissen, daß man Lehrer nicht rausschmeißen kann. Da muß man schon was wirklich Ungeheuerliches angestellt haben, ehe sie einem 'n Tritt in den Hintern verpassen.«

»Wie zum Beispiel drei Leute umbringen, nehme ich an. Na schön, von mir aus können die das kleine Stinktier gleich zurückhaben.«

»Sie wollen sagen, er hat immer noch nicht aufgegeben?«

»Aufgegeben? Er haut zurück. Er hat mich zu einem Nervenwrack gemacht, und jetzt sagt Bolton auch noch, daß er abgelöst werden will. Kann den Streß nicht länger aushalten.«

Sergeant Yates kratzte sich am Kopf. »Ist mir zu hoch, wie er das fertigkriegt«, sagte er. »Jeder würde meinen, er ist unschuldig. Möchte bloß wissen, wann er endlich anfängt, einen Anwalt zu verlangen.«

»Nie«, sagte Flint. »Was soll er auch mit einem Anwalt?

Wenn ich da drin einen Anwalt hätte, der mit ihm Tacheles redete, hätte ich die Wahrheit schon vor Stunden aus ihm rausgekriegt.

Als es Nacht wurde über dem Aalfleet, nahm der Wind auf Sturm Stärke Acht zu. Der Regen klopfte auf das Kajütendach, und die Wellen klatschten gegen den Rumpf und bohrten die Jacht, die nach Steuerbord Schlagseite hatte, noch fester in den Schlamm. In der Kajüte war die Luft durch Rauch und miese Stimmung zum Schneiden. Gaskell hatte eine Flasche Wodka aufgemacht und wurde langsam betrunken. Um sich die Zeit zu vertreiben, spielten sie Scrabble.

»So stell ich mir die Hölle vor«, sagte Gaskell, »eingeschlossen mit zwei Schwuletten.«

»Was ist eine Schwulette?« sagte Eva.

Gaskell startte sie an. »Sind Sie tatsächlich so unbeleckt?«

»Ich kenne nur diese Buletten, die . . .«

»Yogi-Bärchen«, sagte Gaskell, »Sie sind das Naivste, was rumläuft. Eine Schwulette ist . . .«

»Laß gut sein, G«, sagte Sally. »Wer ist an der Reihe?«

»Ich«, sagte Eva. »T . . .R . . .E . . .U . . . ergibt treu.«

»I . . .M . . .P . . .O . . .T . . .E . . .N . . .T . . . ergibt Gaskell«, sagte Sally.

Gaskell trank noch etwas Wodka. »Was für 'ne verfluchte Art Spiel spielen wir hier eigentlich? Scrabble oder irgend so'n Wahrheitsquiz?«

»Du bist dran«, sagte Sally.

Gaskell legte D . . .I . . .L . . .D . . . an das O. »Paßt gerade so rein.«

Eva guckte kritisch auf das Wort.

»Eindeutige Eigennamen darf man nicht«, sagte sie. »Sie haben mir ja auch nicht Annaliese durchgehen lassen.«

»Tittitutti, Dildo ist eindeutig kein Eigenname. Das ist ein sehr zweideutiger Gegenstand. Ein Kunstpenis.«

»Ein was?«

»Kümmere dich nicht drum, was es ist«, sagte Sally. »Spiel

weiter.« Eva guckte sich ihre Buchstaben an. Es gefiel ihr gar nicht, daß man sie dauernd rumkommandierte, und außerdem wollte sie immer noch wissen, was eine Schwulette ist. Und ein Kunstpenis. Schließlich legte sie L . . .I . . .E . . .B . . . an das E.

»Ist echt ein vielharmonisches Ding«, sagte Gaskell und legte ein I zwischen D und L und D . . . O . . . an das L.

»Man kann nicht zweimal dasselbe nehmen«, sagte Eva. »Sie haben schon einen Dildo.«

»Der hier ist anders«, sagte Gaskell, »er hat einen Schnurrbart.«

»Was ändert das an der Sache?«

»Fragen Sie Sally. Sie ist diejenige mit dem Penisneid.«

»Du Arschloch«, sagte Sally und legte H . . .O . . . vor das M, und ein O . . . hintendran.

»Das bist du, hinten mit großem O.«

»Wie ich schon sagte, Wahrheitsquiz, Katastrophenscrabble«, sagte Gaskell, »kurz, Kabbel. Warum spielen wir nicht einfach ein bißchen Selbsterfahrungsgruppe? Lassen ganz ungeschminkt die Sau raus?«

Eva nahm das O und legte FROH. Gaskell folgte mit HURE, und Sally legte IDIOT.

»Fabelhaft«, sagte Gaskell, »ein alphabetisches I-Ging.«

»Wunderkind, du schaffst mich«, sagte Sally.

»Schaff dich selber«, sagte Gaskell und ließ seine Hand an Evas Schenkel hochgleiten.

»Pfoten runter«, sagte Eva und stieß ihn weg. Sie legte S . . . Ü . . . N . . . D . . . an das E und Gaskell machte MINETTE mit dem N.

»Sagen Sie mir bloß nicht schon wieder, das ist ein Eigenname.«

»Das Wort habe ich bestimmt noch nie gehört«, sagte Eva.

Gaskell starrte sie an und brach in schallendes Gelächter aus. »Das darf doch wohl nicht wahr sein«, sagte er. »Und Cunnilingus ist ein Hustensaft. Wie dämlich kann man eigentlich noch sein?«

»Guck doch mal in den Spiegel«, sagte Sally.

»Na klar doch, ich habe eine verfluchte lesbische Nutte geheiratet, die in der Gegend rumläuft und anderen Leuten Frauen, Boote und sonstwas klaut. Ich bin sicher dämlich. Aber Lollipop hier schlägt mich um Längen. Sie ist so verdammt scheinheilig, sie tut so, als wäre sie keine Schwulette . . .«

»Ich weiß nicht, was eine Schwulette ist«, sagte Eva.

»Na, da will ich Sie mal aufklären, Pummelchen. Eine Schwulette ist eine Lesbe.«

»Wollen Sie damit sagen, ich wäre eine Lesbierin?« sagte Eva.

»Ja«, sagte Gaskell.

Eva schallerte ihm eine saftige Ohrfeige. Gaskell fiel die Brille runter, und er setzte sich auf den Fußboden.

»Also G . . .«, fing Sally an, aber Gaskell hatte sich schon wieder aufgerappelt.

»Na schön, du dicke Vettel«, sagte er. »Du willst die Wahrheit wissen, also kriegst du sie zu hören. Erstens, du glaubst, dein Herzblättchen Henry ist von allein in diese Puppe gekommen, da will ich dir mal sagen . . .«

»Gaskell, du hältst gefälligst dein Maul«, schrie Sally.

»Das könnte dir so passen. Ich habe genug von dir und deinen miesen Schlichen. Ich habe dich aus einem Dreigroschen-Puff herausgeholt . . .«

»Das ist nicht wahr. Es war eine Klinik«, kreischte Sally, »eine Klinik für übergeschnappte Perverse wie dich.«

Eva hörte nicht hin. Sie starrte Gaskell an. Er hatte sie eine Lesbierin genannt, und gesagt, Henry wär nicht von allein in diese Puppe geraten.

»Erzähl mir von Henry«, schrie sie. »Wie ist das mit dieser Puppe gewesen?«

Gaskell zeigte auf Sally. »Sie hat ihn reingeklemmt. Der Schwachkopp hätte gar nicht gewußt . . .«

»Du hast ihn da reingesteckt?« sagte Eva zu Sally. »Du warst das?«

»Er hat versucht, mich anzumachen. Er hat versucht . . .«
»Das glaub ich nicht«, schrie Eva. »Henry ist nicht so.«
»Ich sage dir, er hat's getan. Er . . .«
»Und du hast ihn in die Puppe gesteckt?« schrie Eva und stürzte sich über den Tisch hinweg auf Sally. Es gab ein splitterndes Geräusch, und der Tisch brach zusammen. Gaskell verzog sich fluchtartig seitwärts in die Koje, und Sally schoß aus der Kajüte. Eva stand auf und bewegte sich auf die Tür zu. Sie war getäuscht, belogen und betrogen worden. Und Henry hatten sie schwer gedemütigt. Sally, dieses Miststück, brächte sie um. Sie ging raus ins Cockpit. Drüben auf der anderen Seite war Sally als dunkler Schatten erkennbar. Eva lief um den Motor herum und holte nach ihr aus. Im nächsten Augenblick war sie auf dem ölverschmierten Deck ausgerutscht, und Sally war durch das Cockpit geflitzt und durch die Tür in die Kajüte. Sie schmetterte die Tür hinter sich zu und schloß ab. Eva Wilt rappelte sich wieder hoch, während ihr der Regen übers Gesicht rann, und wie sie da so stand, schwanden alle Illusionen, die ihr die Woche über Kraft gegeben hatten. Sie sah sich, wie sie war: eine dicke törichte Frau, die ihren Mann verlassen hatte, um einem Glanz nachzujagen, der falsch und protzig und auf eitlem Geschwätz und Geld gegründet war. Und Gaskell hatte gesagt, sie sei eine Lesbierin. Die ekelerregende Erkenntnis, was Tast-Therapie wirklich gewesen war, dämmerte Eva. Sie wankte an die Reling und setzte sich auf eine Kiste.

Und nach und nach schlug der Ekel vor sich selber wieder in Wut und blanken Haß auf die Pringsheims um. Die kriegten von ihr die Quittung. Denen würde es noch leid tun, ihr je begegnet zu sein. Sie stand auf, machte die Kiste auf, nahm die Schwimmwesten raus und warf sie über Bord. Dann pumpte sie die Luftmatratze auf, ließ sie ins Wasser fallen und kletterte hinterher. Sie ließ sich ins Wasser runter und legte sich auf die Luftmatratze. Die schaukelte beängstigend, aber Eva hatte keine Bange. Sie nähme ihre Rache an den Pringsheims, und da kümmerte es sie nicht mehr, was mit ihr passierte. Sie paddelte durch die kurzen Wellen davon und trieb die Schwimmwesten vor sich her. Der Wind kam von hinten, und die Matratze kam flott voran. In fünf Minuten war sie im Schilf um die Ecke und außer Sichtweite der Jacht. Irgendwo vor ihr in der Dunkelheit war der Fluß, wo sie die Boote gesehen hatte, und jenseits davon war Land.

Kurz darauf trieb der Wind sie seitwärts ins Schilf. Es hörte auf zu regnen und Eva lag schwer atmend auf der Luftmatratze. Es ginge sicher leichter, wenn sie sich von den Schwimmwesten befreite. Sie war vom Boot weit genug weg, so daß sie gut versteckt waren. Sie schob sie tief ins Schilf, dann überlegte sie. Vielleicht sollte sie besser eine für sich behalten. Sie machte eine Weste aus dem Schilfdickicht los und zog sie sich mit Mühe über. Dann legte sie sich wieder bäuchlings auf die Luftmatratze und paddelte den Wasserlauf davon, der immer breiter wurde.

Sally lehnte an der Kajütentür und sah Gaskell voller Abscheu an.

»Du Rindvieh«, sagte sie, »du mußtest ja deine große Klappe aufreißen. Und was willst du jetzt machen, verdammt nochmal?«

»Als erstes lasse ich mich von dir scheiden«, sagte Gaskell.

»Ich verklag dich um deinen ganzen Zaster als Unterhalt.«

»Viel Glück. Keinen roten Heller kriegst du«, sagte Gaskell und nahm noch einen Wodka zur Brust.

»Du stirbst sowieso vor mir«, sagte Sally.

Gaskell grinste. »Ich und sterben? Wenn hier jemand stirbt, dann du. Busen-Baby lechzt nach Blut.«

»Die kriegt sich auch wieder ein.«

»Ach, meinst du? Dann mach doch mal die Tür auf, wenn du so sicher bist. Na los, schließ auf.«

Sally ging von der Tür weg und setzte sich.

»Diesmal hast du dir wirklich ein dickes Süppchen eingebrockt«, sagte Gaskell. »Unter einer gottverdammten Preisboxmutter ging's ja nicht.«

»Du gehst raus und besänftigst sie«, sagte Sally.

»Denk nicht daran. Da könnte ich genauso gut Blindekuh mit einem Scheiß Rhinozeros spielen.« Er legte sich in der Koje zurück und lächelte glücklich. »Weißt du, das Ganze hat was wirklich Ironisches. Du mußtest unbedingt losziehen und 'ne Neandertalerin emanzipieren. Frauenbefreiung für Steinzeitlerinnen. Sie Tarzan und du Jane. Und nun hast du dir ein Zooexemplar eingehandelt.«

»Sehr komisch«, sagte Sally. »Und welche Rolle spielst du?«

»Ich bin Noah. Sei bloß froh, daß sie kein Gewehr hat.«

Er zog sich ein Kissen unter den Kopf und legte sich schlafen.

Sally saß da und starrte boshaft auf seinen Rücken. Sie hatte Angst. Evas Reaktion war so heftig gewesen, daß sie ihr Vertrauen in sich selber verloren hatte. Gaskell hatte recht. Evas Verhalten hatte was Urtümliches gehabt. Ihr lief es eiskalt den Rücken runter, wenn sie an diesen dunklen Schatten dachte, der im Cockpit auf sie zugekommen war. Sally stand auf und ging in die Kombüse, wo sie ein langes, scharfes Messer fand. Dann ging sie wieder zurück in die Kajüte, sah an der Tür nach, ob sie gut verschlossen sei, legte sich in ihre Koje und versuchte einzuschlafen. Aber es gelang ihr nicht. Draußen waren Geräusche. Wellen schlugen gegen das Boot. Der Wind blies. Herrgott, sie steckte ja vielleicht in einer Patsche. Sally hielt ihr Messer fest in der Hand und dachte über Gaskell nach und darüber, was er von Scheidung gesagt hatte.

Peter Braintree saß im Büro von Mr. Gosdyke, Rechtsanwalt, und erörterte das Problem. »Er ist da seit Montag drin, und heute haben wir Donnerstag. Zweifellos haben sie kein Recht, ihn so lange festzuhalten, ohne daß er mit einem Anwalt spricht.«

»Wenn er keinen verlangt, und die Polizei ihn verhören will und er bereit ist, auf ihre Fragen zu antworten, und es ablehnt, seine legalen Rechte zu fordern, dann sehe ich wirklich nicht, daß ich da irgend etwas unternehmen kann«, sagte Mr. Gosdyke.

»Aber sind Sie sicher, daß die Lage so ist?«

»Soviel ich erfahren konnte, ist die Lage tatsächlich so. Mr. Wilt hat nicht verlangt, mich zu sprechen. Ich habe mit dem Inspektor gesprochen, der den Fall bearbeitet, nicht wahr, und es sieht wirklich so aus, als sei Mr. Wilt aus irgendeinem merkwürdigen Grunde bereit, der Polizei so lange bei ihren Ermittlungen zu helfen, wie sie seine Anwesenheit im Polizeirevier für erforderlich hält. Wenn nun ein Mann sich weigert, auf seinen legalen Rechten zu bestehen, dann kann er sich nur selber die Schuld an seiner unangenehmen Lage geben.«

»Aber sind Sie absolut sicher, daß Henry sich geweigert hat, Sie zu sprechen? Ich meine, die Polizei könnte Sie doch belügen.«

Mr. Gosdyke schüttelte den Kopf. »Ich kenne Inspektor Flint schon viele Jahre«, sagte er, »und er ist keiner von denen, die einem Verdächtigen seine Rechte verweigern. Nein, tut mir leid, Mr. Braintree. Ich wäre Ihnen gern mehr von Nutzen, aber unter diesen Umständen kann ich, offen gesagt, nichts tun. Mr. Wilts Faible für den Umgang mit Polizeibeamten ist mir wirklich unbegreiflich, aber es enthebt mich jeglicher Einmischung.«

»Sie meinen doch nicht etwa, daß sie ihn mißhandeln oder sowas?«

»Mein lieber Freund, mißhandeln! Sie haben zu viele alte Filme im Fernsehen gesehen. In diesem Land greift die Polizei zu keinen Gewaltmaßnahmen.«

»Sie ist aber ganz schön brutal mit ein paar von unseren Schülern umgegangen, die auf Demonstrationen waren«, bemerkte Braintree.

»Jaja, aber Schüler und Studenten sind doch ganz was anderes, und demonstrierende Studenten bekommen nur, was sie verdienen. Politische Hetze ist eins, aber ein Mord in der Familie von der Art, wie ihr Freund Mr. Wilt ihn sich geleistet zu haben scheint, gehört in eine völlig andere Kategorie. Ich kann ehrlich sagen, daß ich in all den Jahren meiner Rechtspraxis noch keinem Fall begegnet bin, bei dem die Polizei einen normalen Mörder nicht mit viel Fürsorge und nicht geringem Mitgefühl behandelt hätte. Schließlich sind sie selber fast alle verheiratet, und auf jeden Fall hat Mr. Wilt ein Universitätsdiplom, und das hilft immer. Wenn man ein Kopfarbeiter ist, und trotz allem, was manche Leute sagen mögen, haben Lehrer an einer Berufsschule es ja mit Köpfen zu tun, wenn auch nur gerade so eben, dann können Sie sich darauf verlassen, daß die Polizei absolut nichts Unerfreuliches tut. Mr. Wilt ist vollkommen sicher.

Und Wilt fühlte sich sicher. Er saß im Vernehmungszimmer und sah Inspektor Flint interessiert an.

»Die Begründung? Da haben wir eine reizvolle Frage«, sagte er. »Wenn Sie mich als erstes gefragt hätten, warum ich Eva geheiratet habe, hätte ich Schwierigkeiten gehabt, Ihnen das zu erklären. Ich war jung damals und . . .«

»Wilt«, sagte der Inspektor, »ich habe Sie aber nicht gefragt, warum Sie Ihre Frau geheiratet haben. Ich habe Sie gefragt, warum Sie beschlossen, Sie umzubringen.«

»Ich habe nicht beschlossen, sie umzubringen«, sagte Wilt.

»War es eine spontane Handlung? Eine vorübergehende Anwandlung, der Sie nicht widerstehen konnten? Eine Wahnsinnstat, die Sie jetzt bedauern?«

»Es war alles das nicht. Vor allem war es keine Tat. Es war reine Illusion.«

»Aber Sie geben zu, daß Ihnen der Gedanke in den Sinn kam?«

»Inspektor«, sagte Wilt, »wenn ich jedem Einfall nachgäbe, der mir in den Sinn kommt, dann säße ich schon lange wegen Vergewaltigung Minderjähriger, Sodomie, Einbruch, tätlicher Beleidigung mit schwerer Körperverletzung und Massenmord hinter Gittern.«

»Das ist Ihnen alles in den Sinn gekommen?«

»Dann und wann mal, ja«, sagte Wilt.

»Sie haben verdammt sonderbare Gelüste.«

»Die ich mit der überwiegenden Mehrzahl der Menschen teile. Ich möchte meinen, sogar Sie haben in Ihren sonderbaren Grübelminuten . . .«

»Wilt«, sagte der Inspektor, »ich habe keine sonderbaren Grübelminuten. Jedenfalls nicht, bevor ich Ihnen begegnet bin. Also gut, Sie geben zu, daran gedacht zu haben, Ihre Frau umzubringen.«

»Ich sagte, der Gedanke ging mir durch den Sinn, besonders, wenn ich mit dem Hund spazieren gehen mußte. Ein Spiel, das ich mit mir selber spiele. Weiter nichts.«

»Ein Spiel? Sie gehen mit dem Hund spazieren und denken über Mittel und Wege nach, Mrs. Wilt umzubringen. Ich nenne das nicht Spiel. Ich nenne das Vorbedacht.«

»Nicht schlecht«, sagte Wilt und lächelte, »›bedenken‹. Eva verknotet sich auf dem Wohnzimmerteppich im Lotussitz und denkt schöne Gedanken. Ich geh mit dem verfluchten Hund spazieren und denke schreckliche, während Clem in Grenville Gardens auf die Rabatten kackt. Und jedesmal ist das Endergebnis genau dasselbe. Eva entknotet sich wieder, macht Abendbrot und wäscht ab, und ich komme heim, guck in die Glotze oder lese und gehe schlafen. Und nichts hat sich so oder so verändert.«

»Jetzt aber«, sagte der Inspektor. »Ihre Frau ist zusammen mit einem genialen jungen Wissenschaftler und seiner Frau wie vom Erdboden verschwunden, und Sie sitzen hier und warten darauf, des dreifachen Mordes angeklagt zu werden.«

»Den ich zufällig nicht begangen habe«, sagte Wilt. »Na schön, solche Sachen passieren eben. Die Geisterhand schreibt, und hat sie geschrieben . . .«

»Scheiß auf die Geisterhand. Wo sind sie? Wo haben Sie sie hingebracht? Sie werden mir das jetzt erzählen.«

Wilt seufzte. »Ich wollte, ich könnte es«, sagte er, »das wollte ich wirklich. Sie haben jetzt die Plastikpuppe . . .«

»Nein, haben wir nicht. Noch lange nicht. Wir bohren uns

immer noch durch massiven Fels. Ganz egal, was da unten ist, wir kriegen es allerfrühestens morgen raus.«

»Da gibt's ja was, worauf man hoffen kann«, sagte Wilt. »Dann lassen Sie mich doch wohl laufen.«

»Das denken Sie sich so. Am Montag führe ich Sie dem Untersuchungsrichter vor.«

»Ohne irgendeinen Mordbeweis? Ohne eine Leiche? Das können Sie gar nicht.«

Inspektor Flint lächelte. »Wilt«, sagte er, »ich habe eine Neuigkeit für Sie. Wir brauchen überhaupt keine Leiche. Wir können Sie auf Verdacht festhalten, wir können Sie vor Gericht stellen, und wir können Sie ohne Leiche schuldig sprechen. Sie mögen ja ganz gescheit sein, aber die Gesetze kennen Sie nicht.«

»Na also, ich muß schon sagen, Ihr Burschen macht Euch die Sache verdammt leicht. Sie meinen, Sie können auf die Straße rausgehen, sich irgendeinen vollkommen unschuldigen Menschen, der vorbeikommt, herauspicken, hier reinschleppen und ohne irgendeinen Beweis des Mordes anklagen?«

»Beweis? Wir haben durchaus Beweise. Wir haben ein blutbespritztes Badezimmer mit einer eingetretenen Tür. Wir haben ein leerstehendes Haus, das aussieht wie ein Saustall, und wir haben irgendein verfluchtes Dingsbums da unten in dem Schacht, und Sie glauben, wir haben keine Beweise. Da sind Sie auf dem falschen Dampfer.«

»Dann sind wir ja zu zweit«, sagte Wilt.

»Und ich sage Ihnen noch was, Wilt. Der Haken an solchen Mistkerlen wie Ihnen ist, daß sie so überklug sind. Sie treiben die Dinge zu weit und verraten sich. Ich an Ihrer Stelle hätte zweierlei getan. Wissen Sie, was?«

»Nein«, sagte Wilt, »keine Ahnung.«

»Ich hätte das Badezimmer gründlich saubergemacht, das ist das eine, und das zweite, ich hätte die Finger von diesem Loch gelassen. Ich hätte nicht versucht, falsche Spuren zu legen, einmal mit Ihren Notizen, und dann damit, daß Sie sicherstellten, daß der Hausmeister Sie auch ja sah; und daß Sie um Mitternacht dreckverschmiert bei Mr. Braintree aufkreuzten. Ich hätte mich nicht gerührt und nichts gesagt.«

»Aber ich habe von den Blutflecken im Badezimmer nichts gewußt, und wenn's nicht diese widerliche Puppe gewesen wäre, hätte ich das Ding überhaupt nicht in das Loch geschmissen. Ich wär schlafen gegangen. Statt dessen habe ich mir einen angesoffen und mich benommen wie ein Idiot.«

»Ich sage Ihnen noch was, Wilt«, sagte der Inspektor. »Sie sind ein Idiot, ein verflucht listiger, aber trotzdem ein Idiot. Sie muß man mal auf Ihren Verstand untersuchen.«

»Das wäre doch mal was anderes als das hier«, sagte Wilt.

»Was bitte?«

»Wenn man mich auf meinen Verstand untersuchte, statt daß ich hier rumsitze und mich beschimpfen lasse.«

Inspektor Flint musterte ihn nachdenklich. »Meinen Sie das wirklich?« fragte er.

»Was soll ich meinen?«

»Daß Sie sich auf Ihren Verstand untersuchen lassen wollen. Wären Sie bereit, sich einer Untersuchung durch einen fähigen Psychiater zu unterziehen?«

»Warum nicht«, sagte Wilt. »Wenn's die Zeit vertreiben hilft.«

»Völlig freiwillig, nicht wahr? Es zwingt Sie niemand, aber wenn Sie es wollen . . .«

»Hören Sie zu, Inspektor, wenn ein Gespräch mit einem Psychiater Sie davon zu überzeugen hilft, daß ich meine Frau nicht umgebracht habe, bin ich nur zu gern bereit. Sie können mich an einen Lügendetektor anschließen. Sie können mich mit Wahrheitsdrogen vollpumpen. Sie können . . .«

»Dieses ganze Zeug ist gar nicht nötig«, sagte Flint und stand auf. »Ein guter Couchdoktor tut's vollkommen. Und wenn Sie meinen, Sie kommen durch mit ›schuldig, aber ballaballa‹, vergessen Sie's. Die Typen merken, wenn Sie simulieren.« Er ging zur Tür und zögerte. Dann kam er zurück und lehnte sich über den Tisch.

»Sagen Sie mal, Wilt«, sagte er. »Sagen Sie mir nur mal eins.

Wie kommt es, daß Sie so gelassen sind? Ihre Frau ist verschwunden, wir haben Mordbeweise, wir haben, wenn wir Ihnen glauben dürfen, unter zehn Metern Beton eine Kopie von ihr liegen, und Sie nehmen das alles ruhig hin. Wie machen Sie das?«

»Inspektor«, sagte Wilt. »Wenn Sie zehn Jahre lang Gasinstallateure unterrichtet hätten und die ganze Zeit so viel beknacktes Zeug gefragt worden wären wie ich, wüßten Sie's. Außerdem kennen Sie Eva noch nicht. Wenn Sie sie kennenlernen, werden Sie sehen, warum ich mir keine Sorgen mache. Eva kann fabelhaft auf sich selber aufpassen. Sie ist vielleicht nicht klug, aber sie besitzt ein eingebautes Notrettungsköfferchen.«

»Mein Gott, Wilt, mit Ihnen zwölf Jahre neben sich brauchte sie wohl sowas.«

»O, na ja. Sie werden Eva mögen, wenn Sie sie kennenlernen. Sie werden glänzend miteinander auskommen. Sie haben beide ein schlichtes Gemüt und die Manie, sich in Unwichtiges zu verbohren. Sie machen aus einem kleinen Erdhügel gleich den Mount Everest.«

»Erdhügel? Wilt, Sie stinken mich an«, sagte der Inspektor und ging aus dem Zimmer.

Wilt stand auf und ging hin und her. Er hatte das Sitzen satt. Andererseits war er mit seinem Auftritt sehr zufrieden. Er hatte sich selbst übertroffen und war stolz darauf, daß er sich so gut in einer Lage zu helfen wußte, die die meisten Leute für entsetzlich gehalten hätten. Aber für Wilt war es noch was, eine Herausforderung, die erste wirkliche Herausforderung, der er seit langem zu begegnen hatte. Die Gasinstallateure und Gipser hatten ihn einstmals herausgefordert, aber er hatte gelernt, mit ihnen fertigzuwerden. Man strich ihnen Honig ums Maul, ließ sie quatschen, stellte Fragen, brachte sie zum Lachen, ließ sie machen, nahm ihre Ablenkungsmanöver hin und unternahm selber welche, aber vor allem mußte man sich weigern, ihre Vorurteile anzunehmen. Wenn sie mit absoluter Überzeugung irgendwas als ganz selbstverständliche Wahrheit hinstellten, wie zum Beispiel, daß alle Scheiß Nigger aus Calais kämen, dann mußte man ihnen erstmal zustimmen, um dann darauf hinzuweisen, daß die Hälfte aller großen Männer in der englischen Geschichte Ausländer waren, wie etwa Marconi oder Lord Beaverbrook, und daß sogar Churchills Mutter eine Yankeemama war, oder man mußte ihnen was von den Walisern erzählen, von denen alle Engländer abstammten, und von den Wikingern und Dänen, und sie dann von hier über die indischen Ärzte auf den Nationalen Gesundheitsdienst und die Geburtenkontrolle und sonstwelche Themen auf Gottes weiter Erde bringen, die sie den Mund halten und verwirrt und verzweifelt versuchen ließen, irgendein allerletztes Argument zu finden, das einen widerlegen würde.

Inspektor Flint war kein bißchen anders. Er war unnachgiebiger, aber seine Taktik war dieselbe. Und außerdem beurteilte er die Angelegenheit absolut verkehrt, und es amüsierte Wilt, ihn dabei zu beobachten, wie er versuchte, ihm ein Verbrechen anzuhängen, das er nicht begangen hatte. Er fühlte sich dadurch beinahe wichtig und gewiß so viel männlicher, wie schon lange, lange nicht mehr. Er war unschuldig, daran war überhaupt nichts zu deuteln. In einer Welt, in der alles sonst fragwürdig, unsicher und dem Zweifel ausgeliefert war, stand seine Unschuld fest. Zum ersten Mal, seit er erwachsen war, wußte Wilt, daß er absolut im Recht war, und das verlieh ihm eine Kraft, die er an sich selber nie vermutet hätte. Und außerdem war er sich vollkommen sicher, daß Eva schließlich wieder auftauchen würde, gesund und munter, und mehr als nur ein bißchen zum Einlenken bereit, wenn sie mitkriegte, was sie in ihrem Ungestüm angerichtet hatte. Das hatte sie nun davon, daß sie ihm diese widerliche Puppe dagelassen hatte. Das würde sie bis ans Ende ihrer Tage reuen. Ja wirklich, wenn jemand bei dieser Geschichte schlecht davonkam, dann war's die gute alte Eva mit ihrer Herrschsucht und ihrem Tatendrang. Es würde sie eine ganze Menge Schweiß kosten, Mavis Mottram und den Nachbarn alles zu erklären. Bei dem Gedanken mußte Wilt unwillkürlich lächeln. Und auch die

Schule hätte ihn von nun an anders und mit mehr Respekt zu behandeln. Wilt kannte deren geräumiges Gewissen zu gut, als daß er nicht annehmen durfte, mindestens als Märtyrer zu erscheinen, wenn er wieder hinging. Und als Held. Sie würden sich die Beine ausreißen, um sich selber davon zu überzeugen, daß sie ihn immer für so unschuldig wie ein Neugeborenes gehalten hätten. Er würde natürlich auch befördert werden, nicht, weil er ein guter Lehrer war, sondern weil sie ihr schlechtes Gewissen beruhigen mußten. Das gemästete Kalb würden sie ihm schlachten.

14

In der Berufsschule war keine Rede davon, ein gemästetes Kalb zu schlachten, wenigstens nicht für Henry Wilt. Der für Freitag ins Haus stehende Besuch des RNWE, der allem Anschein nach mit der Auferstehung von Mrs. Wilt selig zusammenfallen würde, rief eine Hektik hervor, die an Panik grenzte. Der Schulausschuß tagte beinahe ununterbrochen, und die Eingaben machten dermaßen wild die Runde, daß es unmöglich war, eine zu lesen, bevor schon wieder die nächste da war.

»Können wir den Besuch nicht verschieben?« fragte Dr. Cox. »Ich kann ja wohl nicht mit ihnen in meinem Büro sitzen und über Bibliographien diskutieren, während Mrs. Wilt vor dem Fenster stückchenweise ausgegraben wird.«

»Ich habe die Polizei gebeten, sich so unauffällig wie möglich zu verhalten«, sagte Dr. Mayfield.

»Mit auffallend wenig Erfolg bislang«, sagte Dr. Board. »Sie könnten wirklich nicht noch mehr auffallen. Gerade eben glotzten sie zu zehnt in dieses Loch runter.«

Der Stellvertretende Direktor schlug einen heiteren Ton an. »Sie werden erfreut sein zu hören, daß es uns gelungen ist, die Kantine wieder mit Strom zu versorgen«, berichtete er der Versammlung, »so daß wir in der Lage sein sollten, ein gutes Essen zu servieren.«

»Ich hoffe nur, mir ist nach Essen zu Mute«, sagte Dr. Cox. »Die Schocks der letzten paar Tage haben meinen Appetit nicht gerade gefördert, und wenn ich an die arme Mrs. Wilt denke . . .«

»Versuchen Sie, nicht an sie zu denken«, sagte der Stellvertretende Direktor, aber Dr. Cox schüttelte den Kopf.

»Versuchen Sie mal, nicht an sie zu denken, wenn so eine verdammte riesige Bohrmaschine den ganzen Tag vor Ihrem Geschäftszimmerfenster herummalmt.«

»Da wir gerade von Schocks sprechen«, sagte Dr. Board, »ich verstehe immer noch nicht, wie der Fahrer dieses Lastkraft-Korkenziehers es fertiggebracht hat, einem Elektroschock zu entgehen, als sie das Stromkabel durchtrennten.«

»Wenn man die Probleme bedenkt, die vor uns liegen, dann glaube ich kaum, daß das gerade jetzt ein Punkt von Bedeutung ist«, sagte Dr. Mayfield. »Was wir den Mitgliedern des RNWE gegenüber besonders betonen müssen, ist, daß der neue Unterrichtszweig ein integrierter Kursus mit einem fundamentalen Unterbau ist, der sich thematisch auf ein Nebeneinander von kulturellen und soziologischen Faktoren gründet, die keineswegs oberflächlich vereinbar und mit einem gediegenen Anteil an wissenschaftlichem Gehalt ausgestattet sind, um den Schülern einen intellektuellen und zerebralen . . .«

». . . Blutsturz . . .?« schlug Dr. Board vor.

Dr. Mayfield funkelte ihn giftig an. »Ich glaube wirklich, das ist nicht der richtige Augenblick für Frivolitäten«, sagte er böse. »Entweder treten wir für den neuen Zweig ein oder nicht. Überdies bleibt uns nur bis morgen Zeit, unsere taktische Annäherung an den uns besuchenden Ausschuß zu strukturieren. Wie also soll die aussehen?«

»Wie soll was aussehen?« fragte Dr. Board. »Was hat unser Eintreten oder dessen Fehlen zu tun mit dem Strukturieren, um nicht eines von mehreren weit besseren Wörtern zu gebrauchen, unserer sogenannten taktischen Annäherung an ein Komitee, das, da es nun mal den ganzen Weg von London zu uns zurücklegt und nicht umgekehrt, sich uns wahrscheinlich annähert?«

»Herr Stellvertretender Direktor«, sagte Dr. Mayfield, »ich muß wirklich protestieren. Dr. Boards Einstellung im Spätstadium dieser Angelegenheit ist mir völlig unbegreiflich. Wenn Dr. Board ...«

»... auch nur ein Zehntel des Jargons begreifen könnte, den Dr. Mayfield für wissenschaftlich oder was weiß ich zu halten scheint, dann wäre er vielleicht besser imstande, aus dessen Meinung klug zu werden«, unterbrach ihn Dr. Board. »Aber so bezieht sich ›unbegreiflich‹ auf Dr. Mayfields Satzbau, nicht auf meine Einstellung. Ich habe immer behauptet ...«

»Meine Herren«, sagte der Stellvertretende Direktor, »ich meine, das beste wäre, wir vermieden zu diesem Zeitpunkt Streitigkeiten zwischen den Abteilungen und kämen zur Sache.«

Das nachfolgende Schweigen wurde schließlich von Dr. Cox unterbrochen. »Meinen Sie, man könnte die Polizei überreden, einen Sichtschutz um dieses Loch zu errichten?« fragte er.

»Das werde ich selbstverständlich vorschlagen«, sagte Dr. Mayfield. Sie kamen zum Thema ›Bewirtung der Gäste‹.

»Ich habe dafür gesorgt, daß es vor dem Essen reichlich Drinks gibt«, sagte der Stellvertretende Direktor, »und auf jeden Fall wird das Essen geschickt in die Länge gezogen, um ihnen Gelegenheit zu geben, richtig in Stimmung zu kommen. Die Nachmittagssitzungen sollten dann verkürzt und hoffentlich reibungsloser ablaufen.«

»Vorausgesetzt natürlich, die Abteilung Nahrungsmittelkunde serviert nicht Wilt-Geschnetzeltes«, sagte Dr. Board.

Die Sitzung löste sich in ätzender Stimmung auf.

Nicht anders erging es der Begegnung von Mr. Morris mit dem Reporter der ›Sunday Post‹.

»Natürlich habe ich der Polizei nicht gesagt, ich stellte mordgierige Irre aus politischen Rücksichten ein«, schrie er den Reporter an. »Und wie ich die Dinge sehe, sollte auf jeden Fall alles, was ich gesagt habe, mit strengster Vertraulichkeit behandelt werden.«

»Aber Sie haben gesagt, Sie hielten Wilt für verrückt, und eine ganze Anzahl von den Allgemeinbildungslehrern wär nicht ganz richtig im Kopf?«

Mr. Morris sah den Mann voller Ekel an. »Um die Sache klarzustellen, was ich gesagt habe, war, daß einige von ihnen ...«

»... durchgeknallt sind?« schlug der Reporter vor.

»Nein, nicht durchgeknallt«, schrie Mr. Morris. »Lediglich, also, sagen wir, ein bißchen ungefestigt.«

»Das ist aber nicht das, was Sie nach Meinung der Polizei gesagt haben. Danach haben Sie gesagt, ich zitiere ...«

»Mir ist egal, was ich nach Meinung der Polizei gesagt haben soll. Ich weiß, was ich gesagt habe und was nicht, und wenn Sie andeuten wollen ...«

»Ich will gar nichts andeuten. Sie haben behauptet, die Hälfte Ihrer Kollegen seien Idioten, und ich versuche, das nachzuprüfen.«

»Nachzuprüfen?« fuhr Mr. Morris bissig auf. »Sie legen mir Worte in den Mund, die ich nie gesagt habe, und das nennen Sie nachprüfen?«

»Haben Sie das gesagt oder nicht? Das ist alles, was ich wissen will. Ich meine, wenn Sie eine Meinung über Ihre Kollegen äußern ...«

»Mr. MacArthur, was ich über meine Kollegen denke, ist meine Angelegenheit, das geht weder Sie was an, noch das Schundblatt, das Sie vertreten.«

»Drei Millionen Leser werden am Sonntagmorgen mit Interesse Ihre Meinung zur Kenntnis nehmen«, sagte Mr. MacArthur, »und es würde mich kein bißchen wundern, wenn diese Type Henry Wilt Sie verklagen würde, falls der jemals aus dem Bullenstall wieder rauskommt.«

»Mich verklagen, verdammt nochmal, warum sollte er mich verklagen?«

»Weil Sie ihn einen mordgierigen Irren genannt haben, zum Beispiel: Hauptschlagzeile LEITER DER ALLGEMEINBILDUNG NENNT LEHRER MORDGIERIGEN IR-

REN sollte reichen für 'ne Klage auf fuffzigtausend. Sollte mich wundern, wenn er weniger kriegte.«

»Mr. Morris sah sich schon am Bettelstab. »Sogar Ihre Zeitung würde das nie drucken«, murmelte er, »ich meine, Wilt würde Sie ebenfalls verklagen.«

»Ach Gott, Verleumdungsklagen sind wir gewohnt. Die sind für uns was ganz Alltägliches. Die bezahlen wir aus der Portokasse. Wenn Sie aber ein bißchen mehr guten Willen zeigten ...« Er ließ den Vorschlag in der Luft hängen, damit Mr. Morris ihn schlucken könne.

»Was wollen Sie wissen?« fragte er unglücklich.

»Haben Sie nicht irgend 'ne scharfe Drogengeschichte für uns?« fragte Mr. MacArthur. »Sie wissen schon: LIEBESORGIEN IM UNTERRICHT. Sowas kriegt die Leser immer am Wickel. Wie Discoteenies sich's machen lassen und so. Verschaffen Sie uns 'ne gute Geschichte und wir lassen Sie wegen Wilt in Ruhe.«

»Verlassen Sie mein Büro!« schrie Mr. Morris.

Mr. MacArthur stand auf. »Das werden Sie noch bedauern«, sagte er und ging runter in die Schülerkantine, um irgendwelchen Dreck über Mr. Morris hervorzukratzen.

»Keine Tests«, sagte Wilt mit Nachdruck, »die täuschen bloß.«

»Meinen Sie?« sagte Dr. Pittman, Chefpsychiater am Krankenhaus von Fenland und Professor für Kriminalpsychologie an der Universität. Sein verbeulter Riesenkopf half ihm nicht weiter.

»Ich hätte mir das denken können, war ja klar«, sagte Wilt. »Sie zeigen mir einen Tintenklecks, und ich denke, er sieht aus wie meine Großmutter in einer Blutlache, und nun glauben Sie im Ernst, ich wäre so blöd, das zu sagen? Da wär ich ja verrückt, wenn ich das täte. Also sage ich: ein Schmetterling auf einer Geranie. Und jedesmal ist es dasselbe. Ich überlege mir, wie es aussieht, und sage dann etwas vollkommen anderes. Was bringt Ihnen das?«

»Es ist immer noch möglich, dem etwas zu entnehmen«, sagte Dr. Pittman.

»Na schön, aber man braucht doch keinen blöden Tintenklecks zum Blutentnehmen, oder«, sagte Wilt. Dr. Pittman machte sich eine Notiz über Wilts Interesse an Blut.

»Sie können doch schon irgendwas daraus schließen, wenn Sie sich bloß die Kopfform von den Leuten ansehen.«

Dr. Pittman putzte gereizt seine Brille. Köpfe waren nicht das, woraus er gerne Schlüsse zog. »Mr. Wilt«, sagte er, »ich bin auf Ihr Ersuchen hier, um mich über Ihre Zurechnungsfähigkeit zu vergewissern und insbesondere eine Meinung darüber zu äußern, ob ich Sie für fähig hielte, Ihre Frau umgebracht und ihre Leiche auf ungewöhnlich ekelerregende und gefühllose Weise beseitigt zu haben oder nicht. Ich werde nicht zulassen, daß irgendeine Ihrer Äußerungen auf meine grundsätzlichen und objektiven Erkenntnisse Einfluß nimmt.«

Wilt sah ihn verblüfft an. »Ich muß schon sagen, Sie geben sich ja nicht gerade viel Spielraum. Da wir auf äußere Hilfsmittel wie Tests verzichtet haben, hätte ich gedacht, das einzige, worauf Sie sich stützen könnten, wär das, was ich zu sagen habe. Es sei denn natürlich, Sie deuteten die Beulen an meinem Kopf. Ist das nicht ein bißchen altmodisch?«

»Mr. Wilt«, sagte Dr. Pittman, »die Tatsache, daß Sie eindeutig eine sadistische Ader und Ihre Freude daran haben, mit dem Finger auf die Schwächen anderer Leute zu zeigen, veranlaßt mich keineswegs zu dem Schluß, daß Sie zu einem Mord fähig seien . . .«

»Sehr nett von Ihnen«, sagte Wilt, »obwohl ich, offen gestanden, gedacht hätte, jeder sei fähig zu morden, immer die richtigen, oder, um genau zu sein, die falschen Umstände vorausgesetzt.«

Dr. Pittman erstickte die Regung, ihm zu sagen, wie recht er habe. Statt dessen entblößte er seine Kaninchenzähne zu einem Lächeln. »Würden Sie sagen, Sie seien ein Verstandesmensch, Henry?« fragte er.

Wilt runzelte die Stirn. »Bleiben Sie ruhig bei Mr. Wilt, wenn's Ihnen nichts ausmacht. Das mag ja keine bezahlte Konsultation sein, aber ich hab's doch gern etwas förmlicher.«

Dr. Pittmans Lächeln verschwand. »Sie haben meine Frage nicht beantwortet.«

»Nein, ich würde nicht sagen, daß ich ein Verstandesmensch bin«, sagte Wilt.

»Ein Gefühlsmensch vielleicht?«

»Weder ganz das eine noch das andere. Halt ein Mensch.«

»Und ein Mensch ist weder ganz das eine noch das andere?«

»Dr. Pittman, das ist Ihr Fach, nicht meins, aber meiner Meinung nach ist der Mensch imstande, innerhalb streng rationaler Grenzen zu denken, nicht aber zu handeln. Der Mensch ist ein Tier, ein fortentwickeltes Tier, aber wenn man es sich recht überlegt, sind alle Tiere fortentwickelt, falls wir Darwin glauben dürfen. Sagen wir doch einfach, der Mensch ist ein gezähmtes Tier mit Teilen von Wildheit . . .«

»Und was für ein Tier sind Sie, Mr. Wilt?« sagte Dr. Pittman. »Ein zahmes oder ein wildes?«

»Geht das schon wieder los. Diese fabelhaft simplen Zweierkategorien, denen der Geist von heute geradezu zwanghaft gehorcht. Entweder – Oder – Baby Kierkegaard, wie das Miststück Sally Pringsheim sagen würde. Nein, ich bin nicht vollkommen zahm, fragen Sie meine Frau. Sie sagt Ihnen ihre Meinung darüber.«

»Inwiefern sind Sie nicht zahm?«

»Ich furze im Bett, Dr. Pittman. Mir macht es Spaß, im Bett zu furzen. Das ist der Trompetenruf des Menschenaffen in mir, der seinen territorialen Imperativ auf die ihm einzig mögliche Weise behauptet.«

»Die ihm einzig mögliche Weise?«

»Sie kennen Eva nicht«, sagte Wilt. »Wenn Sie sie kennenlernen, werden Sie sehen, daß das Behaupten ihre starke Seite ist, nicht meine.«

»Sie fühlen sich von Mrs. Wilt beherrscht?«

»Ich werde von Mrs. Wilt beherrscht.«

»Sie tyrannisiert Sie? Sie maßt sich die herrschende Rolle an?«

»Eva ist, Dr. Pittman. Sie braucht sich nichts anzumaßen. Sie ist, und aus.«

»Ist was?«

»Ja, da liegt der Hund begraben«, sagte Wilt. »Was haben wir heute? Man verliert hier ja das ganze Zeitgefühl.«

»Donnerstag.«

»Aha, wenn wir heute Donnerstag haben, dann ist sie Bernard Leach.« – »Bernhard Leach?«

»Der Töpfer, Dr. Pittman, der berühmte Töpfer«, sagte Wilt. »Morgen ist sie Margot Fonteyn, und sonnabends spielen wir mit Mottrams Bridge, da ist sie immer Omar Sharif, am Sonntag ist sie Elisabeth Taylor oder Sophia Loren, das hängt davon ab, was die illustrierte Zeitungsbeilage für mich bereithält, und am Nachmittag fahren wir mit dem Auto ein bißchen spazieren, da ist sie Eva Wilt. Das ist aber auch ungefähr das einzige Mal in der Woche, wo ich Eva Wilt als Eva Wilt begegne, und das auch bloß, weil ich fahre und sie nichts anderes zu tun hat, als still dazusitzen und an mir rumzumäkeln.«

»Ich fange an, mir ein Bild zu machen«, sagte Dr. Pittman. »Mrs. Wilt war . . . äh . . . ist dem Rollenspiel verhaftet. Das ließ eine unstete Beziehung entstehen, in der Sie die charakteristische Führungsrolle des Ehemannes nicht ausüben konnten . . .«

»Dr. Pittman«, sagte Wilt, »ein Kreisel mag sich, nein, muß sich drehen, aber während er sich dreht, erreicht er eine Beständigkeit, die im Grunde unvergleichlich ist. Wenn Sie nun das Prinzip des Kreisels erkennen, dann verstehen Sie vielleicht auch langsam, warum es unserer Ehe nicht an Beständigkeit fehlt. Es ist vielleicht verdammt unerfreulich, wenn Sie zu einer gewaltigen Schwungkraft nach Hause kommen, aber unbeständig ist das kein bißchen.«

»Aber eben haben Sie mir gesagt, Mrs. Wilt maße sich keine dominierende Rolle an, und jetzt sagen Sie mir, sie sei eine starke Persönlichkeit.«

»Eva ist nicht stark. Sie ist die Stärke an sich. Das ist der Unterschied. Und was die Persönlichkeit betrifft, da hat sie so viele und so verschiedene, daß es schwierig ist, mit allen Schritt zu halten. Sagen wir mal, sie steigert sich in alles, was sie gerade ist, dermaßen intensiv und besessen hinein, daß es nicht immer gerade passend ist. Erinnern Sie sich an diese Serie von Garbo-Filmen, die vor ein paar Jahren im Fernsehen liefen? Also, Eva war hinterher drei Tage lang die Kameliendame, bloß daß bei ihr an Tb zu sterben wie Veitstanz aussah. Erzählen Sie mir was von Galoppieren bei Schwindsucht.«

»Ich sehe langsam klar«, sagte Dr. Pittman und notierte, daß Wilt ein krankhafter Lügner mit sado-masochistischen Neigungen sei.

»Schön, daß das endlich jemand tut«, sagte Wilt. »Inspektor Flint glaubt, ich habe sie und die Pringsheims in einer Art Blutrausch umgebracht und ihre Leichen auf irgendeine besonders charmante Art beseitigt. Er sagte was von Säure. Ich meine, das ist doch Blödsinn. Wo in aller Welt kriegt man Salpetersäure in solchen Mengen her, um drei Leichen aufzulösen, von denen eine auch noch Übergewicht hat? Ich meine, es lohnt gar nicht, darüber nachzudenken.«

»Nein, bestimmt nicht«, sagte Dr. Pittman.

»Und überhaupt, sehe ich wie ein Mörder aus?« fuhr Wilt munter fort. »Natürlich nicht. Aber wenn er gesagt hätte, Eva hätte diese beiden Scheusale umgelegt, und das hätte meiner Meinung nach schon vor Jahren jemand machen sollen, dann hätte ich ihn ernstgenommen. Gott steh den armen Leuten bei, die zufällig in der Gegend sind, wenn Eva sich in den Kopf setzt, sie ist Lizzie Borden.«

Dr. Pittman musterte ihn wie die Katze ihre Beute.

»Wollen Sie damit andeuten, daß Dr. Pringsheim und seine Frau von Ihrer Frau ermordet wurden?« fragte er. »Wollen Sie das damit sagen?«

»Nein«, sagte Wilt, »überhaupt nicht. Ich sage lediglich, wenn Eva etwas tut, dann tut sie's aus vollem Herzen. Wenn sie das Haus saubermacht, dann macht sie es sauber. Ich muß Ihnen das von dem Harpic erzählen. Sie hat 'n richtigen Knall wegen Bazillen . . .«

»Mr. Wilt«, sagte Dr. Pittman hastig, »was Mrs. Wilt mit Harpic macht, interessiert mich nicht. Ich bin hergekommen, um aus Ihnen klug zu werden. Also, haben Sie es sich zur Gewohnheit gemacht, mit einer Plastikpuppe zu kopulieren? Ist das ein normales Vorkommnis?«

»Normal?« sagte Wilt. »Meinen Sie ein normales oder ein regelmäßiges Vorkommnis? Ihre Vorstellung von normal unterscheidet sich vielleicht von meiner . . .«

»Ich meine, machen Sie es oft?« unterbrach Dr. Pittman.

»Machen«? sagte Wilt. »Ich mache es überhaupt nicht.«

»Aber ich habe gehört, Sie legten besondere Betonung auf die Tatsache, daß diese Puppe eine Vagina hatte.«

»Betonung? Das brauchte ich nicht besonders zu betonen. Das gräßliche Ding war ja deutlich zu sehen.«

»Sie finden eine Vagina gräßlich?« sagte Dr. Pittman, indem er sich an sein Opfer auf dem vertrauteren Gebiet sexueller Abartigkeiten heranpirschte.

»Aus dem Zusammenhang gerissen, ja«, sagte Wilt ausweichend, »und die aus Plastik können Sie meinetwegen im Zusammenhang lassen, und ich finde sie immer noch zum Kotzen.« Als das Gespräch beendet war, wußte Dr. Pittman überhaupt nicht, welchen Vers er sich darauf machen sollte. Er stand müde auf und ging zur Tür.

»Sie haben Ihren Hut vergessen, Doktor«, sagte Wilt und hielt ihn ihm entgegen. »Entschuldigen Sie meine Frage, aber lassen Sie sich Ihre Hüte extra anfertigen?«

»Na?« sagte Inspektor Flint, als Dr. Pittman in sein Büro kam. »Wie lautet Ihr Urteil?«

»Urteil? Der Mann sollte lebenslänglich hinter Gitter gebracht werden.«

»Sie glauben, er ist ein mordgieriger Irrer?«

»Ich meine, ganz gleich, wie er Mrs. Wilt umgebracht hat, sie muß dankbar gewesen sein, daß sie sterben durfte. Zwölf Jahre mit diesem Mann verheiratet . . . Du großer Gott, es ist nicht auszudenken.«

»Na ja, das bringt uns nicht viel weiter«, sagte der Inspektor, als der Psychiater wieder gegangen war, nachdem er noch geäußert hatte, obwohl Wilt den Verstand eines intellektuellen Osterhasen besitze, könne er ehrlich nicht behaupten, daß Wilt strafrechtlich unzurechnungsfähig sei. »Wir müssen eben sehen, was morgen auf uns zukommt.«

15

Was am Freitag auf sie zukam, sahen nicht nur Inspektor Flint, Sergeant Yates, zwölf weitere Polizisten, Barney und ein halbes Dutzend Bauarbeiter, sondern auch mehrere hundert Berufsschüler auf der Treppe der Naturwissenschaftlichen Abteilung, fast das ganze Lehrerkollegium und alle acht Mitglieder des zu Besuch weilenden Komitees, die eine besonders gute Aussicht aus den Fenstern des Pseudo-Hotelfoyers hatten, das von der Abteilung Nahrungsmittelkunde dazu benutzt wurde, mit Kellnern zu üben und besonders wichtige Gäste zu bewirten. Dr. Mayfield tat sein möglichstes, um ihre Aufmerksamkeit abzulenken.

»Wir haben den Basiskurs fundamental strukturiert, um das Interesse der Schüler zu maximieren«, sagte er zu Professor Baxendale, der das Komitee leitete, aber der Professor war nicht abzulenken. Sein Interesse wurde durch das maximiert, was aus dem Fundament des neuen Verwaltungsblocks herausstrukturiert wurde.

»Das ist ja absolut grauenhaft«, murmelte er, als Judy aus dem Loch zum Vorschein kam. Entgegen Wilts Hoffnungen und Erwartungen war sie nicht geplatzt. Dazu hatte sie der flüssige Beton viel zu fest eingeschlossen, und wenn sie zu Lebzeiten in vielen Einzelheiten einer richtigen lebendigen Frau geähnelt hatte, so hatte sie im Tod alle Kennzeichen einer richtigen Toten. Als Leiche einer Ermordeten wirkte sie vollkommen überzeugend. Ihre Perücke war verfilzt und in einer furchterregenden Schrägneigung am Kopf festbetoniert. Die Kleider klebten an ihr und Zement an den Kleidern, während ihre Beine offensichtlich bis an den Rand der Verstümmelung verdreht waren, und ihr ausgestreckter Arm hatte, wie Barney schon gesagt hatte, etwas verzweifelt Beschwörendes, was überaus ergreifend war. Das machte es aber auch außerordentlich schwierig, sie aus dem Loch zu ziehen. Die Beine erleichterten das auch nicht gerade, und obendrein hatte ihr der Beton den Umfang und die Statur annähernd von Eva Wilt verliehen.

»Ich nehme an, das versteht man unter Totenstarre«, sagte Dr. Board, als Dr. Mayfield verzweifelt versuchte, das Gespräch wieder auf den neuen Unterrichtszweig zu bringen.

»Großer Gott«, murmelte Professor Baxendale. Judy hatte den Anstrengungen Barneys und seiner Männer ein Schnippchen geschlagen und war wieder in das Loch geplumpst. »Wenn man denkt, was sie gelitten haben muß. Haben Sie diese verdammte Hand gesehen?«

Das hatte Dr. Mayfield. Es schauderte ihn. Hinter ihm kicherte Dr. Board. »Eine Gottheit hoch droben plant unser Ende und läßt es geschehen nach ihrem Wohlgefallen«, sagte er fröhlich. »Wenigstens hat Wilt die Kosten für einen Grabstein gespart. Sie brauchen sie bloß noch aufzustellen und ihr ›Hier steht in Frieden Eva Wilt, geboren dann und dann, ermordet vergangenen Sonnabend‹ quer über den Bauch zu meißeln. Im Leben 'ne Denkqual, im Tode ein Denkmal.«

»Ich muß schon sagen, Board«, sagte Dr. Mayfield, »ich finde Ihren Sinn für Humor höchst unpassend.«

»Na, und sie einzuäschern, das schaffen die nie, das steht mal fest«, fuhr Dr. Board fort. »Und der Beerdigungsunternehmer, der fertigbringt, diese Kleinigkeit in einen Sarg zu stecken, muß schon fast ein Genie sein. Wahrscheinlich könnten sie bei ihr auch einfach einen Vorschlaghammer nehmen.«

Hinten in der Ecke fiel Dr. Cox in Ohnmacht.

»Ich denke, ich trinke noch einen Whisky, wenn Sie nichts dagegen haben«, sagte Professor Baxendale matt. Dr. Mayfield goß ihm einen doppelten ein. Als er sich zum Fenster wandte, kam Judy gerade wieder aus dem Loch.

»Der Haken am Einbalsamieren ist ja«, sagte Dr. Board, »daß es so teuer ist. Nun will ich nicht sagen, daß das Ding da draußen ein genaues Abbild von Eva Wilt ist, so wie ich sie in Erinnerung habe . . .«

»Um Himmels willen, können Sie damit denn nicht aufhören?« fauchte Dr. Mayfield, aber Dr. Board war nicht aufzuhalten. »Ganz abgesehen von den Beinen scheint auch irgendwas an den Brüsten komisch zu sein. Ich weiß, daß die von Mrs. Wilt groß waren, aber sie haben sich offenbar noch aufgebläht. Wahrscheinlich sind das die Gase. Sie verwesen ja, nicht wahr, und das würde es erklären.«

Als der Ausschuß zum Essen ging, hatten alle keinen Appetit mehr, und die meisten waren blau.

Inspektor Flint war weniger glücklich. Er war nicht gern bei Exhumierungen im entscheidenden Augenblick dabei und schon gar nicht, wenn die Leiche, um deretwillen er sich die Beine ausriß, die ausgesprochene Neigung hatte, wieder dahin zurückzukehren, wo sie hergekommen war. Außerdem war er sich nicht klar, ob das nun eine Leiche war oder nicht. Es sah wie eine Leiche aus, und es benahm sich auch zweifellos wie eine, wenn auch eine enorm schwere, bloß mit den Knien war irgendwas, das die Vermutung nahelegte, das Ganze sei anatomisch nicht so, wie es sein müßte, ganz egal, was es war, was sie da ausgegraben hatten. Wo die Beine im rechten Winkel vorragten, waren sie offenbar mit einer Art Doppelscharnier befestigt, und auch viel zu dünn, und das schien darauf hinzudeuten, daß Mrs. Wilt nicht nur ihr Leben, sondern auch beide Kniescheiben eingebüßt hatte. Und diese Verstümmelung machte Barneys Arbeit auch so schwierig und über die Maßen ekelhaft. Als die Leiche zum vierten Mal wieder in das Loch gefallen war, stieg Barney selber runter, um von unten nachzuhelfen.

»Wenn Ihr verdammten Schweinehunde sie fallen laßt«,

schrie er aus dem Loch, »habt Ihr zwei Leichen hier unten, also haltet das Seil bloß fest, scheißegal, was passiert. Ich binde es ihr um den Hals.«

Inspektor Flint guckte runter in den Schacht. »Das kommt überhaupt nicht in Frage«, schrie er, »wir wollen sie doch nicht auch noch enthaupten, wir brauchen sie in einem Stück.«

»Sie ist ja in einem verdammten Stück«, kam dumpf Barneys Antwort, »darum brauchen Sie sich nun wirklich keine Sorgen zu machen.«

»Können Sie das Seil nicht um was anderes binden?«

»Klar könnte ich das«, gestand Barney zu, »aber das mach ich nicht. Ein Bein reißt viel eher ab als der Kopf, und ich will nicht unter der stehen, wenn was runterfällt.«

»Na schön«, sagte der Inspektor, »ich hoffe nur, Sie wissen, was Sie tun, das ist alles.«

»Ich sage Ihnen eins: der Kerl, der sie hier runtergeschmissen hat, wußte ganz bestimmt, was er tat.«

Aber dieser fünfte Versuch klappte genauso wenig wie die anderen vier, und Judy landete wieder parterre, wo sie sich's schwer auf Barneys Fuß bequem machte.

»Holt bloß diesen verfluchten Kran«, schrie er, »ich halt das nicht mehr länger aus.«

»Ich auch nicht«, brummte der Inspektor, der sich immer noch nicht entscheiden konnte, was das wohl war, was er da ans Licht ziehen ließ, eine Puppe, die so zurechtgemacht war, daß sie wie Mrs. Wilt aussah, oder Mrs. Wilt, die so zurechtgemacht war, daß sie aussah wie irgendwas, das ein übergeschnappter Bildhauer vergessen hatte fertigzustellen. Die wenigen Zweifel, die er an Wilts Zurechnungsfähigkeit gehabt hatte, wurden durch das, was er im Augenblick erlebte, in alle Winde zerstreut. Jeder Mensch, der wie Wilt so entsetzlich weit gehen konnte, ganz gleich, ob seine Frau oder eine Plastikpuppe mit Vagina so grauenerregend zu verstümmeln und zu beseitigen, der mußte wahnsinnig sein.

Sergeant Yates sprach seine Gedanken aus. »Jetzt wollen

Sie mir doch wohl nicht mehr erzählen, daß der Mistkerl nicht verrückt ist«, sagte er, als der Kran herangefahren und das Seil runtergelassen und an Judys Hals festgemacht war.

»In Ordnung, zieht sie jetzt hoch«, schrie Barney.

Im Speisesaal schmeckte nur Dr. Board das Essen. Den acht Mitgliedern des RNWE-Komitees überhaupt nicht. Ihre Augen klebten an dem Schauspiel vor den Fenstern.

»Man darf wohl sagen, sie befand sich *in statue pupillari*«, sagte Dr. Board und griff nochmal nach den Zitronenbaisers, »womit wir uns *in loco parentis* befinden. Kein angenehmer Gedanke, meine Herren. Nicht, daß sie je eine sehr gescheite Schülerin gewesen wäre. Ich hatte sie einmal in einem Abendkursus in französischer Literatur. Ich weiß nicht, was sie aus den ›Fleurs du Mal‹ herauslas, aber ich erinnere mich, daß ich dachte, Baudelaire sei ...«

»Dr. Board«, sagte Dr. Mayfield betrunken, »für einen sogenannten gebildeten Menschen sind Sie absolut gefühllos.«

»Was ich mit der toten Mrs. Wilt gemeinsam habe, wie man deutlich sehen kann«, sagte Dr. Board und warf einen raschen Blick aus dem Fenster, »und während wir noch davon reden, scheint die Sache sich zuzuspitzen. Ja, tatsächlich.«

Sogar Dr. Cox, der vor kurzem das Bewußtsein wiedererlangt hatte und zu einem bißchen Hammelfleisch überredet worden war, sah zum Fenster hinaus. Als der Kran Judy langsam ans Licht der Welt hievte, standen der Schulausschuß und das Komitee von ihren Stühlen auf und drängten zum Fenster. Es war ein unschöner Anblick. In der Schachtöffnung hatte sich Judys linkes Bein in einem Spalt verfangen, während sich ihr ausgestreckter Arm in den Lehm grub.

»Halt«, hörte man Barney undeutlich schreien, aber es war zu spät. Durch den Anblick der Last um seine Nerven gebracht, oder im falschen Glauben, ihm sei gesagt worden, schneller zu machen, kurbelte der Kranführer los. Es war ein gräßliches Knacken zu hören, als die Schlinge sich enger zog, und im nächsten Augenblick sah Judys Betonkopf, den Eva

Wilts Perücke krönte, aus, als sollte sich Inspektor Flints Voraussage, daß sie enthauptet würde, doch noch erfüllen. Aber in diesem Fall waren seine Sorgen ganz fehl am Platz. Judy war aus härterem Stoff als erwartet. Als der Kopf immer weiter nach oben ging, während der Körper fest in den Schacht geklemmt blieb, zeigte Judys Hals, was in ihm steckte. Er zog sich in die Länge.

»Du lieber Gott«, sagte Professor Baxendale außer sich, »will das denn nie enden?«

Dr. Board beobachtete die Erscheinung mit wachsendem Interesse. »Es sieht nicht so aus«, sagte er. »Meinen Sie nicht auch, wir sollten es zu unserem Prinzip machen, unsere Schüler so langzuziehen, na, Mayfield?«

Aber Dr. Mayfield gab keine Antwort. Als Judy die Gestalt eines Straußes annahm, der seinen Kopf aus Versehen in einen Zementeimer gesteckt hatte, war ihm klar, daß der neue Unterrichtszweig gestorben war.

»Eines muß man ja von Mrs. Wilt sagen«, sagte Dr. Board, »sie hält was aus. Man könnte sie hartnäckig, aber gewiß nicht halsstarrig nennen. Gestreckt vielleicht, partiell verjüngt, wenn auch nicht gerade verdünnt. Man beginnt zu begreifen, worauf Modigliani hinaus wollte.«

»Um Gottes willen, hören Sie auf«, kreischte Dr. Cox hysterisch, »ich glaube, ich verliere noch den Kopf.«

»Was man von Mrs. Wilt kaum sagen kann«, sagte Dr. Board ungerührt.

Er wurde von einem weiteren furchtbaren Krachen unterbrochen, als Judys Körper endlich den Kampf mit dem Bohrloch aufgab. In einem Schlammregen schnellte er nach oben, um wieder in engere Beziehung zum Kopf zu treten, und hing nackt und rosa, und jetzt, wo die Kleider und der Beton nicht mehr dran waren, bemerkenswert naturgetreu, etwa fünf Meter über der Erde an dem Seil.

»Ich muß sagen«, sagte Dr. Board, und musterte mit Wohlgefallen Judys Geschlechtsteil, »ich habe bis jetzt nie große Neigung zu Nekrophilie gehabt, aber ich erkenne langsam ihre Reize. Das ist natürlich nur von historischem Interesse, aber zu Shakespeares Zeit gehörte es zu den Rechten des Henkers ...«

»Board«, schrie Dr. Mayfield, »ich bin in meinem Leben schon so mancher verfluchten Sau begegnet ...«

Dr. Board goß sich noch etwas Kaffee ein. »Ich glaube, der Jargonausdruck dafür ist, man liebt den Braten kalt.«

Unter dem Kran wischte sich Inspektor Flint den Matsch aus dem Gesicht und guckte hoch zu dem fürchterlichen Etwas, das über ihm pendelte. Jetzt sah er, daß es nur eine Puppe war. Er sah auch, warum Wilt das widerliche Ding hatte beerdigen wollen.

»Laßt sie runter. Laßt sie um Himmels willen runter«, brüllte er, als ihn die Pressefotografen umringten. Aber der Kranführer hatte die Nerven verloren. Er kniff die Augen zu, zog am falschen Hebel und Judy machte sich erneut an den Aufstieg.

»Halt, halt, das ist ein Scheiß Beweisstück«, schrie der Inspektor, aber es war schon zu spät. Als sich das Seil das letzte Mal um die Rolle wickelte, folgte Judy nach. Das Betonmützchen löste sich, ihr Kopf schlüpfte zwischen die Rollen, und ihr Körper schwoll langsam an. An den Beinen sah man es zuerst.

»Ich habe mich schon oft gefragt, wie wohl Elephantiasis aussieht«, sagte Dr. Board, »Shelley hatte, glaube ich, eine Heidenangst davor.«

Dr. Cox hatte sie bestimmt. Er saß in einer Ecke und redete irre, und der Stellvertretende Direktor beschwor ihn, sich zusammenzureißen.

»Ein treffender Ausdruck«, bemerkte Dr. Board über das entsetzte Keuchen hinweg, als Judy, jetzt offenbar im zwölften Monat schwanger, ihre Verwandlung weiter fortsetzte. »Frühminoisch, meinen Sie nicht auch, Mayfield?«

Aber Dr. Mayfield war zu keinem Wort mehr fähig. Er

starrte wie von Sinnen auf die sich in rasender Geschwindigkeit vergrößernde Vagina, die jetzt gut dreißig Zentimeter lang und zwanzig breit war. Es gab einen Knall und dem Ding wuchs ein Penis, ein enormer Penis, der dicker und dicker wurde. Jetzt würde er verrückt. Das wußte er.

»Na das«, sagte Dr. Board, »ist ja ein Hammer. Ich habe ja schon von Geschlechtsumwandlung bei Männern gehört, aber . . .«

»Hammer?« keifte Dr. Mayfield, »Hammer? Sie können in so einem Moment kaltblütig von . . .«

Es gab einen lauten Knall. Judy war mit ihrem Latein zu Ende. Dr. Mayfield auch. Der Penis wurde als erstes weich. Dr. Mayfield als zweiter. Als Judy schrumpfte, stürzte er sich auf Dr. Board, sank jedoch zu Boden und stieß unartikulierte Töne aus.

Dr. Board beachtete seinen Kollegen nicht. »Wer hätte gedacht, daß die alte Schachtel so ein Windbeutel war?« murmelte er und trank seinen Kaffee aus. Als Dr. Mayfield vom Stellvertretenden Direktor hinausgeführt wurde, wandte sich Dr. Board an Professor Baxendale.

»Ich muß Sie wegen Dr. Mayfield um Nachsicht bitten«, sagte er, »ich fürchte, dieser neue Unterrichtszweig war zu viel für ihn, und um ehrlich zu sein, habe ich ihn schon immer für fundamental gefährdet gehalten. Ein Fall von Dementia post Cox, möchte ich sagen.«

Inspektor Flint fuhr in einem Zustand, der an Wahnsinn grenzte, zum Polizeirevier zurück.

»Wir stehen wie Idioten da«, giftete er Sergeant Yates an. »Wie die gelacht haben. Was die Schweinehunde alles gesagt haben!« Eine besondere Wut hatte er auf die Pressefotografen, die ihn gebeten hatten, sich neben die schlappen Reste der Plastikpuppe zu stellen. »Wir sind öffentlich lächerlich gemacht worden. Nun ja, bei Gott, dafür wird jemand bezahlen.«

Er schwang sich aus dem Wagen und eilte den Gang hinunter zum Vernehmungsraum. »Na schön, Wilt«, schrie er, »Sie hatten Ihren kleinen Spaß, und ein verflucht dreckiger war's obendrein. Aber jetzt vergessen wir mal die Feinheiten und reden Tacheles miteinander.«

Wilt besah sich das Stück Plastik. »So sieht's besser aus, wenn Sie mich fragen«, sagte er. »Natürlicher, wenn Sie verstehen, was ich meine.«

»Sie werden verdammt unnatürlich aussehen, wenn Sie meine Fragen nicht beantworten«, bellte der Inspektor. »Wo ist sie?«

»Wo ist wer?« sagte Wilt.

»Die Scheiß Mrs. Wilt. Wo haben Sie sie hingebracht?«

»Ich hab's Ihnen doch gesagt. Ich habe sie nirgendwo hingebracht.«

»Und ich sage Ihnen, das haben Sie. Jetzt sagen Sie mir entweder, wo sie ist, oder ich prügle es aus Ihnen raus.«

»Sie können mich verprügeln, wenn Sie wollen«, sagte Wilt, »aber Ihnen wird das nicht gut bekommen.«

»O doch, das wird's«, sagte der Inspektor und zog seinen Mantel aus.

»Ich verlange, einen Anwalt zu sprechen«, sagte Wilt schnell.

Inspektor Flint zog sich den Mantel wieder an. »Na endlich, darauf habe ich gewartet, Henry Wilt, hiermit beschuldige ich Sie des . . .«

16

Im Schilf begrüßte Eva die Morgenröte des neuen Tages damit, daß sie die Luftmatratze zum zehnten Mal aufblies. Entweder hatte sie ein Loch, oder am Ventil war irgendwas kaputt. Egal, was es war, es hatte sie furchtbar langsam vorwärtskommen lassen, und schließlich gezwungen, weit entfernt vom Flußlauf im Schilf Schutz zu suchen. Hier hatte sie, im Röhricht eingekeilt, eine feuchte Nacht verbracht, die daraus bestand, daß sie von der Luftmatratze runterstieg, sie aufblies, wieder draufkletterte und versuchte, sich den Schlamm und das Grünzeug runterzuwaschen, die an ihr klebengeblieben waren, als sie runtergestiegen war. Dabei hatte sie das Unterteil ihres zitronengelben Hosenanzugs verloren und sich das Oberteil zerrissen, so daß sie, bis der Morgen dämmerte, weniger der spinnerten Hausfrau aus der Parkview Avenue Nr. 34 glich, als vielmehr einer Endkampfteilnehmerin im Schwergewicht bei den Schlammringmeisterschaften der Frauen. Außerdem fror sie furchtbar und war darum froh, als die Sonne aufging und die Aussicht auf einen heißen Sommertag mitbrachte. Jetzt mußte sie nur noch ans Land oder ins offene Wasser finden und jemanden dazu bewegen . . . Da wurde sich Eva bewußt, daß sie in ihrem Aufzug wahrscheinlich einige Verwirrung stiften würde. Der gelbe Hosenanzug war überkandidelt genug gewesen, um sie nicht die Straße langgehen zu lassen, wenn sie ihn anhatte, aber jetzt, wo er zum größten Teil nicht mehr vorhanden war, wollte sie nun bestimmt nicht öffentlich gesehen werden. Andererseits konnte sie auch nicht den ganzen Tag im Schilf hocken bleiben. Die Luftmatratze hinter sich herziehend arbeitete sie sich weiter, teils schwimmend, größtenteils aber, indem sie mühevoll durch Schlamm und Wasser watete. Schließlich fand sie aus dem Schilf ins offene Wasser hinaus und sah in einiger Entfernung ein Haus, einen Garten, der zum Ufer hin schräg abfiel, und eine Kirche liegen. Es sah weit bis da rüber aus, und kein Boot war zu sehen. Sie würde eben rüberschwimmen müssen und hoffen, daß die Frau, die dort wohnte, mitfühlend und, besser noch, groß genug sei, um ihr ein paar Sachen zu leihen, bis sie nach Hause käme. Da entdeckte Eva, daß sie ihre Handtasche irgendwo im Schilf verloren hatte. Sie erinnerte sich, daß sie sie in der Nacht bei sich gehabt hatte, aber sie mußte von der Luftmatratze gefallen sein, als sie sie aufblies. Na ja, sie konnte jetzt ja nicht zurückgehen und sie suchen. Sie würde halt ohne sie weiterkommen müssen und Henry anrufen und ihm sagen, daß er mit dem Auto rauskommen und sie abholen solle. Er könnte auch was zum Anziehen mitbringen. Ja, so ginge es. Eva Wilt kletterte auf die Luftmatratze und paddelte langsam hinüber. Auf halbem Weg ging die Luftmatratze zum elften Mal unter. Eva ließ sie sausen, und strampelte in der Schwimmweste weiter. Aber auch die hinderte sie am Vorwärtskommen, und so beschloß sie, sich von ihr zu trennen. Wassertretend versuchte sie, sie aufzuhaken, und nach einem furchtbaren Gewühl schaffte sie es endlich, sie auszuziehen. Dabei ging der Rest des gelben Hosenanzuges baden, so daß, als Eva Wilt das Ufer erreichte, sie nicht nur fix und fertig, sondern auch pudelnackt war. Sie kroch in den Schutz eines Weidenbaums und lag nach Luft schnappend auf der Erde. Als sie sich erholt hatte, stand sie auf und sah sich um. Sie befand sich am hinteren Ende des Gartens und das Haus lag etwa hundert Meter entfernt auf dem Hügel. Nach Evas Maßstäben war es ein sehr großes Haus und dazu eins, in dem sie sich nie und nimmer wohlfühlen würde. Erstens sah es so aus, als habe es auf der Rückseite einen Hof und Ställe, und für Eva, deren Kenntnis großer Landhäuser sich auf das beschränkte, was sie im Fernsehen gesehen hatte, verband sich damit die Vorstellung von Knechten und Mägden, von Vornehmheit und gesellschaftlicher Förmlichkeit, was ihr Auftauchen in voller Nacktheit sicher ziemlich peinlich machte. Andererseits sah alles ausgesprochen heruntergekommen aus. Der Garten war verwuchert und ungepflegt; Ziersträucher, die wohl mal so geschnitten waren, daß sie wie Vögel oder andere Tiere aussahen, hatten sich wieder in merkwürdige und ein bißchen unheimliche Formen zurückverwandelt, verrostete Faßreifen lehnten halb versteckt im hohen Gras eines nicht gemähten Krocket-Rasens, ein Tennisnetz hing lose zwischen den Pfosten, und ein leeres Gewächshaus tat sich mit ein paar bemoosten Fensterscheiben groß. Schließlich waren noch ein verfallenes Bootshaus und ein Ruderboot zu sehen. Alles in allem machte das Anwesen einen düsteren und ehrwürdigen Eindruck, der durch eine kleine, zwischen den Bäumen versteckte Kirche zur Linken und einen verwahrlosten Friedhof hinter einem alten Eisenzaun nicht gerade gemildert wurde. Eva guckte unter der Trauerweide hervor und wollte gerade ihren Unterschlupf verlassen, als die Verandatür aufging und ein Mann mit einem Fernglas auf die Terrasse trat, durch das er in Richtung Aalfleet sah. Er trug eine schwarze Soutane mit steifem Kragenbündchen. Eva versteckte sich wieder hinter dem Baum und dachte über ihre schreckliche Lage und die nichtvorhandenen Kleider nach. Das war ja alles ungeheuer peinlich. Nichts in der Welt brächte sie dazu, ohne was auf dem Leib zu dem Haus, einem Pfarrhaus, hinaufzugehen. Die Parkview Avenue hatte sie auf solche Situationen nicht vorbereitet.

Der Rossiter Grove hatte Gaskell nicht auf die Situation vorbereitet, der er sich gegenübersah, als Sally ihn mit »Noah-Baby, oberdeckmäßig ist alles klar, wird Zeit, daß wir uns verkrümeln«, weckte.

Er öffnete die Kajütentür und ging raus, wo er feststellte, daß Eva schon auf und davon war und die Luftmatratze und die Schwimmwesten mitgenommen hatte. »Hast du sie etwa die ganze Nacht draußengelassen?« fragte er. »Na, jetzt sitzen wir nicht nur im Aalfleet, sondern wirklich in der Kackelache. Kein Paddel, keine Luftmatratze, keine Schwimmwesten, kein gar nichts.«

»Ich habe ja nicht gewußt, daß sie so was Verrücktes machen und alles mitnehmen würde«, sagte Sally.

»Du läßt sie die ganze Nacht draußen im strömenden Regen, da mußte sie doch irgendwas machen. Inzwischen ist sie wahrscheinlich schon erfroren. Oder ertrunken.«

»Sie hat versucht, mich umzubringen. Glaubst du etwa, da würde ich sie reinlassen, wenn sie sowas versucht? Sowieso ist alles deine Schuld, weil du dir ja das Maul über diese Puppe verbrennen mußtest.«

»Das erzähl mal der Polente, wenn sie ihre Leiche den Fluß runter treiben sehen. Erklär ihnen halt, wie's dazu kam, daß sie mitten im Sturm baden gehen mußte.«

»Du versuchst bloß, mir Angst zu machen«, sagte Sally. »Ich habe sie nicht rausgeschmissen oder sowas.«

»Ich sage ja bloß, es wird verdammt brenzlig riechen, wenn ihr etwas passiert ist. Und nun erzähl mir mal, wie wir jetzt von hier wegkommen. Wenn du meinst, ich ginge ohne Schwimmweste ins Wasser, hast du dich geschnitten. Ich bin nicht Mark Spitz.«

»Ach, du großer Held«, sagte Sally.

Gaskell ging in die Kajüte und guckte in den Schrank neben dem Herd. »Und noch was. Mit den Lebensmitteln wird's langsam kritisch. Und Wasser. Es ist nicht mehr viel da.«

»Du hast uns in die Scheiße geritten, da zieh uns gefälligst auch wieder raus«, sagte Sally.

Gaskell setzte sich in die Koje und versuchte nachzudenken. Es mußte doch eine Möglichkeit geben, irgendwelchen Leuten mitzuteilen, daß sie hier und in der Patsche saßen. Sie konnten nicht weit vom Land weg sein. Soweit er wußte, lag Land direkt auf der anderen Seite des Schilfs. Er ging raus und stieg aufs Kajütendach, aber außer der Kirchturmspitze in der

Ferne konnte er jenseits des Schilfs nichts sehen. Wenn sie ein Stück Stoff nähmen und damit herumwedelten, sähe es vielleicht jemand. Er ging hinunter, holte sich einen Kissenbezug und machte zwanzig Minuten nichts weiter, als mit ihm herumzuwedeln und zu schreien. Dann stieg er wieder runter in die Kajüte, holte die Karte raus und hockte über ihr in dem vergeblichen Versuch rauszufinden, wo sie wären. Er faltete die Karte eben wieder zusammen, als sein Blick auf die Scrabble-Steinchen fiel, die noch auf dem Tisch lagen. Buchstaben, einzelne Buchstaben. Wenn sie doch irgendwas hätten, was mit Buchstaben drauf in der Luft schwebte. Wie ein Drachen. Gaskell überlegte, wie er einen Drachen bauen könnte, und kapitulierte. Vielleicht wäre es schließlich doch das Beste, Rauchsignale zu geben. Er holte sich eine leere Büchse aus der Küche, füllte sie mit Dieselöl aus den Öllachen neben dem Motor, tauchte ein Taschentuch hinein und kletterte auf das Kajütendach. Er zündete das Taschentuch an und versuchte, das Öl zum Brennen zu kriegen, aber als es brannte, gab's nur ganz wenig Rauch, und die Dose wurde ihm viel zu heiß in den Händen. Gaskell kickte sie ins Wasser, wo sie zischend verschwand.

»Genie-Baby«, sagte Sally, »du bist der Größte.«

»Ja ja, wenn dir was Brauchbares einfällt, dann laß mich's wissen.«

»Schwimm doch.«

»Ersauf doch«, sagte Gaskell.

»Du könntest ein Floß oder sowas bauen.«

»Ich könnte Scheimachers Boot hier kaputthacken. Mehr brauchen wir nicht.«

»Ich habe mal einen Film gesehen, mit Gauchos oder Römern oder sowas, die kamen an einen Fluß und wollten rüber, und da haben sie Schweinsblasen genommen.«

»Und ausgerechnet jetzt haben wir alles, bloß kein Schwein.«

»Du könntest die Mülltüten aus der Küche nehmen«, sagte Sally. Gaskell holte sich eine Plastiktüte, blies sie auf und band sie oben mit Bindfaden zu. Dann drückte er sie zusammen. Die Tüte hielt die Luft nicht.

Gaskell setzte sich verzagt hin. Es mußte doch irgendeine simple Möglichkeit geben, Aufmerksamkeit zu erregen, und auf keinen Fall hatte er Lust, mit einer aufgeblasenen Mülltüte im Arm durch das trübe Wasser da rüberzuschwimmen. Er spielte mit den Scrabble-Steinchen rum und dachte nochmal über Drachen nach. Oder Ballons. Ballons.

»Hast du die Gummis mit, die du immer nimmst?« fragte er plötzlich.

»Du lieber Gott, ausgerechnet jetzt kriegt er einen hoch«, sagte Sally, »denk nicht an Sex. Denk lieber darüber nach, wie du uns hier rausbringst.«

»Habe ich ja«, sagte Gaskell, »ich brauch diese Gummis.«

»Willst du dich auf einem Floß aus Parisern den Fluß runtertreiben lassen?«

»Ballons«, sagte Gaskell. »Wir blasen sie auf, malen Buchstaben drauf und lassen sie im Wind schweben.«

»Genie-Baby«, sagte Sally und ging in die Toilette. Sie kam mit einem Schwammtäschchen zurück. »Hier sind sie. Und ich dachte schon einen Augenblick, du wolltest mich.«

»Die Tage des Weins und der Rosen«, sagte Gaskell, »sind vorbei. Erinner mich dran, daß ich mich von dir scheiden lassen will.« Er riß ein Päckchen auf, blies ein Präservativ auf und knotete es oben zu.

»Mit welcher Begründung?«

»Zum Beispiel, daß du lesbisch bist«, sagte Gaskell und hielt den Dildo hoch. »Und deine Kleptomanie und die Angewohnheit, andere Männer in Puppen festzuklemmen. Du erzählst es mir, und ich verwende es. Wie auch, daß du nymphomanisch bist.«

»Das traust du dich nicht. Deine Familie wäre entzückt von dem Skandal.«

»Wart's ab«, sagte Gaskell und blies noch ein Präservativ auf.

»Plastik-Depp.«

»Kesser Vater.«

Sallys Augen wurden schmal. So langsam glaubte sie, daß er meinte, was er von Scheidung sagte, und wenn Gaskell sich in England von ihr scheiden ließ, was bekäme sie dann Unterhalt? Sehr wenig. Kinder hatten sie nicht, und sie hatte das unbestimmte Gefühl, britische Gerichte seien in Geldsachen knickerig. Gaskell war das auch, und seine Familie ebenfalls. Reich und knickerig. Sie saß da und beobachtete ihn.

»Wo ist dein Nagellack?« fragte Gaskell, als er fertig war und sich dreizehn Luftballons in der Kajüte türmten.

»Leck mich«, sagte Sally und ging raus aufs Deck, um nachzudenken. Sie starrte in das trübe Wasser und dachte über Ratten und den Tod und darüber nach, wie das wohl wäre, arm aber emanzipiert zu sein. Das Ratten-Musterbeispiel. Die Welt war schlecht. Die Menschen waren Dinge, die benutzt und weggetan wurden. Das war Gaskells eigene Philosophie, und jetzt tat er sie weg. Aber ein falscher Schritt auf diesem öligen Deck konnte ihre Probleme lösen. Gaskell mußte bloß ausrutschen und ertrinken, und sie wäre frei und reich, und niemand würde jemals was erfahren. Ein Unfall. Ein natürlicher Tod. Aber Gaskell konnte schwimmen, und Fehler durften nicht passieren. Einmal versucht und gescheitert, und sie würde zu keinem zweiten Versuch mehr kommen. Er wäre auf der Hut. Es mußte ganz sicher und ganz natürlich sein.

Gaskell kam mit den aufgeblasenen Präservativen an Deck. Er hatte sie aneinandergebunden und auf jedes mit Nagellack einen einzelnen Buchstaben gemalt, so daß das ganze HILFE SOS HILFE ergab. Er kletterte auf das Kajütendach und warf sie hoch. Einen Augenblick schwebten sie in der Luft, wurden dann von dem leichten Wind erfaßt und fielen seitwärts aufs Wasser. Gaskell zog sie an dem Faden wieder ins Boot und versuchte es nochmal. Sie fielen wieder aufs Wasser.

»Ich warte, bis mehr Wind ist«, sagte er und band sie an die Reling, wo sie träge hin- und herbaumelten. Dann ging er in die Kajüte und legte sich in die Koje.

»Was machst du jetzt?« fragte Sally.

»Schlafen. Weck mich, wenn Wind ist.«

Er nahm die Brille ab und zog sich eine Decke über den Kopf. Draußen saß Sally auf einer Kiste und dachte über das Ertrinken nach. Im Bett.

»Mr. Gosdyke«, sagte Inspektor Flint, »Sie und ich, wir haben jetzt schon 'ne ganze Menge Jahre miteinander zu tun, und ich bin bereit, offen mit Ihnen zu sein. Ich weiß es nicht.«

»Aber Sie haben ihn des Mordes beschuldigt«, sagte Mr. Gosdyke.

»Am Montag wird er dem Untersuchungsrichter vorgeführt. Bis dahin verhöre ich ihn weiter.«

»Aber sicherlich läßt die Tatsache, daß er zugibt, eine lebensgroße Puppe . . .«

»In den Kleidern seiner Frau, Gosdyke, in den Kleidern seiner Frau. Vergessen Sie das nicht.«

»Das scheint mir noch nicht ausreichend. Woher nehmen Sie denn die Gewißheit, daß ein Mord begangen worden ist?«

»Drei Menschen verschwinden spurlos von der Erdoberfläche. Sie lassen zwei Autos zurück, ein Haus voll mit schmutzigen Gläsern und den Überresten einer Party . . . Das Haus sollten Sie mal sehen . . . Badezimmer und Treppenabsatz voller Blut . . .«

»Sie könnten doch im Auto von jemand anderem mitgefahren sein.«

»Sie könnten, aber sie sind's nicht. Dr. Pringsheim ließ sich nicht gern von jemand anderem fahren. Das wissen wir von seinen Kollegen am Biochemischen Institut. Er hatte eine tief sitzende Abneigung gegen englische Autofahrer. Fragen Sie mich nicht warum, aber er hatte sie.«

»Und Eisenbahnen, Busse? Flugzeuge?«

»Geprüft, nachgeprüft und nochmal nachgeprüft. Niemand, auf den ihre Beschreibung paßt, hat irgendein öffentliches oder privates Verkehrsmittel aus der Stadt raus benutzt. Und wenn Sie meinen, sie hätten eine Fahrradtour unternommen, irren Sie auch. Dr. Pringsheims Fahrrad steht in der Garage. Nein, Sie können vergessen, daß sie irgendwohin gefahren sind. Die sind tot, und der naseweise Herr Wilt weiß das.«

»Ich verstehe immer noch nicht, wieso Sie so sicher sein können«, sagte Mr. Gosdyke.

Inspektor Flint zündete sich eine Zigarette an. »Gucken wir uns nur mal an, was er getan hat, eingestandenermaßen getan hat, und sehen, was das ergibt«, sagte er.

»Er bekommt eine lebensgroße Puppe . . .«

»Woher?«

»Er sagt, er hat sie von seiner Frau. Wo er sie herhat, spielt keine Rolle.«

»Er sagt, er hätte sie zum ersten Mal bei Pringsheims gesehen.«

»Vielleicht hat er das. Ich bin bereit, ihm das zu glauben. Ganz egal, wo er sie herhatte, es bleibt die Tatsache, daß er sie absichtlich so anzog, daß sie wie Mrs. Wilt aussah. Er wirft sie in dieses Loch bei der Schule, ein Loch, von dem er weiß, daß es mit Beton gefüllt wird. Er stellt sicher, daß er vom Hausmeister gesehen wird, da er weiß, daß die Schule zu ist. Er läßt sein Fahrrad mit seinen Fingerabdrücken zurück und einem Buch im Gepäckkorb, das ihm gehört. Er legt mit seinen Notizblättern eine Spur zu dem Loch. Er taucht um Mitternacht vollkommen verdreckt bei Mr. Braintree auf und sagt, er habe eine Reifenpanne gehabt, obwohl er keine hatte. Und nun erzählen Sie mir doch bitte nicht, er hätte nichts im Schilde geführt.«

»Er sagte, er hätte bloß versucht, die Puppe loszuwerden.«

»Und mir hat er gesagt, er hätte den Mord an seiner Frau geprobt. Das hat er zugegeben.«

»Ja, aber nur in der Phantasie. Für mich heißt seine Geschichte, daß er diese Puppe loswerden wollte«, beharrte Mr. Gosdyke.

»Warum dann die Kleider, warum das Ding aufblasen und so zurücklassen, daß es unbedingt entdeckt werden mußte, als der Beton reingeschüttet wurde? Warum hat er das verdammte Ding nicht einfach verbrannt oder am Straßenrand liegengelassen? Es ergibt einfach keinen Sinn, wenn man es nicht als den wohlüberlegten Plan ansieht, unsere Aufmerksamkeit von dem wahren Verbrechen abzulenken.«

Der Inspektor machte eine Pause. »Tja also, wie ich es sehe, ist auf der Party irgendwas passiert, wovon wir keine Ahnung haben. Vielleicht überraschte Wilt seine Frau mit Dr. Pringsheim im Bett. Er tötete beide. Mrs. Pringsheim erscheint auf der Bildfläche und er tötet sie auch.«

»Wie?« sagte Mr. Gosdyke. »So viel Blut haben Sie doch gar nicht gefunden.«

»Er hat sie erwürgt. Er erwürgte seine Frau, und Pringsheim erschlug er. Dann versteckte er die Leichen irgendwo, geht nach Hause und legt die Spur mit der Puppe. Und am Sonntag beseitigt er die wirklichen Leichen . . .«

»Wo?«

»Das weiß der Himmel, aber das finde ich schon noch raus. Mir ist nur klar, daß ein Mann, der einen solchen Plan aushekken kann, sich irgendwas Teuflisches ausgedacht haben muß, wo er seine wahren Opfer hinbrachte. Ich wär nicht überrascht, wenn ich hörte, er hätte am Sonntag illegal das Krematorium benutzt. Egal, was er getan hat, Sie können sicher sein, er hat es gründlich getan.«

Aber Mr. Gosdyke war immer noch nicht überzeugt. »Wenn ich doch bloß wüßte, warum Sie so sicher sind«, sagte er.

»Mr. Gosdyke«, sagte der Inspektor müde, »Sie haben zwei Stunden mit Ihrem Klienten zugebracht. Ich den größten Teil der Woche, und wenn ich aus Erfahrung eins weiß, dann das, daß dieser Kerl da drin genau weiß, was er tut. Jeder normale Mensch in seiner Lage wäre besorgt und beunruhigt, und ehrlich geängstigt. Jeder unschuldige Mensch, der erfährt, seine Frau sei spurlos verschwunden und es gebe Beweise, wie wir sie ja haben, daß sie ermordet worden sei, hätte einen Nervenzusammenbruch bekommen. Wilt nicht. O nein, er sitzt da drin so frech wie Sie wollen und sagt mir, wie ich die Ermittlungen zu führen hätte. Und wenn mich irgendwas davon überzeugt, daß dieser Mistkerl wirklich schuldig ist, dann das. Aber mehr noch, ich werde es beweisen.«

»Er scheint jetzt ein bißchen besorgt zu sein«, sagte Mr. Gosdyke.

»Dazu hat er auch Grund«, sagte der Inspektor, »denn bis Montag kriege ich die Wahrheit aus ihm raus, und wenn wir beide dabei draufgehen.«

»Inspektor«, sagte Mr. Gosdyke und erhob sich, »ich muß Sie darauf aufmerksam machen, daß ich meinem Klienten empfohlen habe, kein Wort mehr zu sagen, und falls er vor Gericht auch nur mit einem Kratzerchen am Leibe erscheint . . .«

»Mr. Gosdyke, Sie sollten mich besser kennen. Ich bin doch kein Vollidiot, und wenn Ihr Klient am Montag irgendeine Schramme am Leib hat, dann hat er sie weder von mir noch von einem meiner Männer. Das kann ich Ihnen garantieren.«

Mr. Gosdyke ging sehr verwirrt aus dem Polizeirevier fort. Er mußte zugeben, daß Wilts Geschichte nicht sehr überzeugend gewesen war. Mr. Gosdykes Erfahrung mit Mördern war nicht sehr groß, aber er hatte den scharfen Verdacht, daß Männer, die offen zugaben, sie hätten mit dem Gedanken gespielt, ihre Frau umzubringen, schließlich beim Geständnis landeten, daß sie's wirklich getan hätten. Außerdem war sein Versuch, sich mit Wilt darauf zu einigen, er habe die Puppe als Jux gegen seine Kollegen in der Berufsschule in das Loch geworfen, hoffnungslos gescheitert. Wilt hatte sich geweigert zu lügen, und Mr. Gosdyke war Klienten nicht gewohnt, die unbedingt die Wahrheit sagen wollten.

Inspektor Flint ging in den Vernehmungsraum und sah Wilt an.

Dann zog er einen Stuhl heran und setzte sich.

»Henry«, sagte er mit einer Freundlichkeit, die er keineswegs empfand, »Sie und ich, wir werden jetzt mal ein kleines Schwätzerchen machen.«

»Was, schon wieder?« sagte Wilt. »Mr. Gosdyke hat mir geraten, nichts zu sagen.«

»Das«, sagte der Inspektor zuckersüß, »sagt er immer zu Klienten, von denen er weiß, sie sind schuldig. Na, werden Sie jetzt reden?«

»Warum eigentlich nicht? Schuldig bin ich nicht, und es hilft, die Zeit zu vertreiben.«

17

Es war Freitag, und wie an jedem anderen Tag der Woche war die kleine Kirche von Waterswick leer. Und wie an jedem anderen Tag der Woche war der Pfarrer, Hochwürden St. John Froude, betrunken. Die beiden Dinge gehörten zusammen, die fehlende Gemeinde und die Sauferei des Pfarrers. Das war eine uralte Tradition, die noch auf die Schmuggelzeiten zurückging, als der Brandy für die Pfaffen ungefähr der einzige Grund war, warum das abgeschiedene Dörfchen überhaupt einen Pfarrer hatte. Und wie so viele englische Traditionen hatte sie ein zähes Leben. Die Kirchenoberen sahen darauf, daß Waterswick besonders zartbesaitete Pfarrer bekam, deren untragbares Geschwärme sie in der Regel für angesehenere Pfarreien ungeeignet machte, und die Pfarrer wiederum wurden, um sich über die Abgeschiedenheit und das fehlende Interesse an geistigen Dingen hinwegzutrösten, zu Alkoholikern. Auch Hochwürden St. John Froude hielt die Tradition aufrecht. Er nahm seine Pflichten mit der gleichen anglikanischen, buchstabengläubigen Inbrunst wahr, die ihn schon in Esher so unbeliebt gemacht hatte, und warf ein alkoholisiertes Auge auf die Tätigkeiten seiner wenigen Schäflein, die sich nun, da der Brandy nicht mehr so hoch im Kurs stand, mit der einen oder anderen gelegentlichen Bootsladung illegaler indischer Einwanderer zufriedengaben.

Als er jetzt sein Frühstück aus Eiercognac im Glas und Irish Coffee beendete und über die Schlechtigkeiten seiner bedeutenderen Kollegen nachsann, wie sie in der letzten Sonntagszeitung zu lesen waren, sah er mit Staunen über dem Schilf am

Aalfleet etwas flattern. Es sah aus wie Ballons, weiße, wurstförmige Ballons, die kurz in die Luft stiegen und dann wieder verschwanden. Hochwürden St. John Froude schauderte, er schloß die Augen, öffnete sie wieder und dachte über die Tugenden der Enthaltsamkeit nach. Wenn er richtig gesehen hatte, und er wußte nicht, ob er das wollte oder nicht, wurde der Morgen durch eine Traube von Präservativen, aufgeblasenen Präservativen entheiligt, die völlig chaotisch da herumflatterten, wo der Natur der Sache nach noch nie ein Präservativ geflattert hatte. Wenigstens hoffte er, es sei eine Traube. Er war so dran gewöhnt, Dinge doppelt zu sehen, wenn sie in Wirklichkeit nur einmal da waren, daß er nicht sicher war, ob nicht das, was wie eine Traube aufgeblasener Präservative aussah, bloß eins oder, schlimmer noch, überhaupt keins war.

Er schwankte in sein Arbeitszimmer, holte sein Fernglas und trat auf die Terrasse hinaus, um es scharfzustellen. Unterdessen war die Erscheinung verschwunden. Hochwürden St. John Froude schüttelte düster den Kopf. Die Dinge im allgemeinen und seine Leber im besonderen, waren wohl ziemlich aus den Fugen, wenn er so früh am Morgen schon weiße Ballönchen sah. Er ging ins Haus zurück und versuchte, seine Gedanken auf einen Vorfall zu richten, bei dem ein Erzdiakon in Ongar sich einer Geschlechtsumwandlung unterzogen hatte und dann mit seinem Kirchendiener durchgebrannt war. Das wär ein Thema für eine Predigt, wenn ihm nur eine passende Bibelstelle einfiel.

Hinten im Garten beobachtete Eva Wilt, wie er sich wieder zurückzog, und fragte sich, was sie tun solle. Sie hatte nicht vor, zum Haus hinaufzugehen und sich dem Pfarrer in ihrem augenblicklichen Zustand vorzustellen. Sie brauchte was anzuziehen, oder wenigstens irgendwas, womit sie sich bedekken konnte. Sie sah sich nach was Behelfsmäßigem um und entschied sich schließlich für den Efeu, der sich am Friedhofszaun hochrankte. Ein Auge auf das Pfarrhaus gerichtet, kam sie unter der Weide hervor und hetzte zum Zaun rüber und durch die Pforte auf den Kirchhof. Dort riß sie von einem Baumstamm etwas Efeu herunter, und schlich, die Ranken ziemlich krampfig vor sich haltend, verstohlen den zugewachsenen Weg zur Kirche hoch. Den größten Teil des Weges gaben ihr die Bäume Schutz vor dem Haus, aber ein- oder zweimal mußte sie sich tief ducken und in voller Sicht vom Pfarrhaus aus von einem Grabstein zum anderen hasten. Als sie in der Kirchenvorhalle ankam, schnappte sie nach Luft und kam sich noch zehnmal unmöglicher vor. Wenn die Vorstellung, sich unbekleidet vor dem Haus zeigen zu müssen, sie schon des allgemeinen Anstands wegen zutiefst entrüstete, so war, splitterfasernackt in eine Kirche zu gehen, schlichtweg Gotteslästerung. Sie stand in dem Vestibül und versuchte völlig aufgelöst, sich einen Ruck zu geben und reinzugehen. Es gab in der Sakristei bestimmt Chorhemden für den Chor, und in einem Chorhemd konnte sie zum Haus hinaufgehen. Oder doch nicht? Eva war sich über die Bedeutung von Chorhemden nicht sicher, und der Pfarrer könnte vielleicht darüber böse sein. O Gott, es war ja alles so peinlich. Schließlich öffnete sie die Kirchentür und ging hinein. Da drin war's kalt und feucht und leer. Den Efeu an sich gepreßt, ging sie zur Sakristei hinüber und drückte auf die Klinke. Die Tür war zu. Zitternd stand Eva da und versuchte, einen klaren Gedanken zu fassen. Schließlich ging sie hinaus und stand in der Sonne, wo sie versuchte, wieder warm zu werden.

Im Lehrerzimmer der Berufsschule zog Dr. Board Bilanz. »Alles in allem meine ich, sind wir aus der ganzen Affäre recht ehrenvoll hervorgegangen«, sagte er. »Der Direktor hat ja schon immer gesagt, er wolle die Schule in aller Munde bringen, und man muß sagen, mit der Hilfe unseres Feundes Wilt ist ihm das auch gelungen. Die Zeitungspropaganda war einfach ungeheuer. Es sollte mich nicht wundern, wenn der Schülerzustrom auffallend in die Höhe ginge.«

»Das Komitee hat unserem Antrag nicht zugestimmt«,

sagte Mr. Morris, »also können Sie wohl kaum behaupten, daß der Besuch uneingeschränkt erfolgreich war.«

»Ich persönlich meine, sie haben was bekommen für ihr Geld«, sagte Dr. Board. »Es kommt wohl nicht alle Tage vor, daß man die Möglichkeit hat, eine Exhumierung und eine Exekution gleichzeitig zu sehen. Normalerweise findet ja die eine vor der anderen statt, und zu sehen, wie sich etwas, was klar und eindeutig eine Frau war, in wenigen Sekunden in einen Mann verwandelt, eine blitzschnelle Geschlechtsumwandlung, war, um es etwas salopp auszudrücken, einfach irre.«

»Da wir gerade vom armen Mayfield sprechen«, sagte der Leiter der Geographie, »wie ich höre, ist er immer noch in der Nervenklinik.«

»Entmündigt?« fragte Dr. Board hoffnungsvoll.

»Entmutigt. Und an Erschöpfung leidend.«

»Kaum verwunderlich. Jeder, der wie er die Sprache gebraucht ... Die Sprache mißbraucht, fordert das Unglück heraus. Wenn ich bloß an ›strukturieren‹ denke.«

»Er hatte auf den neuen Unterrichtszweig so großen Wert gelegt, und die Tatsache, daß er nicht durchgekommen ist ...«

»Ist auch völlig in Ordnung«, sagte Dr. Board. »Ich kann einfach keinen erzieherischen Nutzen darin sehen, zweitrangige Schüler mit fünftrangigen Vorstellungen über so unterschiedliche Themen wie Dichtung des Mittelalters und Städtebau vollzustopfen. Viel besser, sie verbringen ihre Zeit damit, der Polizei zuzugucken, wie sie die angebliche Leiche einer mit Beton überzogenen Frau ausgraben, ihr den Hals langziehen, die Kleider vom Leibe reißen, sie erhängen und schließlich aufblasen, bis sie explodiert. Das ist es, was ich wirklich Lernerfahrung nenne. Sie verbindet Archäologie und Kriminologie, Zoologie und Physik, Anatomie und Wirtschaftslehre miteinander, und die Schüler bleiben dazu auch noch die ganze Zeit voll bei der Sache. Wenn wir unbedingt neue Unterrichtszweige haben müssen, dann doch von dieser

Lebensnähe und praktischen Anwendbarkeit. Ich denke daran, mir eine von diesen Puppen schicken zu lassen.«

»Das läßt immer noch die Frage nach Mrs. Wilts Verschwinden offen«, sagte Mr. Morris.

»Mein Gott, die liebe Eva«, sagte Dr. Board wehmütig. »Nachdem ich nun so viel zu Gesicht bekommen habe, wovon ich dachte, es sei sie, werde ich, falls ich je das Vergnügen haben sollte, sie wiederzusehen, ihr mit der größten Liebenswürdigkeit begegnen. Eine verblüffend wandlungsfähige Frau und so interessant proportioniert. Ich denke, ich werde meine Puppe Eva taufen.«

»Aber die Polizei scheint immer noch zu glauben, sie ist tot.«

»Eine solche Frau kann niemals sterben«, sagte Dr. Board. »Sie mag explodieren, aber die Erinnerung an sie lebt unauslöschlich weiter.«

Hochwürden St. John Froude teilte in seinem Arbeitszimmer Dr. Boards Meinung. Die Erinnerung an die gewaltige und offensichtlich nackte Dame, die er für einen kurzen Augenblick gesehen hatte, als sie wie eine abscheulich riesenhafte Nymphe hinten in seinem Garten unter der Weide hervorgekommen und durch den Friedhof gehetzt war, war etwas, was er wohl kaum jemals vergäße. Und weil er sie so kurz nach der Erscheinung der aufgeblasenen Präservative gesehen hatte, verstärkte sich sein Verdacht, daß er es mit dem Alkohol wohl zu weit getrieben habe. Die Predigt über den abtrünnigen Erzdiakon von Ongar, über die er gerade nachgedacht hatte, ließ er Predigt sein – er hatte als Text ›An ihren Früchten sollt ihr sie erkennen‹ im Sinn gehabt –, stand auf, sah durch das Fenster zur Kirche hinüber und fragte sich, ob er nicht vielleicht runtergehen und nachsehen solle, ob nicht wirklich eine gewaltige, fette, nackte Dame da sei, als seine Aufmerksamkeit auf das Schilf auf der anderen Seite des Wassers gelenkt wurde. Da waren sie wieder, diese höllischen Dinger. Diesmal konnte es keinen Zweifel daran geben. Er griff zum

Fernglas und starrte wütend hindurch. Er sah sie viel deutlicher als das erste Mal, und sie wirkten sehr viel bedrohlicher. Die Sonne stand hoch am Himmel, und über dem Aalfleet stieg etwas Dunst auf, so daß die Präservative ein gleißender Schimmer umgab, eine Unwirklichkeit, die schlichtweg etwas Geistiges an sich hatte. Schlimmer noch, es zeigte sich, daß was drauf geschrieben stand. Die Botschaft war klar, wenn auch unverständlich. Sie lautete HIFISOSE. Hochwürden St. John Froude nahm das Fernglas herunter, griff nach der Whiskyflasche und dachte über die Bedeutung von HIFISOSE nach, das hauchzart und gefühlsecht an den Himmel gemalt war. Als er, immer flott weg, sein drittes Glas ausgetrunken hatte und zu der Überzeugung gekommen war, daß am Spiritismus trotz allem doch was dran sei, auch wenn man fast immer bloß mit alten Indianern in Berührung kam, die ihre toten Tanten durch sich sprechen ließen, was erklärte, daß Haifischsoße falsch geschrieben war, weil sie ein paar von den weniger schmackhaften Zutaten aus dem Zeug einfach wegließen, hatte der Wind die Buchstaben umgeordnet. Als er diesmal hinsah, lautete die Botschaft SEIFEHILFLOS. Der Pfarrer erschauerte. Welche Seife war hilflos und wieso.

»Die Sünde der geistlichen Getränke«, sagte er vorwurfsvoll zu seinem vierten Whisky, bevor er das Orakel erneut befragte. Auf FIISHOELLE folgte HOHLFISSEL, worauf SLIESLOFF kam, was noch schlimmer war. Hochwürden St. John Froude schob Fernglas und Whiskyflasche zur Seite, kniete nieder und betete um Vergebung oder wenigstens einen Wink, wie die Botschaft zu verstehen sei. Aber jedesmal, wenn er aufstand um nachzusehen, ob sein Wunsch erfüllt worden sei, war die Buchstabenkombination genauso sinnlos wie vorher oder eher geradezu bedrohlich. Was bedeutete zum Beispiel FLOEHFILS, oder HEISSLOEFFL? Endlich beschloß er, dem wahren Wesen der Erscheinung selber auf den Grund zu gehen, zog seine Soutane an und schwankte den Gartenweg zum Bootshaus runter.

»Denen wird der Tag noch leidtun«, murmelte er, als er in

das Ruderboot kletterte und zu den Riemen griff. Hochwürden St. John Froude hatte eine strenge Meinung über Empfängnisverhütung. Das war einer der Grundsätze seines Anglokatholischen Glaubens.

Im Kajütboot schlief Gaskell tief und fest. Um ihn herum traf Sally ihre Vorbereitungen. Sie zog sich aus und schlüpfte in den Plastikbikini. Sie nahm ein viereckiges Seidentuch aus ihrer Tasche und legte es auf den Tisch, holte aus der Küche einen Krug und füllte ihn, über die Reling gelehnt, mit Wasser. Dann ging sie in die Toilette und schminkte sich vor dem Spiegel.

Als sie rauskam, trug sie falsche Wimpern, ihre Lippen waren dunkelrot, und ein maskenhaftes Make-up gab ihrem blassen Teint eine dunklere Tönung. Sie hatte eine Badekappe auf. Sie ging zur Kombüsentür hinüber, stemmte einen Arm in die Seite und streckte die Hüfte raus.

»Gaskell-Baby«, rief sie.

Gaskell öffnete die Augen und sah sie an. »Was gibt's, zum Teufel.«

»Gefällt's dir, Baby?«

Gaskell setzte sich die Brille auf. Sich selber zum Trotz gefiel's ihm. »Wenn du denkst, du kriegst mich wieder rum, liegst du falsch.«

Sally lächelte. »Red doch nicht so viel. Du machst mich heiß, mein Bioabbau-Baby.« Sie ging und setzte sich neben ihn auf das Bett.

»Was hast du vor?«

»Es wiedergutmachen, Baby-Schwänzchen. Du hast 'n Ding mit Pfiff verdient.« Sie streichelte ihn sanft. »Wie in alten Tagen. Erinnerst du dich?«

Gaskell erinnerte sich und merkte, wie er weich wurde. Sally lehnte sich vor und drückte ihn aufs Bett runter.

»Kunststoff-Sally«, sagte sie und knöpfte ihm das Hemd auf.

Gaskell wand sich. »Wenn du denkst . . .«

»Nicht denken, bloß dengeln«, sagte Sally und machte seine Jeans auf. »Kopf hoch, kleiner Mann.«

»O Gott«, sagte Gaskell. Das Parfum, das Plastik, das maskenhafte Gesicht und ihre Hände weckten alte Wunschbilder. Er lag zurückgelehnt in der Koje und starrte sie an, während Sally ihn auszog. Selbst als sie ihn auf den Bauch drehte und ihm die Hände auf den Rücken zog, leistete er keinen Widerstand.

»Fessel-Baby«, sagte sie leise und griff nach dem Seidentuch.

»Nein, Sally, nein«, sagte er schwach. Sally lächelte böse und band seine Hände zusammen, wobei sie das Tuch sorgfältig zwischen seinen Handgelenken zusammendrehte, ehe sie es verknotete. Als sie fertig war, wimmerte Gaskell. »Du tust mir weh.«

Sally drehte ihn herum. »Du stehst doch da drauf«, sagte sie und küßte ihn. Sie setzte sich zurück und streichelte ihn sanft. »Härter, Baby, ganz hart. Heb mich, Liebster, himmelhoch.«

»O Sally.«

»So ist's schön, Baby, und jetzt den Regenmantel.«

»Das ist nicht nötig, ich habe es lieber ohne.«

»Aber ich nicht, G. Ich brauche ihn als Beweis, daß du mich liebst, bis daß der Tod uns scheidet.« Sie bückte sich und rollte ihn aus.

Gaskell starrte zu ihr hoch. Irgend etwas stimmte nicht.

»Und jetzt die Kappe.« Sie langte hinüber nach der Badekappe.

»Die Kappe?« sagte Gaskell. »Wozu das denn? Das Ding setz ich aber nicht auf.«

»Aber klar doch, Schätzchen. Damit siehst du so mädchenmäßig aus.« Sie stülpte ihm die Kappe auf den Kopf. »Und nun rein in Sallia inter alia.« Sie knöpfte den Bikini auf und ließ sich langsam auf ihn hinunter. Gaskell stöhnte und starrte zu ihr hoch. Sie war phantastisch. Sie war schon lange nicht mehr so fabelhaft gewesen. Aber er hatte immer noch Angst.

Es lag etwas in ihren Augen, was er noch nie gesehen hatte. »Bind mich los«, flehte er sie an, »du tust meinem Arm weh.«

Aber Sally lächelte bloß und bewegte sich kreisend. »Wenn du gekommen bist und es gegangen ist, G-Baby. Wenn du's hinter dir hast.« Sie bewegte ihre Hüften.

»Komm, du Faultier, komm, fick's.«

Gaskell erzitterte.

»Fertig?«

Er nickte. »Fertig«, seufzte er.

»Endgültig, Baby, endgültig«, sagte Sally. »Das war's. Du bist am Ende.«

»Am Ende?«

»Du bist gekommen und jetzt gehst du. Du stehst am Ufer des Styx.«

»Am Ufer des Stücks?«

»S wie Sally, T wie Tod, Y wie Yankee und X wie Xitus. Jetzt fehlt nur noch das hier.« Sie langte nach dem Krug mit dem trüben Wasser, Gaskell drehte den Kopf und warf einen Blick darauf.

»Wofür ist das?«

»Für dich, Baby. Moddermilch.« Sie rutschte ein Stück hoch und setzte sich ihm auf die Brust. »Mach den Mund auf.«

Gaskell Pringsheim starrte sie wie besessen an. Er begann sich zu krümmen und zu winden. »Du bist wahnsinnig. Du bist verrückt.«

»Bleib ganz still liegen, dann tut's nicht weh. Bald ist es vorüber, Liebster. Natürlicher Tod durch Ertrinken. Im Bett. Du gehst in die Geschichte ein.«

»Du Hure, du blutrünstige Hure.«

»Zerberusmäßig«, sagte Sally und goß ihm das Wasser in den Mund. Sie stellte den Krug ab und zog ihm die Badekappe über das Gesicht.

Hochwürden St. John Froude ruderte für einen Mann mit einer halben Flasche Whisky im Bauch und Zorn im Herzen erstaunlich gleichmäßig, und je näher er an die Präservative herankam, desto größer wurde sein Zorn. Und das nicht bloß, weil ihm der Anblick der Dinger eine völlig unnötige Angst über den Zustand seiner Leber eingejagt hatte, jetzt, da er nahe an ihnen dran war, konnte er sehen, daß sie wirklich da waren, sondern vielmehr, weil er in Sexualdingen ein Verfechter des Prinzips der Nicht-Einmischung war. Gott hatte seiner Meinung nach eine vollkommene Welt geschaffen, wenn der Schöpfungsgeschichte zu glauben war, und seitdem war es unentwegt bergab gegangen. Und der Schöpfungsgeschichte mußte man einfach glauben, oder die ganze Bibel ergab keinen Sinn. Von dieser dogmatischen Voraussetzung war Hochwürden St. John Froude auf verschlungenen Pfaden über Blake, Hawker, Leavis und eine Anzahl fortschrittsfeindlicher Theologen zu der Überzeugung gelangt, die Wunder der modernen Wissenschaft seien Werke des Teufels, die Erlösung sei im Verzicht auf jeden materiellen Fortschritt seit der Renaissance oder auch schon früher zu suchen, und die Natur sei unendlich viel weniger zerstörerisch als der moderne motorisierte Mensch. Kurz, er war überzeugt, das Ende der Welt in Gestalt einer atomaren Götterdämmung sei nahe, und seine Pflicht als Christ sei es, dieses zu verkünden. Seine Predigten über dieses Thema waren von einer so anschaulich das Grauen ausmalenden Inbrunst gewesen, daß sie zu seiner Verbannung nach Waterswick geführt hatten. Als er jetzt den Flußarm hinauf ins Aalfleet ruderte, wetterte er im stillen gegen Empfängnisverhütung und Abtreibung und die Übel sexueller Lotterwirtschaft. Sie alle waren Anzeichen und Ursachen und ursächliche Anzeichen des moralischen Tohuwabohus, zu dem sich das Leben auf der Erde entwickelt hatte. Und schließlich gab es noch die Ausflügler. Hochwürden St. John Froude konnte Ausflügler nicht riechen. Sie verdreckten den kleinen Garten Eden seiner Pfarre mit ihren Booten, ihren Transistorradios und ihrer schamlosen Daseinsfreude. Und Ausflügler, die den Blick aus dem Fenster seines Arbeitszimmers mit aufgeblasenen Präservativen und sinnlosen Botschaften schändeten, waren ein Greuel. Als er schließlich das

Kajütboot zu Gesicht bekam, war er nicht gerade zu Späßen aufgelegt. Er ruderte wütend zu der Jacht rüber, machte sein Boot an der Reling fest, raffte die Soutane bis zu den Knien und stieg an Bord.

In der Kajüte starrte Sally auf die Badekappe hinunter. Sie blähte sich auf, fiel wieder zusammen, dehnte sich aus und saugte sich an Gaskells Gesicht fest, und Sally bog sich vor Vergnügen. Sie war die befreiteste Frau der Welt, aber die allerbefreiteste. Gaskell kratzte ab, und sie wäre frei und hätte eine Million Dollar in ihrem Kätzchen. Und niemand käme je dahinter. Sobald er tot wär, nähme sie die Kappe ab, bände ihn los und stieße seine Leiche ins Wasser. Und Gaskell Pringsheim wäre eines ganz natürlichen Todes durch Ertrinken gestorben. In diesem Augenblick wurde die Kajütentür geöffnet, und sie blickte hoch auf die Silhouette von Hochwürden St. John Froude.

»Was, zum Teufel . . .« murmelte sie und sprang von Gaskell herunter.

Hochwürden St. John Froude zögerte. Er war hergekommen, um seine Meinung zu sagen, und sagen würde er sie, aber er hatte offenbar eine ziemlich nackte Frau mit entsetzlich geschminktem Gesicht beim Koitus mit einem Mann gestört, der, soweit er das bei einem flüchtigen Blick sagen konnte, überhaupt kein Gesicht hatte.

»Ich . . .«, begann er und unterbrach sich. Der Mann war aus der Koje auf den Fußboden gerollt und wälzte sich da auf sehr seltsame Weise. Hochwürden St. John Froude starrte entsetzt auf ihn hinunter. Der Mann war nicht nur gesichtslos, seine Hände waren auch auf den Rücken gebunden.

»Mein lieber Freund«, sagte der Pfarrer, den der Anblick erschreckte, und sah nach einer Erklärung suchend zu der Frau auf. Sie starrte ihn, ein großes Küchenmesser in der Hand, wie besessen an. Hochwürden St. John Froude stolperte zurück in das Cockpit, als die Frau, das Messer mit beiden Händen vor sich haltend, auf ihn zuging. Sie war unverkennbar völlig irre. Und der Mann auch. Er rollte auf dem Fußboden herum und schleifte seinen Kopf hin und her. Die Badekappe löste sich, aber Hochwürden St. John Froude hatte zuviel damit zu tun, über die Reling in sein Ruderboot zu klettern, um es zu bemerken. Er stieß ab, als die gräßliche Frau auf ihn zustürzte, und ruderte davon, seinen ursprünglichen Vorsatz hatte er vollkommen vergessen. Sally stand im Cockpit und schrie ihm Schimpfworte nach, aber hinter ihr war in der Kajütentür eine Gestalt aufgetaucht. Der Pfarrer sah mit Dankbarkeit, daß der Mann jetzt ein Gesicht hatte, kein hübsches Gesicht, ein ausgesprochen grauenerregendes Gesicht, aber wenigstens ein Gesicht, und er kam hinter der Frau in irgendeiner gräßlichen Absicht näher. Im nächsten Augenblick wurde die Absicht in die Tat umgesetzt. Der Mann stürzte sich auf die Frau, das Messer fiel aufs Deck, die Frau schlidderte am Bootsrand lang und rutschte dann kopfüber ins Wasser. Hochwürden St. John Froude wartete keine Sekunde länger. Er ruderte aus Leibeskräften davon. Ganz gleich, bei was für einer widerlichen Orgie sexueller Verirrung er gestört hatte, er wollte nichts damit zu tun haben, und angemalte Frauen mit Messern, die ihn einen beschissenen Sohn eines Fotzenleckers und noch anders nannten, konnten bei ihm kein Mitleid erwarten, wenn das Objekt ihrer obszönen Begierden sie ins Wasser stieß. Und auf jeden Fall waren es Amerikaner. Hochwürden St. John Froude hatte für Amerikaner keine Zeit. Sie verkörperten all das, was er an der Welt von heute anstößig fand. Von neuem von Ekel am Dasein und dem Drang zur Whiskyflasche geschüttelt, ruderte er heim und machte das Boot am Fuße des Gartens fest.

Im Kajütboot hörte Gaskell auf zu schreien. Der Priester, der ihm das Leben gerettet hatte, war seinen heiseren Rufen nach weiterer Hilfe gegenüber taub gewesen, und Sally stand bis zum Bauch im Wasser neben dem Boot. Na, da konnte sie ruhig bleiben. Er ging in die Kajüte zurück, drehte sich so, daß er die Tür mit seinen zusammengebundenen Händen abschließen konnte, und sah sich nach etwas um, womit er den Seidenschal durchschneiden konnte. Er hatte immer noch große Angst.

»Schön«, sagte Inspektor Flint, »und was haben Sie dann gemacht?«

»Aufgestanden und die Sonntagszeitung gelesen.«

»Und dann?«

»Habe ich einen Teller Müsli gegessen und eine Tasse Tee getrunken.«

»Tee? Sind Sie sicher, daß es Tee war? Letztes Mal haben Sie Kaffee gesagt.«

»Wann?«

»Als Sie es das letzte Mal erzählten.«

»Ich habe Tee getrunken.«

»Und dann?«

»Habe ich Clem sein Frühstück gegeben.«

»Was?«

»Chappie.«

»Letztes Mal haben Sie Bonzo gesagt.«

»Dieses Mal sage ich Chappie.«

»Entscheiden Sie sich. Was war es?«

»Verflucht nochmal, wen interessiert denn, was es war?«

»Mich interessiert's.«

»Chappie.«

»Und als Sie den Hund gefüttert hatten?«

»Habe ich mich rasiert.«

»Letztes Mal haben Sie gesagt, Sie hätten gebadet.«

»Ich habe gebadet und mich dann rasiert. Ich wollte Zeit sparen.«

»Vergessen Sie die Zeit, Wilt, für uns ist es nie zu spät.«

»Wie spät ist es?«

»Halten Sie den Mund. Was haben Sie dann gemacht?«

»O du lieber Himmel, was soll das? Welchen Sinn soll das haben, immer und immer wieder dieselben Sachen durchzukauen?«

»Halten Sie den Mund.«

»Gut«, sagte Wilt, »mach ich.«

»Was haben Sie gemacht, als Sie sich rasiert hatten?«

Wilt starrte ihn an und sagte nichts.

»Und als Sie sich rasiert hatten?«

Aber Wilt blieb stumm. Schließlich ging der Inspektor aus dem Zimmer und schickte nach Sergeant Yates.

»Er will nicht singen«, sagte er müde. »Was machen wir jetzt?«

»Es mit ein bißchen körperlicher Überredung versuchen?«

Flint schüttelte den Kopf. »Gosdyke hat ihn gesehen. Wenn er am Montag vor Gericht erscheint, und ihm ist auch nur ein einziges Haar gekrümmt, kommt der uns wegen Gefangenenmißhandlung aufs Dach. Es muß 'ne andere Möglichkeit geben. Irgendwo muß er doch einen schwachen Punkt haben, aber ich will verdammt sein, wenn ich den nicht finde. Wie macht er das bloß?«

»Was?«

»Zu reden und reden und nichts zu sagen. Nicht ein verfluchtes brauchbares Wort. Der Kerl hat zu jedem Thema unter Gottes heißer Sonne mehr zu sagen, als ich Haare auf dem Kopf habe.«

»Wenn wir ihn nochmal achtundvierzig Stunden wachhalten, bricht er todsicher zusammen.«

»Und ich gleich mit«, sagte Flint. »Wir gehen beide in Zwangsjacken vor Gericht.

Im Vernehmungsraum legte Wilt den Kopf auf den Tisch. In einer Minute wären sie wieder da und fragten weiter, aber eine Sekunde Schlaf war besser als keiner. Schlaf. Wenn sie ihn doch bloß schlafen ließen. Was hatte Flint gesagt? »Sobald Sie ein Geständnis unterschreiben, können Sie schlafen, soviel Sie wollen.« Wilt dachte über diese Bemerkung und ihre Möglichkeiten nach. Ein Geständnis. Aber es müßte so plausibel sein, daß es sie in Atem hielt, während er ein bißchen Schlaf bekam, und zugleich so undenkbar, daß es vom Gericht zurückgewiesen würde. Ein Verzögerungsgeplänkel, das Eva Zeit gab, zurückzukommen und seine Unschuld zu beweisen. Es wäre genauso, wie die Gasinstallateure II ›Shane‹ lesen zu lassen, während er dasaß und darüber nachdachte, wie er Eva in das Bohrloch kriegen könnte. Er sollte doch in der Lage sein, sich was so Kompliziertes auszudenken, das sie höllisch in Trab hielt. Wie hatte er sie alle drei umgebracht? Im Badezimmer erschlagen? Nicht genug Blut. Selbst Flint hatte das zugegeben. Also wie? Welche hübsch sanfte Tour gab's? Der arme alte Pinkerton hatte sich einen friedlichen Tod ausgesucht, als er einen Schlauch auf den Auspuff seines Autos steckte . . . das war's. Aber wieso? Es mußte einen Grund geben. Eva hätte es mit Dr. Pringsheim getrieben? Mit diesem Armleuchter? Nie im Leben. Eva hätte Gaskell nicht zweimal angeguckt. Aber das konnte Flint nicht wissen. Und was war mit diesem Weibsstück Sally? Alle drei hätten's miteinander getrieben? Na ja, das erklärte zumindest, warum er alle drei getötet hatte, und es lieferte ein Motiv von der Sorte, die Flint verstünde. Und außerdem paßte es zu Parties wie der da. Er nahm also diesen Schlauch . . . Wieso Schlauch? Ein Schlauch war gar nicht nötig. Sie waren in der Garage, um ganz allein zu sein. Nein, das ginge nicht. Es mußte das Badezimmer sein. Wie wäre es, wenn Eva und Gaskell es im Bad getrieben hätten? Das war besser. Er hatte in einem Anfall von Eifersucht die Tür eingetreten. Viel besser. Dann hatte er sie ertränkt. Und dann war Sally nach oben gekommen, und er hatte auch sie töten müssen. Das erklärte das Blut. Es hatte einen Kampf gegeben. Er hatte sie nicht töten wollen, aber sie war in die Wanne gefallen. So weit, so gut. Aber wo hatte er sie hingebracht? Das mußte irgendwas Plausibles sein. So was wie den Fluß würde ihm Flint nie abkaufen. Irgendwas, das der Puppe in dem Bohrloch einen Sinn gab. Flint hatte sich in den Kopf gesetzt, daß die Puppe ein Ablenkungsmanöver gewesen sei. Das hieß, daß die Zeit bei ihren Überlegungen eine Rolle spielte.

Wilt stand auf und fragte, ob er auf die Toilette gehen dürfe.

Wie immer ging der Wachtmeister mit und wartete draußen vor der Klotür.

»Müssen Sie das?« sagte Wilt. »Ich habe nicht vor, mich an der Kette zu erhängen.«

»Damit Sie den Arsch nicht in die Hände nehmen«, sagte der Polizist grob.

Wilt setzte sich hin. Den Arsch in die Hände nehmen. Was für ein scheußlicher Ausdruck. Er ließ an die Sprache von Fleisch I denken. Fleisch I? Das war der Augenblick der Erleuchtung. Wilt stand auf und spülte. Fleisch I würde sie lange in Atem halten. Er ging zurück in das blaßgrüne Zimmer, wo das Licht brummte. Flint wartete schon auf ihn.

»Werden Sie jetzt reden?« fragte er.

Wilt schüttelte den Kopf. Sie würden's ihm aus der Nase ziehen müssen, wenn sein Geständnis überhaupt überzeugend sein sollte. Er würde zögern müssen, einen Satz beginnen, abbrechen, wieder beginnen, Flint anflehen, ihn nicht länger zu quälen, sich verteidigen und wieder beginnen. Diese Forelle mußte man kitzeln. Na, wenigstens würde das helfen, ihn wachzuhalten.

»Wollen Sie wieder von vorne anfangen?« fragte er.

Inspektor Flint lächelte fuchterregend. »Ganz von vorn.«

»Na schön«, sagte Wilt, »tun Sie, was Sie nicht lassen können. Aber fragen Sie mich bloß nicht dauernd, ob ich dem Hund Chappie oder Bonzo gegeben habe. Dieses ganze Gerede über Hundefutter halt ich einfach nicht aus.«

Inspektor Flint biß an. »Warum nicht?«

»Es geht mir auf die Nerven«, sagte Wilt und erschauerte.

Der Inspektor beugte sich vor. »Hundefutter geht Ihnen auf die Nerven?« sagte er.

Wilt zögerte bedeutsam. »Fragen Sie mich das nicht weiter«, sagte er. »Bitte, das nicht.«

»Also, was war es, Bonzo oder Chappie?« sagte der Inspektor, der Blut roch.

Wilt vergrub sein Gesicht in den Händen. »Ich sage nichts mehr. Gar nichts. Warum müssen Sie mich dauernd nach Futter fragen. Lassen Sie mich in Ruhe.« Seine Stimme kletterte hysterisch in die Höhe und damit auch Inspektor Flints Hoffnungen. Er wußte, wann er auf den Nerv getroffen war. Er war auf der richtigen Spur.

18

»Du großer Gott«, sagte Sergeant Yates, »Leberpastete gab's doch gestern zu Mittag. Das ist ja widerlich.«

Inspektor Flint spülte sich den Mund mit schwarzem Kaffee und spuckte ihn ins Waschbecken. Er hatte sich schon zweimal übergeben und das Gefühl, als müsse er gleich nochmal.

»Ich wußte ja, daß es irgend sowas sein würde«, sagte er und schüttelte sich, »ich hab's genau gewußt. Ein Mensch, der dies Ding mit der Puppe drehen kann, mußte einfach noch was richtig Bestialisches auf Lager haben.«

»Aber inzwischen sind sie doch sicher alle gegessen worden«, sagte der Sergeant. Flint sah ihn bleich an.

»Zum Teufel, was meinen Sie, warum er diese falsche Spur gelegt hat?« fragte er. »Um viel Zeit zu lassen, sie zu verdrükken? ›Verdrücken‹ hat er gesagt, nicht ich. Wissen Sie, wie lange sich eine Leberpastete hält?«

Yates schüttelte den Kopf.

»Fünf Tage. Fünf Tage. Sie gingen am Dienstag raus, also haben wir noch einen Tag Zeit, sie zu finden, oder das, was von ihnen noch da ist. Ich will, daß man jeder Leberpastete in Ostengland auf die Spur kommt. Ich will, daß alle Scheiß Würste, Fleisch- und Nierenragouts, die diese Wochen die Fleischfabrik Sweetbreads verlassen haben, gefunden und hergebracht werden. Und jede Dose Hundefutter.«

»Hundefutter?«

»Ganz recht«, sagte Inspektor Flint, als er wieder aus dem Waschraum gewankt kam. »Und wenn Sie schon mal dabei sind, nehmen Sie das Katzenfutter auch gleich mit. Bei Wilt weiß man nie. Er kriegt's fertig und führt uns in einer entscheidenden Einzelheit aufs Glatteis.«

»Aber wenn sie doch in Leberpasteten hineingekommen sind, was soll das dann mit dem Hundefutter?«

»Zum Kuckuck, was meinen Sie, wo er den ganzen Kleinkram reingetan hat, und damit meine ich wirklich den ganzen Kram?« fragte Inspektor Flint erregt. »Sie glauben doch wohl nicht, er hätte riskiert, daß die Leute sich beschweren, sie hätten einen Zahn oder Zehennagel in der Sweetbreads-Pastete gefunden, die sie an dem und dem Morgen gekauft hätten. Doch nicht Wilt. Der Schweinehund denkt an alles. Er ertränkt sie in ihrer eigenen Badewanne. Er steckt sie in Plastikmüllsäcke und schließt sie in der Garage ein, dann geht er nach Hause und schmeißt die Puppe in das verfluchte Loch. Am Sonntag geht er dann zurück, holt die Leichen ab und verbringt den ganzen Tag allein in der Fleischfabrik ... Na, und wenn Sie wissen wollen, was er am Sonntag gemacht hat, darüber können Sie alles in seinem Geständnis lesen. Das ist mehr, als mein Magen aushält.«

Der Inspektor verschwand wieder schleunigst im Waschraum. Er hatte sich seit Montag von nichts anderem als Leberpastete ernährt.

Die statistische Wahrscheinlichkeit, daß er Mrs. Wilt zu sich genommen hatte, war äußerst hoch.

Als die Fleisch- und Konservenfabrik Sweetbreads um acht aufmachte, wartete Inspektor Flint bereits am Tor. Er stürmte ins Büro des Direktors und verlangte, ihn zu sprechen.

»Er ist nicht da«, sagte die Sekretärin. »Kann ich irgendwas für Sie tun?«

»Ich möchte eine Liste von allen Firmen, die Sie mit Leberpasteten, Fleisch- und Nierenragouts, Würsten und Hundefutter beliefern«, sagte der Inspektor.

»Ich kann Ihnen unmöglich Auskünfte darüber geben«, sagte die Sekretärin. »Das ist streng vertraulich.«

»Vertraulich? Zum Teufel, was meinen Sie mit vertraulich?«

»Tja, ich weiß nicht genau. Es ist halt nur so, daß ich Ihnen von mir aus diese Auskünfte nicht geben kann, die nur für Eingeweihte sind.« Sie schwieg. Inspektor Flint starrte sie mit einem wirklich graueneinflößenden Gesichtsausdruck an.

»Also, Frollein«, sagte er schließlich, »da wir gerade beim Thema Auskünfte für Eingeweihte sind, interessiert es Sie vielleicht, daß das Innenleben Ihrer Leberpastete eher Auskünfte über Eingeweide verlangt. Hier geht's um Kropf und Magen.«

»Um Knopf und . . . Kropf und . . . äh . . . Magen? Ich verstehe nicht, was Sie meinen. Unsere Pasteten enthalten vollkommen bekömmliche Zutaten.«

»Bekömmlich?« schrie der Inspektor. »Sie nennen drei menschliche Leichen bekömmlich? Sie nennen die gekochten, blanchierten, gehackten und überbackenen Überreste dreier Ermordeter bekömmlich?«

»Aber wir verwenden nur . . .«, begann die Sekretärin und kippte von ihrem Stuhl in eine tiefe Ohnmacht.

»Ach, du liebe Güte«, schrie der Inspektor, »man sollte doch meinen, so eine dämliche Ziege, die im Schlachthof arbeitet, wär nicht zimperlich. Finden Sie heraus, wer der Direktor ist und wo er wohnt, und sagen sie ihm, daß er mit Eilpost herkommen soll.«

Er setzte sich in einen Sessel, während Sergeant Yates im Schreibtisch rumschnüffelte. »Huhu, aufwachen«, sagte er und stieß die Sekretärin mit dem Fuß an. »Wenn jemand das Recht hat, sich bei der Arbeit hinzulegen, bin ich das. Ich bin seit drei Tagen und drei Nächten auf den Beinen, und hab auch noch Beihilfe zum Mord geleistet.«

»Beihilfe?« sagte Yates. »Das verstehe ich nicht, wie Sie darauf kommen.«

»Nein? Und wie würden Sie das nennen, wenn man hilft, Teile der Mordopfer zu beseitigen? Verbrechensbeweise vernichten?«

»So hab ich noch nicht daran gedacht«, sagte Yates.

»Ich aber«, sagte der Inspektor, »ich denke an überhaupt nichts anderes.«

In seiner Zelle starrte Wilt friedlich zur Decke hoch. Er war verblüfft, wie leicht es gegangen war. Man mußte den Leuten nur erzählen, was sie hören wollten, und sie glaubten's einem, egal, wie unwahrscheinlich die Geschichte war. Und drei Tage und drei Nächte ohne Schlaf hatten Inspektor Flints Argwohn vollkommen eingelullt. Wilt hatte sein Stocken und Stammeln aber auch immer genau zur richtigen Zeit eingesetzt, und sein Geständnis war schließlich eine nette Mischung aus Phantasie und Wirklichkeit gewesen. Bei den näheren Einzelheiten der Ermordung war er teilnahmslos präzise und bei der Schilderung, wie er sie beseitigt hatte, ein Künstler gewesen, der stolz war auf sein Werk. Hin und wieder, wenn er an einen schwierigen Punkt gelangte, wich er mit Sätzen wie ›Das können Sie nie beweisen, die sind jetzt schon längst spurlos den Bach runter‹ in eine irrwitzige Unverschämtheit aus, die so prahlerisch wie feige wirkte. Und das Harpic hatte sich auch noch einmal als nützlich erwiesen und der Tatsache was makaber Realistisches gegeben, wie die Mordbeweise durch die endlosen Windungen der Abwasserleitung weggespült worden waren, immer mit einem Schwung Harpic hinterher wie mit 'ner Prise Salz aus dem Salzstreuer. Eva hätte sicher ihren Spaß daran, wenn er ihr davon erzählte, was man von Inspektor Flint nicht gerade sagen konnte. Der hatte nicht mal die Ironie in Wilts Bemerkung gespürt, er habe Pringsheims doch die ganze Zeit vor der Nase gehabt, als er nach ihnen suchte. Besonders aus der Fassung gebracht hatte ihn der Seitenhieb mit dem empfindlichen Magen und der Rat, in Zukunft doch lieber bei Reformkost zu bleiben. Ja, trotz seiner Müdigkeit hatte Wilt amüsiert beobachtet, wie die blutunterlaufenen Augen des Inspektors nach Freude und schadenfroher Selbstzufriedenheit langsam offene Verwunderung und schließlich nur noch unverhüllten Ekel ausgedrückt hatten. Und als Wilt zum

Schluß geprahlt hatte, ohne Beweise wären sie niemals in der Lage, ihn vor Gericht zu bringen, da hatte Flint überlegen geantwortet: »O doch, das werden wir«, hatte er heiser geschrien, »wenn auch nur eine einzige Pastete von dieser Lieferung noch da ist, werden wir sie kriegen, und dann werden die Jungs vom Labor . . .«

». . . nichts als Schweinefleisch drin finden«, sagte Wilt, ehe er wieder in seine Zelle geschleift wurde. Zumindest das war wahr, und wenn's Flint nicht glaubte, war das seine Sache. Er hatte ein Geständnis haben wollen, und er hatte eins gekriegt, bei dem Fleisch I freundlicherweise Pate gestanden hatte, die Fleischerlehrlinge, die so viele Stunden Allgemeinbildung damit verbracht hatten, ihm den Betrieb von der Fleischfabrik Sweetbreads zu erklären, und ihn wirklich eines Nachmittags mit dorthin genommen hatten, um ihm zu zeigen, wie alles funktionierte. Nette Burschen. Und wie widerlich er sie doch damals gefunden hatte. Was wieder nur bewies, wie man sich in Menschen irren konnte. Wilt fragte sich gerade, ob er sich in Eva nicht auch geirrt habe und ob sie vielleicht tot sei, als er einschlief.

Vom Friedhof aus sah Eva Hochwürden St. John Froude zum Bootshaus hinuntergehen und zum Schilf rüberrudern. Sobald er verschwunden war, ging sie zum Haus hinauf. Jetzt, wo der Pfarrer weg war, war sie bereit, das Risiko auf sich zu nehmen, mit seiner Frau zusammenzutreffen. Sie stahl sich durch das Tor in den Hof und guckte sich nach ihr um. Es sah dort alles furchtbar heruntergekommen aus, und ein Haufen leerer Flaschen in einer Ecke, Whisky- und Ginflaschen, schien darauf hinzudeuten, daß er wohl unverheiratet sei. Den Efeu noch immer fest an sich gepreßt, ging sie rüber zu der Tür, offenbar die Küchentür, und klopfte. Keine Antwort. Sie ging zum Fenster und sah hinein. Die Küche war groß, ausgesprochen unaufgeräumt und wies alle Kennzeichen eines Junggesellenhaushalts auf.

Sie ging wieder zur Tür, klopfte nochmal und überlegte gerade, was sie jetzt tun solle, als sie ein Fahrzeug die Straße herunterkommen hörte.

Eva zögerte einen Augenblick, dann drückte sie auf die Klinke. Die Tür war nicht verschlossen. Sie ging hinein und machte die Tür zu, als ein Milchwagen in den Hof fuhr. Eva hörte den Milchmann ein paar Flaschen abstellen und dann wegfahren. Sie drehte sich um und ging durch den Flur zur Eingangsdiele. Wenn sie das Telefon fände, könnte sie Henry anrufen, und er könnte im Wagen rauskommen und sie holen. Sie würde wieder zur Kirche zurückgehen und dort auf ihn warten. Aber die Diele war leer. Sie steckte den Kopf ganz vorsichtig in mehrere Zimmer und sah, daß zum größten Teil keine Möbel oder nur mit Staubüberzügen verhüllte Sessel und Sofas drin standen. Auch hier war alles unglaublich liederlich.

Der Pfarrer war unverkennbar nicht verheiratet. Endlich fand sie sein Arbeitszimmer. Ein Telefon stand auf dem Schreibtisch. Eva ging hinein, hob den Hörer ab und wählte Ipford 66066. Es meldete sich niemand. Henry war sicher in der Schule. Sie wählte die Nummer der Berufsschule und fragte nach Mr. Wilt.

»Wilt?« sagte das Mädchen in der Vermittlung. »Mr. Wilt?«

»Ja«, sagte Eva mit leiser Stimme.

»Ich bedaure, aber er ist nicht da«, sagte das Mädchen.

»Nicht da? Aber er muß da sein.«

»Tja, ist er aber nicht.«

»Aber er muß doch da sein. Es ist furchtbar wichtig, daß ich ihn erreiche.«

»Tut mir leid, aber da kann ich Ihnen nicht helfen.«

»Aber . . .«, fing Eva an und sah rasch aus dem Fenster. Der Pfarrer war zurückgekommen und kam gerade den Gartenweg herauf. »Oh Gott«, murmelte sie und legte eilig auf. Sie drehte sich um und rannte völlig kopflos aus dem Zimmer. Erst als sie durch den Flur gelaufen und wieder in der Küche war, bemerkte sie, daß sie ihren Efeu im Arbeitszimmer gelassen hatte. Schritte kamen den Flur runter. Eva blickte sich völlig außer sich um, entschied sich gegen den Hof und hastete eine Steintreppe in den ersten Stock rauf. Dort blieb sie stehen und horchte. Ihr Herz klopfte laut. Sie war nackt und mit einem Geistlichen allein in einem fremden Haus, und Henry war nicht in der Schule, wo er doch dort hätte sein müssen, und das Mädchen in der Vermittlung hatte sich sehr merkwürdig angehört, so als wäre irgend was verkehrt daran, Henry sprechen zu wollen. Sie wußte überhaupt nicht, was sie tun sollte.

In der Küche wußte Hochwürden St. John Froude ganz genau, was er tun wollte: für immer die Höllenvision auslöschen, zu der er von diesen widerlichen Dingern mit ihren sinnlosen über dem Wasser herumflatternden Botschaften verlockt worden war. Er kramte eine neue Flasche Teachers aus dem Schrank und nahm sie mit in sein Arbeitszimmer. Was er eben erlebt hatte, war so grotesk gewesen, so offenkundig böse, so grauenhaft, so Vorgefühl der Hölle selber, daß er sich nicht klar war, ob es Wirklichkeit oder bloß ein Alptraum am hellichten Tage gewesen war. Ein Mann ohne Gesicht, dem die Hände auf dem Rücken gefesselt waren, eine Frau mit angemaltem Gesicht und einem Messer in der Hand, und diese Ausdrücke ... Hochwürden St. John Froude korkte die Flasche auf und wollte sich gerade ein Glas eingießen, als sein Blick auf den Efeu fiel, den Eva auf dem Stuhl vergessen hatte. Er stellte die Flasche rasch ab und starrte auf die Blätter. Schon wieder so ein Rätsel, das ihn völlig durcheinanderbrachte. Wie konnte Efeu auf den Stuhl in seinem Arbeitszimmer kommen? Ganz sicher war er nicht dagewesen, als er aus dem Haus gegangen war. Er hob ihn vorsichtig hoch und legte ihn auf seinen Schreibtisch. Dann setzte er sich hin und sah ihn an, und ihm wurde immer beklommener zumute. Irgendwas ging um ihn vor, was er nicht begriff. Und diese merkwürdige Gestalt, die zwischen den Grabsteinen herumgehuscht war? Er hatte sie vollkommen vergessen.

Hochwürden St. John Froude erhob sich, trat auf die Terrasse und ging zur Kirche runter.

»An einem Sonntag?« schrie der Direktor von Sweetbreads, »an einem Sonntag? Aber am Sonntag arbeiten wir gar nicht. Da ist hier niemand. Da haben wir zu.«

»Letzten Sonntag aber nicht, da war hier jemand, Mr. Eisbein«, sagte der Inspektor.

»Eiswein, bitte«, sagte der Direktor, »Eiswein mit w.«

Der Inspektor nickte. »Okay, Mr. Eiswein, ich wollte ihnen lediglich mitteilen, daß dieser Wilt letzten Sonntag hier drin war und . . .«

»Wie ist er denn reingekommen?«

»Er hat auf dem Parkplatz eine Leiter hinten an die Mauer gelehnt.«

»Am hellichten Tage? Da wäre er gesehen worden.«

»Um zwei Uhr früh, Mr. Eisbein.«

»Eiswein, Inspektor, Eiswein.«

»Ach, wissen Sie, Mr. Eiswein, wenn man in so einer Fabrik mit so einem Namen arbeitet, hat man sich's selber zuzuschreiben.«

Mr. Eiswein sah ihn giftig an. »Und wenn sie mir erzählen wollen, letzten Sonntag wär hier irgendein verdammter Irrer mit drei Leichen aufgekreuzt und hätte den Tag damit zugebracht, sie mit unseren Maschinen in Gehacktes zu verwandeln, das nach dem Lebensmittelgesetz für den menschlichen Verzehr geeignet sein muß, dann sage ich Ihnen, das kann nur dem Kopf eines . . . Kopf? Was hat er denn mit den Köpfen gemacht? Sagen Sie mir das?«

»Was machen Sie denn mit den Köpfen, Mr. Eiswein?« fragte der Inspektor.

»Das kommt drauf an. Die einen kommen mit den Därmen in die Kübel für das Tierfutter . . .«

»Genau. Das hat Wilt mit ihnen auch gemacht, hat er gesagt. Und Sie heben sie im Kühlraum Nr. 2 auf. Hab ich recht?«

Mr. Eiswein nickte verwirrt. »Ja«, sagte er, »das stimmt.«

Er zögerte und starrte den Inspektor an. »Aber es ist ein Riesenunterschied zwischen einem Schweinekopf und einem ...«

»Natürlich«, sagte der Inspektor schnell, »und Sie nehmen gewiß an, da hätte doch jemand den Unterschied bemerken müssen.«

»Natürlich.«

»Ich habe nun von Mr. Wilt erfahren, Sie hätten einen außerordentlich leistungsfähigen Fleischwolf ...«

»Nein!« schrie Mr. Eiswein verzweifelt. »Nein, das glaube ich nicht. Das ist nicht möglich. Das ist ...«

»Wollen Sie damit sagen, er hätte unmöglich ...«

»Nein. Ich will nur sagen, das hätte er nicht tun sollen. Das ist ungeheuerlich. Es ist grauenhaft.«

»Natürlich ist es grauenhaft«, sagte der Inspektor, »aber es bleibt bei der Tatsache, daß er diese Maschine benutzt hat.«

»Aber wir halten unsere Maschinen peinlich sauber.«

»Das sagt Wilt auch. In diesem Punkt war er ganz pingelig. Er sagt, er hätte hinterher gründlich sauber gemacht.«

»Das muß er auch«, sagte Mr. Eiswein. »Am Montagmorgen war nichts schmutzig und alles an Ort und Stelle. Sie haben ja gehört, was der Vorarbeiter gesagt hat.«

»Und ich habe auch gehört, was dieser Saukerl Wilt gesagt hat, nämlich, daß er sich eine Liste gemacht hat, wo alles stand, bevor er es benutzte, so daß er's genau wieder dorthin zurücklegen konnte, wo er es hergenommen hatte. Er hat einfach an alles gedacht.«

»Und was ist mit unserem guten Ruf in puncto Hygiene? Daran hat er wohl nicht gedacht, gell? Fünfundzwanzig Jahre sind wir für die vortreffliche Qualität unserer Produkte bekannt, und jetzt muß das passieren. Wir hatten die führende Stellung in der ...« Mr. Eiswein verstummte plötzlich und sank in einen Sessel.

»Tja, also«, sagte der Inspektor, »was ich wissen muß, ist, an wen Sie liefern. Wir werden jede Leberpastete und jede Wurst beschlagnahmen ...«

»Beschlagnahmen? Die können Sie nicht beschlagnahmen«, schrie Mr. Eiswein, »die sind alle weg.«

»Weg? Was meinen Sie damit, sie sind weg?«

»Was ich sage, sie sind weg. Sie sind mittlerweile gegessen oder den Weg allen Fleisches gegangen . . .«

»Den Weg allen Fleisches? Sie wollen mir doch wohl nicht erzählen, daß keine mehr übrig sind. Es ist doch erst fünf Tage her, daß sie rausgegangen sind.«

Mr. Eiswein richtete sich auf. »Inspektor, wir sind eine altmodische Firma und benutzen altbewährte Verfahren, und eine Sweetbreads-Leberpastete ist eine unverfälschte Leberpastete. Keine von Ihren Ersatzpasteten mit diesen Verhütungsmitteln, die . . .«

Jetzt war Inspektor Flint an der Reihe, in einen Sessel zu sinken. »Hab ich das so zu verstehen, daß Ihre Scheiß Pasteten sich nicht halten?« fragte er.

Mr. Eiswein nickte. »Sie sind zum sofortigen Verbrauch bestimmt«, sagte er stolz. »Heute hier, morgen fort. Das ist unser Motto. Sie haben selbstverständlich unsere Anzeigen gesehen.«

Hatte Inspektor Flint nicht.

»Die Pastete von heute mit der Würze von einst, die altbewährte Pastete mit der Hausfrauenfüllung.«

»Das können Sie ruhig nochmal sagen«, sagte Inspektor Flint.

Mr. Gosdyke sah Wilt zweifelnd an und schüttelte den Kopf. »Sie hätten auf mich hören sollen«, sagte er, »ich hatte Ihnen geraten, nicht zu sprechen.«

»Ich mußte irgendwas sagen«, sagte Wilt. »Sie wollten mich nicht schlafen lassen und stellten mir immerfort dieselben blöden Fragen. Sie haben keine Ahnung, was das für 'ne Wirkung hat. Es macht einen meschugge.«

»Angesichts des Geständnisses, das Sie abgelegt haben, Mr. Wilt, fällt es mir offen gestanden schwer zu glauben, daß das so notwendig war. Ein Mann, der der Polizei aus völlig freien

Stücken so ein Geständnis machen kann, ist zweifellos wahnsinnig.«

»Aber es ist nicht wahr«, sagte Wilt, »es ist alles reine Erfindung.«

»Mit einer solchen Fülle an dermaßen ekligen Einzelheiten? Ich muß sagen, es fällt mir schwer, das zu glauben. Die Geschichte mit den Hüften und Schenkeln ... da dreht sich mir ja der Magen um.«

»Aber das hab ich aus der Bibel«, sagte Wilt, »und außerdem mußte ich so blutrünstige Stellen reinbringen, sonst hätten die mir nie geglaubt. Da zum Beispiel, wo ich sage, ich zersägte ihre ...«

»Mr. Wilt, um Gottes Willen ...«

»Na ja, ich kann nur sagen, Sie haben nie Fleisch Eins unterrichtet. Ich hab das alles von denen, und wenn man die mal unterrichtet hat, kann einen das Leben kaum noch überraschen.«

Mr. Gosdyke sah ihn hochnäsig an. »Ach nein? Na, ich denke, da kann ich Sie eines besseren belehren«, sagte er steif. »Im Hinblick auf dieses Geständnis, daß Sie entgegen meinem dringenden Rat gemacht haben, und aufgrund meiner festen Überzeugung, daß jedes Wort darin wahr ist, bin ich nicht mehr bereit, Sie zu vertreten.« Er sammelte seine Papiere ein und stand auf. »Sie müssen sich leider jemand anderen suchen.«

»Aber Mr. Gosdyke, Sie glauben doch nicht etwa wirklich diesen ganzen Schwachsinn, ich hätte Eva in eine Leberpastete verwurstet, oder?« fragte Wilt.

»Glauben? Ein Mann, der sich so etwas Abscheuliches ausdenken kann, ist zu allem fähig. Doch, ich glaube es, und leider leider glaubt's die Polizei auch. In diesem Augenblick kämmt sie alle Läden, Kneipen, Supermärkte und Mülltonnen der ganzen Grafschaft nach Leberpasteten durch.«

»Und wenn sie welche finden, haben sie auch nichts davon.«

»Vielleicht interessiert es Sie auch, daß man fünftausend

Dosen ›Da lacht der Hund‹, die gleiche Menge ›Da schnurrt die Muschi‹, beschlagnahmt und damit begonnen hat, eine Vierteltonne von ›Sweetbreads allerbestem Aufschnitt‹ zu zerlegen. Irgendwo in diesem lächerlichen bißchen Fleisch müssen sie ja eine Spur von Mrs. Wilt finden, nicht zu vergessen Dr. Pringsheim und Frau.«

»Na, dazu kann ich ihnen bloß Glück wünschen«, sagte Wilt.

»Das tu ich ebenfalls«, sagte Mr. Gosdyke angeekelt und verließ den Raum. Wilt seufzte. Wenn doch nur Eva endlich auftauchte. Zum Teufel, wo steckte sie denn bloß?

Im Polizeilabor wurde Inspektor Flint langsam ungeduldig. »Können Sie die Sache nicht ein bißchen auf Trab bringen?« fragte er.

Der Leiter der Abteilung Gerichtsmedizin schüttelte den Kopf. »Es ist, als suchte man eine Stecknadel in einem Heuhaufen«, sagte er und warf einen vielsagenden Blick auf einen neuen Schub Würste, der gerade reingeschafft worden war. »Bisher keine Spur. Das kann Wochen dauern.«

»Ich hab nicht Wochen Zeit«, sagte der Inspektor, »am Montag ist er fällig fürs Gericht.«

»Nur zum Haftprüfungstermin, und auf jeden Fall haben Sie ja sein Geständnis.« Aber da hatte Inspektor Flint so seine Zweifel. Er hatte sich das Geständnis genau angesehen und eine Reihe von Widersprüchen darin entdeckt, die die Müdigkeit, der Ekel und das überwältigende Bedürfnis, diesen gräßlichen Bericht endlich hinter sich zu bringen, ehe er sich übergeben müsse, bisher vor ihm verborgen hatte. Zum einen sah Wilts hingekritzelte Unterschrift verdächtig nach Little Nemo aus, wenn man sie sich näher betrachtete, und dann stand daneben QNED, von dem Flint die schlaue Idee hatte, das es Quod Non Erat Demonstrandum hieße, und auf jeden Fall wurde ihm darin nach seinem Polizistengeschmack zu oft auf Bullen und Schweine angespielt. Schließlich war ihm die Mitteilung, Wilt habe sich extra zwei Leberpasteten zum Mittagessen gewünscht und ausdrücklich Sweetbreads verlangt, als ein dermaßen irrsinniger Kannibalismus erschienen, daß er vielleicht zu dem paßte, was er seinem Geständnis nach getan haben wollte, aber die Sache doch zu weit zu treiben schien. Das Wort ›Provokation‹ kam ihm in den Sinn, und seit der Geschichte mit der Puppe war Flint auf schlechte Öffentlichkeitswirkung ziemlich allergisch. Er las sich die Aussage nochmal durch und konnte nicht schlau daraus werden. Eins war völlig sicher. Wilt wußte genau, wie die Fabrik von Sweetbreads funktionierte. Das bewies die Fülle an Einzelheiten, die er geliefert hatte. Auf der anderen Seite schien bei näherer Prüfung Mr. Eisweins Zweifel wegen der Köpfe und des Fleischwolfs berechtigt. Flint hatte sich diesen teuflischen Apparat sehr vorsichtig aus der Nähe besehen, und konnte sich einfach nicht vorstellen, daß Wilt selbst in einem Anfall von Mordraserei . . . Flint schlug sich diesen Gedanken aus dem Kopf. Er beschloß, nochmal drei Worte mit Wilt zu plaudern. Mit einem flauen Gefühl im Bauch ging er ins Vernehmungszimmer und ließ Wilt holen.

»Na, wie geht's denn voran?« sagte Wilt, als er hereinkam. »Schon Erfolg gehabt mit den Frankfurtern? Sie könnten's natürlich auch jederzeit mit Blutwürsten versuchen . . .«

»Wilt«, unterbrach ihn der Inspektor, »warum haben Sie Ihre Aussage mit Little Nemo unterschrieben?«

Wilt setzte sich. »Ach, haben Sie's endlich bemerkt, wie? Sehr aufmerksam von Ihnen, muß ich sagen.«

»Ich habe Sie was gefragt.«

»Ja, natürlich«, sagte Wilt. »Sagen wir halt, ich dachte, es wäre gerecht.«

»Gerecht?«

»Ich habe gesungen, ich glaube, so heißt das doch unter Knastbrüdern, nicht? – damit Sie mich schlafen ließen, also hab ich natürlich . . .«

»Wollen Sie mir etwa erzählen, Sie haben das alles erfunden?«

»Verdammt nochmal, was glauben Sie denn sonst? Sie meinen doch wohl nicht im Ernst, ich mutete einer ahnungslosen Öffentlichkeit Pringsheims und Eva in Form von Leberpasteten zu, oder? Ich meine, Ihre Leichtgläubigkeit muß doch irgendwo 'ne Grenze haben.«

Inspektor Flint funkelte ihn durchdringend an. »Mein Gott, Wilt«, sagte er, »wenn ich dahinterkomme, daß Sie sich absichtlich eine Geschichte ausgedacht haben ...«

»... können Sie auch nicht viel machen«, sagte Wilt. »Sie haben mich schon des Mordes beschuldigt. Was wollen Sie noch? Sie schleifen mich hier rein, Sie demütigen mich, Sie schreien mich an, Sie halten mich tage- und nächtelang wach und bombardieren mich mit Fragen über Hundefutter, Sie erzählen aller Welt, daß ich Ihnen bei Ihren Ermittlungen in einem Fall mehrfachen Mordes helfe, womit Sie jedem Bürger dieses Landes den Gedanken nahelegen, ich hätte meine Frau geschlachtet und einen abscheulichen Biochemiker ...«

»Schnauze!« schrie Flint. »Mir ist Wurscht, was Sie denken. Was Sie getan haben und was Sie Ihrer Aussage nach getan haben, das ist es, was mich beunruhigt. Sie haben alles drauf angelegt, mich in die Irre zu führen.«

»Überhaupt nicht«, sagte Wilt. »Bis gestern abend habe ich Ihnen nichts als die Wahrheit gesagt, aber Sie wollten sie mir nicht glauben. Gestern abend habe ich Ihnen dann in der absurden Form einer Leberpastete eine Lüge aufgetischt, und die wollten Sie mir glauben. Wenn Sie irgendeinen Quark von mir wollen und ungesetzliche Methoden wie Schlafentzug anwenden, um ihn endlich zu kriegen, dann können Sie mir nicht die Schuld dran geben, wenn ich Ihnen den serviere. Kommen Sie bloß nicht her und tönen Sie groß rum. Wenn Sie dämlich sind, ist das Ihr Problem. Finden Sie endlich meine Frau.«

»Haltet mich fest, sonst bring ich diesen Lump um«, schrie Flint, als er aus dem Zimmer gesaust kam. Er ging in sein Büro und schickte nach Sergeant Yates.

»Stellen Sie die Pastetensuche ab. Das ist doch alles eine Fuhre Affen«, sagte er zu ihm.

»Affen?« sagte der Sergeant unsicher.

»Scheiße«, sagte Flint. »Er hat's schon wieder gemacht.«
»Sie meinen . . .«
»Ich meine, dieser kleine Dreckhaufen da drin hat uns schon wieder geleimt.«
»Aber wieso wußte er das alles von der Fabrik und so?«
Flint sah trübsinnig zu ihm hoch. »Wenn Sie wissen wollen, warum er ein wandelndes Lexikon ist, gehen Sie doch und fragen Sie ihn selber.«
Sergeant Yates ging und kam nach fünf Minuten wieder. »Fleisch Eins«, verkündete er geheimnisvoll.
»Fleisch-Heinz?«
»Eine Fleischerklasse, die er immer unterrichtet hat. Sie haben ihn durch die Fabrik geführt.«
»Himmelherrgott«, sagte Flint, »gibt es irgend jemanden, den diese kleine Kanaille nicht unterrichtet hat?«
»Er sagt, sie wären äußerst lehrreich.«
»Yates, tun Sie mir einen Gefallen. Gehen Sie doch mal und finden Sie alle Namen der Klassen raus, die er unterrichtet hat. Da wissen wir wenigstens, was als nächstes auf uns zukommt.«
»Also, ich habe gehört, wie er was von Gipsern Zwei und Gasinstallateuren Eins sagte . . .«
»Alle, Yates, alle. Ich möchte nicht von irgend 'ner Geschichte überrumpelt werden, daß er Mrs. Wilt auf den Rieselfeldern ersäuft hätte, weil er mal Scheiße Zwei unterrichtet hat.«
Er nahm die Abendzeitung und warf einen Blick auf die Schlagzeilen. POLIZEI DURCHSUCHT PASTETEN NACH VERMISSTER HAUSFRAU.
»Oh mein Gott«, stöhnte er. »Das wird unser Ansehen in der Öffentlichkeit wahnsinnig heben.«

In der Berufsschule äußerte der Direktor auf einer Sitzung der Leiter der verschiedenen Abteilungen die gleiche Meinung.
»Wir sind öffentlich lächerlich gemacht worden«, sagte er. »Erstens wird jetzt allgemein angenommen, daß es bei uns

Sitte ist, Lehrkräfte einzustellen, die ihre ungeliebten Ehefrauen in den Fundamenten von Neubauten begraben. Zweitens haben wir keine Aussicht mehr, Berufsfachschule zu werden, weil der neue Unterrichtszweig vom RNWE mit der Begründung abgelehnt worden ist, daß unsere Einrichtungen einer höheren Lehranstalt nicht würdig sind. Professor Baxendale hat sich gerade über diesen Punkt sehr nachdrücklich geäußert und insbesondere über eine Bemerkung, die er von einem unserer Hauptlehrer über Nekrophilie gehört hat . . .«

»Ich sagte lediglich . . .«, begann Dr. Board.

»Wir wissen alle, was Sie gesagt haben, Dr. Board. Und es interessiert Sie vielleicht, daß Dr. Cox in seinen lichten Augenblicken immer noch kein kaltes Fleisch essen will. Dr. Mayfield hat bereits um seine Entlassung gebeten. Und um dem ganzen die Krone aufzusetzen, haben wir jetzt auch das noch.« Er hielt eine Zeitung in die Höhe, auf deren zweiter Seite die Überschrift lautete: SEXUNTERRICHT VERWIRRT SCHÜLER.

»Ich hoffe, Sie haben sich das Foto alle genau besehen«, sagte der Direktor bitter und zeigte auf eine große Aufnahme, auf der aus einem sehr unglücklichen Winkel Judy zu sehen war, wie sie an dem Kran hing. »In dem Artikel heißt es . . . Na, lassen wir das. Sie können es ja selber lesen. Ich hätte nur gerne eine Antwort auf die folgenden Fragen. Wer hat den Ankauf von dreißig Exemplaren ›Letzte Ausfahrt Brooklyn‹ für die Klempner und Dreher genehmigt?«

Mr. Morris versuchte, sich zu erinnern, wer K & D übernommen hatte. »Ich glaube, das ist Watkins gewesen«, sagte er, »er hat uns im letzten Schuljahr verlassen. Er war nur Teilzeitlehrer.«

»Dem Himmel sei Dank, daß er uns als Ganztagskraft erspart geblieben ist«, sagte der Direktor. »Zweitens, wer von den Lehrkräften veranlaßt eigentlich, daß die Kindergärtnerinnen die ganze Zeit . . . äh . . . Florentiner tragen?«

»Tja, das ist Mr. Sedgwick, eigentlich würde er sie gerne Pariser tragen lassen, aber ... er ist ganz schön scharf dahinter her«, sagte Mr. Morris.

»Hinter den Kindergärtnerinnen oder den Parisern?« fragte der Direktor.

»Vielleicht hinter allen beiden?« schlug Dr. Board sotto voce vor.

»Er hat was gegen die Pille«, sagte Mr. Morris.

»Ja, also, sagen Sie doch bitte Mr. Sedgwick, daß er am Montag um zehn in mein Büro kommen möchte. Ich möchte ihm die Bedingungen klarmachen, unter denen er hier angestellt ist. Und schließlich, von welchen Lehrern wissen Sie, daß sie die Videoanlage dazu benutzt haben, den Höheren Sekretärinnen Pornofilme zu zeigen?«

Mr. Morris schüttelte energisch den Kopf. »In meiner Abteilung niemand«, sagte er.

»Hier steht«, sagte der Direktor, »daß Pornofilme zu Zeiten gezeigt worden sind, die eigentlich der Tagesschau gewidmet gewesen wären.«

»Wentworth hat ihnen ›Liebende Frauen‹ gezeigt«, sagte der Leiter der Englischabteilung.

»Also, lassen wir das. Nur noch einen Punkt möchte ich erwähnen. Wir werden den Abendkursus in Erster Hilfe mit besonderer Berücksichtigung der Behandlung des Leistenbruchs nicht abhalten, für den die Anschaffung einer aufpumpbaren Puppe geplant war. Von jetzt an müssen wir uns nach der Decke strecken.«

»Könnten wir uns das aufpumpbare Ding nur auf Pump leisten?« fragte Dr. Board.

»Ja, der Erziehungsausschuß hat seit Jahren auf die Gelegenheit gewartet, uns zu beschneiden«, sagte der Direktor, »ich meine, unseren Etat. Diese Gelegenheit ist ihm jetzt gegeben worden. Daß wir der Öffentlichkeit einen Dienst erwiesen haben, indem wir, um Mr. Morris zu zitieren, ›eine große Zahl geistig ungefestigter und möglicherweise gefährlicher Psychopathen von der Straße fernhielten‹, Zitat Ende, scheint Ihrer Aufmerksamkeit entgangen zu sein.«

»Ich möchte doch meinen, damit hat er auf unsere Lehrlinge angespielt«, sagte Dr. Board versöhnlich.

»Ganz sicher nicht«, sagte der Direktor. »Berichtigen Sie mich, wenn ich mich irre, Morris, aber hatten Sie nicht die Lehrkräfte der Abteilung Allgemeinbildung im Sinn?«

Die Sitzung wurde aufgehoben. Später am selben Tag setzte sich Mr. Morris hin und schrieb seinen Kündigungsbrief.

19

Eva Wilt sah aus dem Fenster eines leeren Schlafzimmers im ersten Stock des Pfarrhauses, wie Hochwürden St. John Froude nachdenklich zur Kirche hinunterging. Sobald er ihren Blicken entschwunden war, ging sie runter ins Arbeitszimmer. Sie würde Henry nochmal anrufen. Wenn er nicht in der Schule war, mußte er ja zu Hause sein. Sie ging zum Schreibtisch und wollte gerade den Hörer abnehmen, als sie den Efeu sah. Du meine Güte, sie hatte überhaupt nicht mehr an den Efeu gedacht und ihn dort liegenlassen, wo er ihn notgedrungen sehen mußte. Oh Gott, war das alles schrecklich peinlich. Sie wählte die Nummer in der Parkview Avenue 34 und wartete. Keine Antwort. Sie legte auf und rief die Berufsschule an. Und die ganze Zeit hielt sie die Friedhofspforte fest im Auge für den Fall, daß der Pfarrer zurückkommen sollte.

»Berufsschule Fenland«, sagte das Mädchen in der Vermittlung.

»Ich bin's nochmal«, sagte Eva, »ich hätte gerne Mr. Wilt gesprochen.«

»Es tut mir sehr leid, aber Mr. Wilt ist nicht da.«

»Aber wo ist er denn? Ich habe zu Hause angerufen und . . .«

»Er ist auf dem Polizeirevier.«

»Er ist was?« sagte Eva.

»Er ist auf dem Polizeirevier und hilft der Polizei bei ihren Ermittlungen . . .«

»Ermittlungen? Was für Ermittlungen?« schrie Eva erschrocken.

»Wußten Sie das nicht?« sagte das Mädchen. »Es hat in allen Zeitungen gestanden. Er hat doch seine Frau umgebracht . . .«

Eva nahm den Hörer vom Ohr und starrte ihn entsetzt an. Das Mädchen redete weiter, aber Eva hörte nicht mehr zu. Henry hatte seine Frau umgebracht. Aber seine Frau war sie doch. Es war nicht möglich. Sie konnte nicht umgebracht worden sein. Einen grauenhaften Moment lang hatte Eva das Gefühl, ihr Verstand hake aus. Dann nahm sie den Hörer wieder ans Ohr.

»Sind Sie noch da?« sagte das Mädchen.

»Aber ich bin doch seine Frau«, schrie Eva. Am anderen Ende kam lange gar nichts, dann hörte sie das Mädchen zu jemandem sagen, sie hätte eine Verrückte an der Strippe, die sagte, sie wäre Mrs. Wilt, und was sie tun solle.

»Aber ich sage Ihnen doch, ich bin Mrs. Wilt. Eva Wilt«, schrie sie, aber die Leitung war schon tot. Eva legte erschöpft auf. Henry auf dem Polizeirevier . . . Henry hatte sie ermordet . . . Du großer Gott. Die ganze Welt war verrückt geworden. Und sie war hier nackt in einem Pfarrhaus in . . . Eva hatte keine Ahnung, wo sie war. Sie wählte 999.

»Hier ist der Notdienst. Welche Abteilung möchten Sie?« sagte die Telefonistin.

»Die Polizei«, sagte Eva. Es machte klick, und eine Männerstimme war zu hören.

»Hier Polizei.«

»Hier ist Mrs. Wilt«, sagte Eva.

»Mrs. Wilt?«

»Mrs. Eva Wilt. Ist es wahr, daß mein Mann mich ermordet . . . Ich meine, hat mein Mann . . . Mein Gott, ich weiß überhaupt nicht, was ich sagen soll.«

»Sie sagen, Sie sind Mrs. Wilt, Mrs. Eva Wilt?« sagte der Mann.

Eva nickte, dann sagte sie: »Ja.«

»Ah ja«, sagte der Mann unsicher. »Wissen Sie ganz bestimmt, daß Sie Mrs. Wilt sind?«

»Natürlich weiß ich das. Deswegen ruf ich ja an.«

»Darf ich fragen, woher Sie anrufen?«

»Ich weiß es nicht«, sagte Eva. »Wissen Sie, ich bin in diesem Haus und habe nichts an und . . . oh Du liebe Güte.« Der Pfarrer kam den Weg zur Terrasse hoch.

»Wenn Sie uns nur die Adresse geben könnten.«

»Ich muß jetzt aufhören«, sagte Eva und legte auf. Einen Augenblick zögerte sie, dann schnappte sie sich den Efeu und huschte aus dem Zimmer.

»Ich sage Ihnen doch, ich weiß nicht, wo sie ist«, sagte Wilt, »ich nehme an, sie finden sie unter ›Spurlos verschwundene Personen‹. Sie ist aus dem Bereich des Sinnlichen in den des Übersinnlichen hinübergewechselt.«

»Zum Teufel, was meinen Sie denn damit schon wieder?« fragte der Inspektor und griff nach seiner Kaffeetasse. Es war elf Uhr am Sonnabendmorgen, aber er ackerte weiter. Er hatte noch achtundzwanzig Stunden Zeit, um die Wahrheit rauszukriegen.

»Ich habe ihr immer gesagt, die Transzendentale Meditation berge latente Gefahren«, sagte Wilt, selber in einem Niemandsland zwischen Schlafen und Wachen. »Aber sie hat immer weitergemacht.«

»Was gemacht?«

»Transzendental meditiert. Im Lotussitz. Vielleicht ist sie diesmal zu weit gegangen. Mag sein, sie hat sich transmogrifiziert.«

»Trans was?« sagte der Inspektor argwöhnisch.

»Sich auf irgend 'ne magische Weise in was anderes verwandelt.«

»Himmelherrgott, Wilt, wenn Sie schon wieder von diesen Leberpasteten anfangen . . .«

»Ich dachte an was Geistigeres, Inspektor, an was Schönes.«

»Das bezweifle ich aber.«

»Mein Gott, überlegen Sie doch mal. Daß ich mit Ihnen hier

in diesem Zimmer sitze, ist die unmittelbare Folge meiner Spaziergänge mit dem Hund und meiner düsteren Überlegungen, wie ich meine Frau umbringen könnte. Diese Stunden reiner Phantasterei haben mir den Ruf eingebracht, ein Mörder zu sein, ohne daß ich einen Mord begangen habe. Warum sollte Eva mit ihren stur heil schönen Gedanken sich nicht eine entsprechend schöne Belohnung verdient haben? Um es mit Ihren Worten zu sagen, Inspektor, wir kriegen halt, was wir verdienen.«

»Das hoffe ich innigst, Wilt«, sagte der Inspektor.

»Jaja«, sagte Wilt, »aber wo ist sie dann? Sagen Sie mir das. Bloße Spekulation reicht hier nicht . . .«

»Das sagen Sie mir?« schrie der Inspektor und stellte seine Kaffeetasse hin.

»Sie wissen doch, in welches Loch Sie sie gesteckt oder welchen Zementmischer oder Verbrennungsofen Sie benutzt haben.«

»Ich habe nur im Bilde gesprochen . . . ich meine, im übertragenen Sinne«, sagte Wilt. »Ich habe mir vorzustellen versucht, was Eva wohl jetzt wäre, wenn sich ihre Gedanken, so wie sie sind, in greifbare Wirklichkeit umgesetzt hätten. Mein heimlicher Wunsch war, ein erbarmungsloser Mensch der Tat zu werden, entschlossen, von moralischen Skrupeln oder Gewissensbissen unangekränkelt, ein Hamlet, in Heinrich den Fünften verwandelt, allerdings ohne den englischen Hurra-Patriotismus, der einen vermuten läßt, er hätte nie der Europäischen Gemeinschaft zugestimmt, ein Cäsar . . .«

Inspektor Flint hatte lange genug zugehört. »Wilt«, knurrte er, »mir ist vollkommen schnuppe, was Sie werden wollten. Was ich wissen will, ist, was aus Ihrer Frau geworden ist.«

»Darauf wollte ich gerade zu sprechen kommen«, sagte Wilt. »Zunächst müssen wir mal feststellen, was ich bin.«

»Ich weiß, was Sie sind, Wilt. Ein verfluchter Wortkrämer, ein Sprachverdreher, ein Scheiß Sinnzerstückler, ein Rede-Rastelli, ein Lexikon unerwünschter Belehrungen . . .« Inspektor Flint gingen die Namen aus.

»Phantastisch, Inspektor, einfach phantastisch. Ich hätte es selber nicht besser sagen können. Ein Sinnzerstückler, aber halt leider kein Frauenzerstückler. Wenn wir den selben Gedankengang weiterverfolgen, dann ist sich Eva trotz all ihrer schönen Gedanken und Meditationen genau so gleich geblieben wie ich. Das Vergeistigte entzieht sich ihr. Das Nirwana entschlüpft ständig ihren Händen. Schönheit und Wahrheit versagen sich ihr. Sie verfolgt das Absolute mit der Fliegenpatsche und jagt Harpic auch noch durch die Kanalisation der Hölle . . .«

»Das ist jetzt das zehnte Mal, daß Sie Harpic erwähnen«, sagte der Inspektor, dem plötzlich eine neue schreckliche Möglichkeit durch den Kopf ging. »Sie haben doch nicht etwa . . .«

Wilt schüttelte den Kopf. »Da haben wir's wieder. Genau wie die arme Eva. Der prosaische Geist, der das Flüchtige zu fassen versucht und die Phantasie bei ihrer nicht vorhandenen Kehle packt. Das ist Eva, wie sie leibt und lebt. Sie wird nie den Sterbenden Schwan tanzen. Kein Theaterdirektor würde ihr erlauben, die Bühne unter Wasser zu setzen oder ein Doppelbett einzubauen, worauf Eva pochen würde.«

Inspektor Flint stand auf. »So kommen wir doch nie von der Stelle.«

»Genau«, sagte Wilt, »und nirgendwo hin. Wir sind, was wir sind, daran können wir einfach nichts ändern. Das Muster, nachdem sich unser Wesen bildet, bleibt bestehen. Nennen Sie es Vererbung, nennen Sie es Zufall . . .«

»Nennen Sie es drei Zentner Affenscheiße«, sagte Flint und verließ das Zimmer. Er brauchte seinen Schlaf, und er hatte vor, ihn auch zu kriegen.

Auf dem Korridor traf er Sergeant Yates.

»Wir hatten einen Notruf von einer Frau, die behauptete, sie wäre Mrs. Wilt«, sagte der Sergeant.

»Woher?«

»Sie wollte nicht sagen, wo sie ist«, sagte Yates. »Sie sagte nur, sie wüßte es nicht und hätte nichts an . . .«

»Ach, so eine«, sagte der Inspektor, »'ne verdammte Irre. Verflucht nochmal, was halten Sie mich mit sowas auf? Als wenn wir nicht ohne das schon genug am Halse hätten.«

»Ich dachte bloß, Sie wollten's vielleicht wissen. Wenn sie wieder anruft, werden wir versuchen, ihre Nummer festzustellen.«

»Was interessiert mich das«, sagte Flint und eilte davon, um seinen verlorenen Schlaf aufzuholen.

Hochwürden St. John Froude verbrachte einen unruhigen Tag. Bei der Untersuchung der Kirche hatte er nichts Unschickliches entdeckt, auch keine Anzeichen dafür, daß dort ein unzüchtiges Ritual (eine Schwarze Messe war ihm durch den Kopf gegangen) abgehalten worden wäre. Als er wieder zum Pfarrhaus ging, sah er mit Freuden, daß der Himmel über dem Aalfleet leer und die Präservative verschwunden waren. Der Efeu auf seinem Schreibtisch auch. Er blickte ängstlich auf die Stelle, wo er gelegen hatte, und goß sich einen Whisky ein. Er hätte schwören können, daß da ein Efeuzweig gelegen hatte, als er rausgegangen war. Als er ausgetrunken hatte, was noch in der Flasche war, wirbelten ihm gräßliche Phantasievorstellungen durch den Kopf. Das Pfarrhaus war mit merkwürdigen Geräuschen erfüllt. Im Treppenhaus knarrte es sonderbar, und im oberen Stockwerk hörte er ein unerklärliches Geraschel, als wenn jemand oder etwas heimlich herumschleiche, aber als der Pfarrer nachsehen ging, hörten die Geräusche sofort auf. Er ging nach oben und guckte in mehrere leere Schlafzimmer. Er kam wieder runter, blieb in der Diele stehen und lauschte. Dann ging er in sein Arbeitszimmer und versuchte, sich auf seine Predigt zu konzentrieren, aber das Gefühl, daß er nicht alleine sei, wollte nicht weichen. Hochwürden St. John Froude saß an seinem Schreibtisch und überlegte, ob es wohl Gespenster gebe. Irgendwas sehr Sonderbares ging hier vor. Um eins ging er durch die Diele in die Küche, um sich Mittagessen zu machen, und entdeckte, daß eine Flasche Milch aus der Speisekammer verschwunden war, ebenso der Rest von einem Apfelkuchen, den ihm Mrs. Snape gebracht hatte, die zweimal in der Woche saubermachen kam. Er behalf sich mit Schinkenhäger auf Doppelkorn und schwankte zu seinem Nachmittagsnickerchen die Treppe rauf. Er machte sich's gerade bequem, da hörte er zum ersten Mal die Stimmen. Oder vielmehr eine Stimme. Sie schien aus seinem Arbeitszimmer zu kommen. Hochwürden St. John Froude setzte sich im Bett auf. Wenn seine Ohren ihn nicht trogen, aber wenn er an die schrecklichen Morgenereignisse dachte, neigte er doch eher zu der Annahme, sie täten's, hätte er schwören können, daß gerade jemand sein Telefon benutzt habe. Er stand auf und zog sich die Schuhe an. Irgend jemand weinte. Er ging vor die Tür und horchte. Das Schluchzen hatte aufgehört. Er ging nach unten und guckte in alle Zimmer im Erdgeschoß, aber außer daß in dem unbenutzten Wohnzimmer von einem Lehnstuhl die Staubhülle abgenommen worden war, gab es kein Zeichen, daß irgend jemand hier war. Er wollte eben wieder nach oben gehen, als das Telefon klingelte. Er ging ins Arbeitszimmer und hob ab.

»Pfarrhaus Waterswick«, murmelte er.

»Hier ist die Polizeiwache Fenland«, sagte ein Mann. »Wir sind gerade eben von ihrem Apparat aus angerufen worden, anscheinend von einer Mrs. Wilt.

»Mrs. Wilt?« sagte Hochwürden St. John Froude. »Mrs. Wilt? Tut mit leid, da muß ein Irrtum vorliegen, ich kenne keine Mrs. Wilt.«

»Der Anruf kam ohne Zweifel von Ihrem Apparat, Sir.«

Hochwürden St. John Froude dachte über die Sache nach. »Das ist alles sehr merkwürdig«, sagte er, »ich lebe alleine.«

»Sie sind der Pfarrer?«

»Natürlich bin ich der Pfarrer. Das ist das Pfarrhaus, und ich bin der Pfarrer.«

»Ich verstehe, Sir. Und wie heißen Sie?«

»Ich bin Hochwürden St. John Froude. F . . . R . . . O . . . U . . . D . . . E . . .«

»Gut, Sir. Und Sie haben bestimmt keine Frau im Haus.«

»Natürlich hab ich keine Frau im Haus. Ich finde diese Unterstellung ausgesprochen ungehörig. Ich bin ein . . .«

»Tut mir leid, Sir, aber wir müssen das einfach nachprüfen. Wir hatten einen Anruf von Mrs. Wilt, zumindest von einer Frau, die behauptete, Mrs. Wilt zu sein, und er kam von Ihrem Apparat . . .«

»Wer ist diese Mrs. Wilt? Ich habe nie was von einer Mrs. Wilt gehört.«

»Also, Sir, Mrs. Wilt . . . Es ist wirklich ein bißchen schwierig. Sie soll ermordet worden sein.«

»Ermordet?« sagte Hochwürden St. John Froude, »sagten Sie ›ermordet‹?«

»Sagen wir mal, sie ist unter verdächtigen Umständen spurlos verschwunden. Wir haben ihren Mann zum Verhör hier.«

Hochwürden St. John Froude schüttelte den Kopf. »Sehr betrüblich«, murmelte er.

»Vielen Dank für Ihre Hilfe, Sir«, sagte der Wachtmeister. »Tut mir leid, wenn ich Sie gestört habe.«

Hochwürden St. John Froude legte nachdenklich den Hörer wieder auf die Gabel. Den Gedanken, daß er das Haus doch wohl mit einer kürzlich ermordeten, körperlosen Frau teilte, hatte er am Telefon lieber nicht laut äußern wollen. Sein Ruf, sehr verschroben zu sein, war schon weit genug verbreitet, ohne daß dies hier noch nötig war. Was er andererseits auf dem Boot im Aalfleet gesehen hatte, trug, wenn er sich's genau überlegte, alle Merkmale eines Mordes. Vielleicht war er auf irgendeine ganz ungewöhnliche Art und Weise Zeuge einer Tragödie gewesen, die sich bereits ereignet hatte, eine Art Post-mortem-déjà-vu, falls man es so nennen konnte. Wenn natürlich der Ehemann zum Verhör von der Polizei festgehalten wurde, mußte der Mord vorher stattgefunden haben . . . was bedeutete . . . Hochwürden St. John Froude taperte durch eine Reihe von Mutmaßungen, in denen Zeit und Ewigkeit und Hilferufe aus dem Jenseits eine große Rolle spielten. Vielleicht war es seine Pflicht, die Polizei von dem zu unterrichten, was er gesehen hatte. Wie er sich noch so unschlüssig fragte, was er wohl tun solle, hörte er wieder das Schluchzen, aber diesmal ganz deutlich. Es kam aus dem Zimmer nebenan. Er stand auf, machte sich mit einem weiteren Gläschen Whisky Mut und ging ins Nebenzimmer. Mitten im Zimmer stand eine riesige Frau mit schreckverzerrtem Gesicht, der das Haar über die Schultern herabfiel. Sie hatte etwas um, was ein Leichentuch zu sein schien. Hochwürden St. John Froude starrte sie mit wachsendem Grauen an. Dann fiel er auf die Knie. »Lasset uns beten«, murmelte er heiser.

Die fürchterliche Erscheinung plumpste schwer zu Boden, wobei sie das Leichentuch an ihren Busen preßte. Zusammen knieten sie und beteten.

»Nachprüfen? Verdammt nochmal, was meinen Sie mit ›nachprüfen‹?« sagte Inspektor Flint, der sich heftig dagegen wehrte, mitten am Nachmittag geweckt zu werden, nachdem er sechsunddreißig Stunden nicht geschlafen hatte und es nun endlich versuchte. »Sie wecken mich wegen irgend 'm verfluchten Blech über einen Pfarrer, der Sigmund Freud heißt . . .«

»St. John Froude«, sagte Yates.

»Ist mir schnuppe, wie er heißt. Es ist trotzdem unglaublich. Wenn der verdammte Kerl sagt, sie ist nicht da, dann ist sie's nicht. Was soll ich denn daran ändern?«

»Ich meine nur, wir sollten vielleicht einen Streifenwagen zur Kontrolle runterschicken, das ist alles.«

»Und warum meinen Sie . . .«

»Es ist eindeutig von einer Frau angerufen worden, die behauptete, Mrs. Wilt zu sein, und zwar von dieser Nummer aus. Sie hat jetzt schon zweimal angerufen. Vom zweiten Anruf haben wir ein Band. Sie hat Näheres von sich erzählt, was echt klingt. Geburtsdatum, Adresse, Wilts Beruf, sogar den richtigen Namen ihres Hundes und daß sie gelbe Vorhänge im Eßzimmer haben.«

»Also, das kann doch jeder Idiot erzählen. Man braucht bloß an dem Haus vorbeizugehen.«

»Und der Name des Hundes? Er heißt Clem. Ich habe das nachgeprüft, und es stimmt.«

»Sie hat nicht zufällig gesagt, was sie in der letzten Woche gemacht hat, was?«

»Sie sagte, sie wäre auf einem Boot gewesen«, sagte Yates. »Dann hat sie aufgelegt.«

Inspektor Flint setzte sich im Bett auf. »Ein Boot? Was für ein Boot?«

»Da hat sie aufgelegt. Ach, und noch was, sie sagte, sie hätte Schuhgröße Sechsundvierzig. Hat sie wirklich.«

»O Scheiße«, sagte Flint. »In Ordnung, ich komme gleich runter.« Er stieg aus dem Bett und zog sich langsam an.

Wilt starrte in seiner Zelle an die Decke. Nach so vielen Stunden Verhör tönte in seinem Inneren noch immer das Echo all der Fragen nach. »Wie haben Sie sie umgebracht? Wo haben Sie sie hingebracht? Was haben Sie mit der Mordwaffe gemacht?« Sinnlose Fragen, unablässig wiederholt in der Hoffnung, sie würden ihn endlich kleinkriegen. Aber Wilt hatte nicht klein beigegeben. Er war Sieger geblieben. Zum ersten Mal in seinem Leben wußte er, daß er unwiderlegbar recht hatte und alle anderen absolut unrecht. Sonst hatte er stets seine Zweifel gehabt. Die Gipser II mochten vielleicht recht haben mit ihrer Meinung, es gebe zu viele Nigger im Land. Vielleicht war der Strang ein Abschreckungsmittel. Wilt war nicht der Ansicht, aber absolut sicher sein konnte er eben auch nicht. Nur die Zeit würde es erweisen. Aber in der Sache Königin gegen Wilt, angeklagt des Mordes an Mrs. Wilt, gab es an seiner Unschuld nichts zu deuteln. Man konnte ihn anklagen, schuldig sprechen und verurteilen, es würde nichts machen. Er war unschuldig, und wenn man ihn zu Lebenslänglich verurteilte, höbe das Bewußtsein seiner Unschuld das ihm angetane ungeheure Unrecht auf. Zum allerersten Mal in seinem Leben hatte Wilt das Gefühl, frei zu sein. Es war, als sei er von der Erbsünde erlöst, Henry Wilt zu sein, wohnhaft in Ipford, Parkview Avenue Nr. 34, Lehrer der Allgemeinbildung an der Berufsschule für Geisteswissenschaften und Gewerbekunde von Fenland, Gatte von Eva Wilt und Vater von niemandem. All die Belastungen von Besitz und Gewohnheiten, von Verdienst und Ansehen, all die gesellschaftlichen Anpassungen, die feinen Nuancen in der Einschätzung von sich selbst und anderen, die Eva und er sich zugelegt hatten, all das war weg. In seine Zelle gesperrt, war Wilt frei, er selbst zu sein. Und ganz egal, was geschähe, nie wieder gäbe er den Sirenenrufen der Selbstverleugnung nach. Nach Inspektor Flints schmählicher Verachtung und dem schamlosen Herumgebrülle, nach den Beleidigungen und Beschimpfungen, mit denen er eine Woche lang überschüttet worden war, wer hatte da noch Anerkennung nötig? Ihre Meinung über ihn könnten sie sich hinter den Spiegel stecken. Wilt würde seinen eigenen Weg fortsetzen und seine offenbare Gabe, inkonsequent zu sein, nutzbringend anwenden. Man gebe ihm Lebenslänglich und einen fortschrittlichen Gefängnisdirektor, und Wilt triebe den Mann mit seiner Art, sich mit liebenswürdiger Verständigkeit den Gefängnisvorschriften zu widersetzen, innerhalb von einem Monat zum Wahnsinn. Einzelhaft und die Verurteilung zu Wasser und Brot, wenn's solche Strafen noch gab, schreckten ihn nicht. Man gebe ihm seine Freiheit, und er setzte seine neuerworbenen Talente an der Berufsschule ein. Mit Freuden säße er in Komitees und Ausschüssen und brächte die Leute damit, daß er unermüdlich genau das Gegenteil der allgemeinen Meinung verträte, einander in die Haare. Das Rennen sei im Grunde noch nicht auf vollen Touren, sondern von vorn bis hinten unkalkulierbar, und das Leben sei zufällig, gesetzlos und verworren. Regeln seien dazu da, verletzt zu werden, und der Mann mit dem Hoppepferdgemüt sei allen anderen einen Hopser voraus. Als er diese neue Regel aufgestellt hatte, drehte sich Wilt auf die Seite und versuchte einzuschlafen, aber der Schlaf wollte nicht kommen. Er versuchte es auf der anderen Seite – mit dem gleichen Erfolg. Gedanken, Fragen, beziehungslose Antworten und imaginäre Zwiegespräche gingen ihm im Kopf herum. Er versuchte, Schäfchen zu zählen, und entdeckte, daß er stattdessen an Eva dachte. An die liebe Eva, die verfluchte Eva, die überschwengliche Eva und an Eva, die unbändig Begeisterte. Wie er hatte sie das Absolute gesucht, die ewige Wahrheit, die ihr die Mühe ersparen würde, je wieder selber denken zu müssen. Sie hatte sie beim Töpfern gesucht, in der Transzendentalen Meditation, im Judo, auf Trampolins und am unpassendsten von allem im orientalischen Tempeltanz. Schließlich hatte sie sie in der sexuellen Befreiung, in der Frauenemanzipation und im Mysterium des Orgasmus zu finden versucht, wo sie sich für immer zu verlieren drohte, was sie, wenn er sich's recht überlegte, offenbar auch getan hatte. Und die verfluchten Pringsheims hatte sie gleich mitgenommen. Na, sie hätte auf jeden Fall einiges zu erklären, wenn und falls sie jemals wiederkäme. Wilt lächelte beim Gedanken daran, was sie wohl sagen würde, wenn sie merkte, wohin ihr neuestes Techtelmechtel mit dem Unendlichen geführt hatte. Er würde dafür sorgen, daß sie Anlaß hätte, es bis zum letzten Stündlein zu bereuen.

Auf dem Fußboden im Wohnzimmer des Pfarrhauses rang Eva Wilt mit der immer stärker werdenden Überzeugung, ihr letztes Stündlein sei schon längst aus und vorbei. Wirklich jeder, mit dem sie in Berührung kam, schien zu denken, sie sei tot. Der Polizist, mit dem sie am Telefon gesprochen hatte, wollte ihrer Erklärung, sie lebe und es gehe ihr zumindest relativ gut, offenbar keinen Glauben schenken und hatte auf die allerbefremdlichste Art Beweise ihrer Identität verlangt. Eva hatte sich nach dem Telefonat völlig deprimiert verkrochen, ihr Vertrauen darein, daß sie wirklich noch am Leben sei, hatte ernstlich einen Knacks bekommen, was aber ihr Elend erst richtig voll machte, war die Reaktion von Hochwürden St. John Froude auf ihr Erscheinen in seinem Haus. Seine inbrünstigen Bitten an den Allmächtigen, die Seele unserer lieben Verstorbenen, einer gewissen Eva Wilt, Gott hab sie selig, von ihrer augenblicklichen Gestalt und unerfreulichen Erscheinung zu erlösen, hatten Eva zutiefst getroffen. Sie kniete auf dem Teppich und schluchzte, während der Pfarrer sie über seine Brille hinweg anstarrte, die Augen schloß, seine zittrige Stimme zum Gebet erhob, die Augen wieder aufmachte und sich überhaupt in einer Art gebärdete, die Trübsinn und Verzweiflung bei der vermeintlichen Leiche hervorrufen sollte, und als er in einem letzten verzweifelten Versuch, Eva Wilt, Gott hab sie selig, dazu zu bringen, den ihr gebührenden Platz im Himmelschor einzunehmen, das Gebet »Mensch, der du geboren bist vom Weibe, du hast nur kurze Zeit zu leben, die voll des Elends ist« plötzlich abbrach und mit so mancher Sechzehntelnote »Ach, bleib bei uns« anstimmte, da gab Eva Wilt jeden Versuch, sich zu beherrschen, auf und jammerte höchst ergreifend: ». . . denn es will Abend werden.« Als sie bei »O steh mir bei in jeder meiner Stunden« angekommen waren, war Hochwürden St. John Froude mittlerweile genau entgegengesetzter Ansicht. Er schwankte aus dem Zimmer und suchte in seinem Arbeitszimmer Zuflucht. Hinter der geschlossenen Wohnzimmertür verlangte Eva Wilt, die sich in ihre neue Rolle als Tote mit derselben Hingabe hineinkniete, die sie vordem auf Trampolins, Judo und das Töpfern gewendet hatte, Auskunft darüber, wo der Tod seinen Stachel habe und die Hölle ihren Sieg. »Als wenn ich das, Kruzitürken, wüßte«, murmelte der Pfarrer und griff zur Whiskyflasche, mußte aber feststellen, daß auch sie leer war. Er setzte sich und hielt sich die Ohren zu, damit er das gräßliche Gekreisch nicht hörte. »Ach, bleib bei uns« war wirklich das letzte Lied, das er sich hätte aussuchen dürfen. Viel besser bedient gewesen wäre er mit »Es grünen die Wälder«, das konnte man einfach nicht dermaßen falsch deuten.

Als der Gesang endlich verstummte und der Pfarrer die Stille genießend dasaß und gerade die Möglichkeit erwog, daß vielleicht noch eine Flasche in der Speisekammer sei, klopfte es an der Tür und Eva kam herein.

»O Vater, ich habe gesündigt«, kreischte sie und tat ihr möglichstes, gleichzeitig zu jammern und mit den Zähnen zu knirschen. Hochwürden St. John Froude klammerte sich an die Armlehnen seines Sessels und versuchte zu schlucken. Das war nicht einfach. Als er die berechtigte Befürchtung, das Delirium tremens sei doch allzu plötzlich eingetreten, überwunden hatte, gelang es ihm zu sprechen. »Steh auf, mein Kind«, stieß er hervor, als sich Eva vor ihm auf dem Teppich wand, »ich will deine Beichte hören.«

20

Inspektor Flint schaltete das Bandgerät ab und sah Wilt an.
»Na?«
»Was na?« sagte Wilt.
»Ist sie das? Ist das Mrs. Wilt?«
Wilt nickte. »Ich fürchte, ja.«
»Was soll das heißen, Sie fürchten, ja? Das verdammte Weib lebt. Sie sollten verflucht nochmal dankbar sein. Statt dessen sitzen Sie da und sagen, Sie fürchten, ja.«
Wilt seufzte. »Ich dachte grade, was für eine Kluft doch dazwischen liegt, wie wir uns an einen Menschen erinnern und ihn uns vorstellen, und wie er wirklich ist. Ich wollte gerade beginnen, mich liebevoll an sie zu erinnern, und nun ...«
»Sind Sie schon mal in Waterswick gewesen?«
Wilt schüttelte den Kopf. »Nie.«
»Kennen Sie den Pfarrer dort?«
»Hab nicht mal gewußt, daß es dort einen Pfarrer gibt.«
»Und Sie wissen auch nicht, wie sie dorthin gekommen ist?«
»Sie haben doch gehört, was sie gesagt hat«, sagte Wilt. »Sie wär auf einem Boot gewesen.«
»Und Sie kennen niemanden mit einem Boot, nicht?«
»Die Leute aus meinem Bekanntenkreis haben keine Boote, Inspektor. Vielleicht haben Pringsheims eins.«
Inspektor Flint erwog diese Möglichkeit und verwarf sie. Sie hatten die Jachthäfen überprüft, aber die Pringsheims besaßen kein Boot und hatten auch keines gemietet.
Auf der anderen Seite nahm in seinem Kopf so nach und nach die Möglichkeit Gestalt an, daß er das Opfer eines gigan-

tischen Juxes, eines bewußten und undurchsichtigen Plans geworden war, ihn als Idioten hinzustellen. Dieser teuflische Wilt hatte ihn dazu angestiftet, die Exhumierung einer aufblasbaren Puppe anzuordnen, und man hatte ihn genau in dem Augenblick fotografiert, als er ihr leichenblaß bei ihrer Geschlechtsumwandlung zusah. Er hatte eine Fahndung nach Leberpasteten in Gang gesetzt, wie sie es in der Geschichte des Landes noch nie gegeben hatte. Es würde ihn überhaupt nicht wundern, wenn Sweetbreads wegen der Schädigung ihres einstmals untadeligen Rufes einen Prozeß anstrengte. Und schließlich hatte er einen offensichtlich unschuldigen Menschen eine Woche lang zur Vernehmung festgehalten, und zweifellos würde man ihn für die Verzögerung und die zusätzlichen Kosten beim Bau des neuen Verwaltungsblocks der Berufsschule verantwortlich machen. Es gab höchstwahrscheinlich noch andere schreckliche Konsequenzen zu bedenken, aber die reichten ja erst mal, um sie zu verdauen. Und er hatte niemanden, dem er die Schuld daran geben konnte, außer sich selber. Oder Wilt. Er sah ihn boshaft an.

Wilt lächelte. »Ich weiß, was Sie gerade denken«, sagte er.

»Bestimmt nicht«, sagte der Inspektor, »Sie haben keinen blassen Schimmer.«

»Daß wir alle Sklaven der Verhältnisse sind, daß nichts so ist, wie es aussieht, daß es mehr Dinge im Himmel und auf Erden gibt, als . . .«

»Darum werden wir uns kümmern«, sagte der Inspektor.

Wilt stand auf. »Ich nehme an, Sie brauchen mich nicht mehr«, sagte er. »Ich werde mal langsam heimwärts traben.«

»Das werden Sie hübsch bleibenlassen. Sie kommen mit, Mrs. Wilt abholen.«

Sie gingen auf den Hof raus und stiegen in einen Polizeiwagen. Als sie durch die Randbezirke, an den Tankstellen und Fabriken vorbei und aus der Stadt hinaus über das ebene Land fuhren, wurde Wilt auf seinem Rücksitz immer kleiner und er spürte, wie das Freiheitsgefühl, das ihn auf dem Polizeirevier erhoben hatte, sich in Luft auflöste. Und mit jeder Meile schrumpfte es weiter, und die rauhe Wirklichkeit des Rechts des Stärkeren, der Notwendigkeit, sich den Lebensunterhalt zu verdienen, der Langeweile und der endlosen kleinkarierten Rangeleien mit Eva, der Bridgeabend mit Mottrams am Sonnabend und der Spazierfahrten mit Eva am Sonntag erhob wieder ihr Haupt. Und Inspektor Flint, der neben ihm in düsterem Schweigen brütete, verlor seine Symbolkraft. Er war nicht mehr der Kraftquell von Wilts Selbstvertrauen, der Gegenpol zu seiner Unberechenbarkeit, Flint war vielmehr zu einem Leidensgefährten im täglichen Kampf ums Dasein geworden, beinahe ein Spiegelbild von Wilts Bedeutungslosigkeit. Und da vorn, weiter auf dem Weg durch diese flache, kahle Landschaft mit ihrer schwarzen Erde und dem Himmel mit den dicken, weißen Wolken darüber, da waren Eva und ein ganzes Leben versuchter Rechtfertigungen und Gegenbeschuldigungen. Einen Moment lang überlegte Wilt, ob er nicht »Haltet den Wagen an, ich will aussteigen« schreien solle, aber dieser Moment ging vorüber. Was auch die Zukunft für ihn bereithielt, er würde lernen, damit zu leben. Er hatte das Widersprüchliche im Wesen der Freiheit nicht erfahren, nur um der Fron von Parkview Avenue, Berufsschule und Eva mit ihren banalen Ekstasen von neuem zu erliegen. Er war Wilt, der Mann mit dem Hoppepferdchengemüt.

Eva war betrunken. Hochwürden St. John Froudes unwillkürliche Reaktion auf ihre gräßliche Beichte war gewesen, vom Whisky auf den hundertfünzigprozentigen polnischen Fusel umzusteigen, den er für besondere Notfälle aufgehoben hatte, und Eva, die einmal von heftiger Reue geplagt wurde, um gleich darauf wieder die sagenhaftesten Sünden aus sich herauszusprudeln, hatte sich mit dem Zeug die Nase begossen. Angeregt durch dessen Wirkung, durch die versteinerte Nächstenliebe im Lächeln des Pfarrers und die wachsende Überzeugung, daß, falls sie tot sei, das ewige Leben eine sichtlich totale Zerknirschung verlange, wogegen, falls sie's nicht sei, es ihr die Peinlichkeit erspare, erklären zu müssen, was sie eigentlich nackt im Haus von jemand Fremdem täte, beichtete Eva ihre Sünden mit einer Inbrunst, die ihren tiefsten Bedürfnissen entsprach. Genau das hatte sie im Judo, im Töpfern und im orientalischen Tempeltanz gesucht, diese hemmungslose Sühne ihrer Schuld. Sie beichtete Sünden, die sie begangen hatte, und Sünden, die sie nicht begangen hatte, Sünden, die ihr in den Sinn kamen, und Sünden, die sie vergessen hatte. Sie habe Henry betrogen, sie habe gewollt, er sei tot, ihr habe der Sinn nach anderen Männern gestanden, sie sei eine Ehebrecherin, sie sei eine Lesbierin, sie sei eine Nymphomanin. Und diese Fleischessünden waren mit Unterlassungssünden vermischt. Eva ließ nichts aus. Henrys kalte Abendessen, seine einsamen Spaziergänge mit dem Hund, ihr Undank für alles, was er für sie getan hatte, ihr Versagen, ihm eine gute Ehefrau zu sein, ihr Komplex mit dem Harpic ... alles strömte aus ihr heraus. Hochwürden St. John Froude saß in seinem Sessel und nickte unaufhörlich wie ein Spielzeughund im Autorückfenster, er hob den Kopf und starrte sie an, als sie bekannte, eine Nymphomanin zu sein, und senkte ihn augenblicklich bei der Erwähnung von Harpic, und die ganze Zeit versuchte er verzweifelt dahinterzukommen, was ihm eine fette, nackte – das Leichentuch fiel ihr dauernd runter – Dame, nein, entschieden keine Dame: Frau mit allen Merkmalen religiösen Irreseins ins Haus gebracht hatte.

»Ist das alles, mein Kind?« murmelte er, als Eva ihr Repertoire endlich erschöpft hatte.

»Ja, Vater«, schluchzte Eva.

»Gottseidank«, sagte Hochwürden St. John Froude aus tiefster Seele und fragte sich, was er als nächstes tun solle. Wenn die Hälfte dessen, was er gehört hatte, der Wahrheit entsprach, dann hatte er eine derart lasterhafte Sünderin vor sich, daß der Ex-Erzdiakon von Ongar daneben zu einem strahlenden Heiligen wurde. Andererseits gab es in ihren Sünden Ungereimtheiten, die ihm Bedenken machten, ihr die Absolution zu erteilen. Eine Beichte voller Lügen war kein Zeichen echter Reue.

»Ich entnehme all dem, daß Sie verheiratet sind«, sagte er zweifelnd, »und daß Henry Ihr gesetzlich angetrauter Gatte ist?«

»Ja«, sagte Eva. »Ach, der liebe Henry.«

Der arme Kerl, dachte der Pfarrer, aber er war zu taktvoll, das laut zu sagen. »Und Sie haben ihn verlassen?«

»Ja.«

»Wegen eines anderen Mannes?«

»Eva schüttelte den Kopf. »Um ihm eine Lehre zu erteilen«, sagte sie, plötzlich wieder aufgebracht.

»Eine Lehre?« sagte der Pfarrer und versuchte sich verzweifelt vorzustellen, was für eine Lehre der arme Mr. Wilt wohl aus ihrer Abwesenheit gezogen hatte. »Sie sagten doch, ›eine Lehre‹?«

»Ja«, sagte Eva, »ich wollte ihm beweisen, daß er ohne mich nicht zurechtkäme.«

Hochwürden St. John Froude nippte nachdenklich an seinem Drink.

Wenn auch nur einem Viertel ihrer Beichte zu glauben war, dann mußte es ihr Mann ohne sie einfach phantastisch finden. »Und jetzt wollen Sie zu ihm zurück?«

»Ja«, sagte Eva.

»Aber er will Sie nicht?«

»Er kann nicht. Die Polizei hat ihn verhaftet.«

»Die Polizei?« sagte der Pfarrer. »Und darf man fragen, warum ihn die Polizei verhaftet hat?«

»Sie sagen, er hat mich ermordet«, sagte Eva.

Hochwürden St. John Froude musterte sie wieder voller Panik. Jetzt war ihm klar, daß Mrs. Wilt nicht ganz richtig im Oberstübchen war. Er sah sich nach etwas um, was er notfalls als Waffe benutzen konnte, und weil er nichts besseres fand als eine gipserne Dantebüste und die Flasche mit dem polnischen Fusel, ergriff er diese am Hals. Eva reichte ihm ihr Glas hin.

»O, Sie sind schrecklich«, sagte sie, »Sie machen mich beschwipst.«

»Ganz recht«, sagte der Pfarrer und stellte die Flasche schnell wieder hin. Allein mit einer gewaltigen, betrunkenen, halbnackten Frau zu sein, die sich einbildete, ihr Mann habe sie ermordet, und die ihm Sünden gestand, von denen er bisher nur gelesen hatte, war schon schlimm genug, ohne daß sie zu dem übereilten Schluß kam, er versuche, sie absichtlich betrunken zu machen. Hochwürden St. John Froude hatte keine Lust, in den ›News of the World‹ vom nächsten Sonntag an prominenter Stelle zu erscheinen.

»Sie sagten gerade, Ihr Mann habe Sie ermordet . . .« Er brach ab. Dieses Thema erschien ihm doch zu ungeeignet, um es weiter zu verfolgen.

»Wie sollte er mich ermordet haben?« fragte Eva, »ich bin doch leibhaftig hier, oder?«

»Ohne Frage«, sagte der Pfarrer, »ganz ohne Frage.«

»Na also«, sagte Eva. »Und außerdem könnte Henry sowieso niemanden umbringen. Er wüßte gar nicht, wie. Er kann nicht mal eine Sicherung auswechseln. Diese Sachen muß ich alle im Hause machen.« Sie faßte den Pfarrer lauernd ins Auge. »Sind Sie verheiratet?«

»Nein«, sagte Hochwürden St. John Froude und machte in Gedanken drei Kreuze.

»Was wissen Sie schon vom Leben, wenn Sie nicht verheiratet sind?« fragte Eva bissig. Der polnische Fusel fing jetzt an, bei ihr zu wirken, und das machte sie schrecklich bitter. »Ach, die Männer! Wozu sind Männer denn nütze? Sie können nicht mal ein Haus in Ordnung halten. Gucken Sie sich dies Zimmer hier an. Na, ich bitte Sie.« Sie ruderte mit den Armen herum, um ihre Worte zu unterstreichen, wobei ihr die Staubhülle herunterfiel. »Gucken Sie sich das bloß an.« Aber Hochwürden St. John Froude hatte keine Augen für das Zimmer. Was er von Eva sah, reichte aus, ihn davon zu überzeugen, daß sein Leben in Gefahr sei. Er sprang aus dem Sessel, trat mit voller Wucht gegen ein Beistelltischchen, schmiß den Papierkorb um und flitzte durch die Tür hinaus auf die Diele. Als er schutzsuchend davontaperte, klingelte es an der

Haustür. Hochwürden St. John Froude öffnete und starrte Inspektor Flint ins Gesicht.

»Gottseidank, daß Sie gekommen sind«, keuchte er, »sie ist da drin.«

Der Inspektor und zwei uniformierte Polizisten gingen durch die Diele. Wilt folgte ängstlich. Das war der Augenblick, den er gefürchtet hatte. Aber letztlich ging es besser als erwartet. Nicht jedoch für Inspektor Flint. Er ging in das Arbeitszimmer und sah eine kolossale nackte Frau vor sich.

»Mrs. Wilt . . .«, fing er an, aber Eva starrte entsetzt auf die beiden uniformierten Polizisten.

»Wo ist mein Henry?« schrie sie. »Sie haben meinen Henry verhaftet.« Sie stürzte auf sie zu. Unvernünftigerweise versuchte der Inspektor, sie zurückzuhalten.

»Mrs. Wilt, wenn Sie doch bloß . . .« Ein Schlag auf seinen Kopf machte dem Satz ein Ende.

»Hände weg«, kreischte Eva und schleuderte ihn unter nutzbringender Anwendung ihrer Judokenntnisse zu Boden. Sie wollte diese Darbietung soeben mit den beiden Polizisten wiederholen, als Wilt sich nach vorne drängelte.

»Hier bin ich, Liebling«, sagte er. Eva ließ auf der Stelle von ihnen ab. Einen Augenblick erzitterte sie, und aus Inspektor Flints Blickwinkel sah es so aus, als wolle sie zerschmelzen. »O Henry«, sagte sie, »was haben sie dir angetan?«

»Überhaupt nichts, Liebling«, sagte Wilt. »Zieh dich jetzt an, wir fahren heim.« Eva sah an sich herunter, erschauerte und ließ sich von ihm aus dem Zimmer führen.

Langsam und erschöpft kam Inspektor Flint wieder auf die Beine. Jetzt war ihm klar, warum Wilt diese verfluchte Puppe in das Loch geschmissen und Tage und Nächte das Verhör so selbstsicher hatte über sich ergehen lassen. Nach zwölf Jahren Ehe mit Eva Wilt war das Verlangen zu morden, und wenn auch nur zur Probe, sicher überwältigend. Und was Wilts Fähigkeit anging, Kreuzverhöre durchzustehen . . . es war einleuchtend. Aber der Inspektor wußte auch, daß er niemals imstande wäre, das jemand anderem zu erklären. Es gab Rätsel in menschlichen Beziehungen, die jedem Lösungsversuch trotzten. Und Wilt hatte ganz ruhig dagestanden und zu ihr gesagt, sie solle sich anziehen. Mit einem unfreiwilligen Gefühl der Bewunderung ging Flint in die Diele hinaus. Der kleine Kerl hatte Mumm, egal, was man sonst von ihm sagen konnte.

Sie fuhren schweigend zur Parkview Avenue zurück. Auf dem Rücksitz schlief Eva, in eine Decke gehüllt, ihr Kopf lehnte friedlich an Wilts Schulter. Stolz saß Henry Wilt neben ihr. Eine Frau, die Inspektor Flint mit einem einzigen raschen Schlag auf den Kopf zum Schweigen bringen konnte, war ihr Gewicht in Gold wert, und außerdem hatte ihm der Auftritt im Arbeitszimmer die Waffe in die Hand geliefert, die er brauchte. Nackt und betrunken im Arbeitszimmer eines Pfarrers ... Nun gäbe es keine Fragen darüber, warum er die Puppe in das Loch geworfen habe. Keine Beschuldigungen, keine Gegenbeschuldigungen. Die ganze Angelegenheit werde man total aus dem Gedächtnis streichen. Und damit verschwänden auch alle Zweifel an seiner Männlichkeit oder seiner Fähigkeit, in der Welt seinen Mann zu stehen. Die Partie stand remis. Einen Moment lang wurde Wilt beinahe sentimental und dachte an Liebe, ehe er sich in Erinnerung rief, was das doch für ein gefährliches Thema sei. Er wäre besser dran, wenn er es bei wohlwollender Neutralität und versteckter Zuneigung beließe. »Bloß keine schlafenden Hunde wekken«, murmelte er.

Diese Meinung wurde auch von Pringsheims geteilt. Als man ihnen von der Jacht auf eine Polizeibarkasse geholfen hatte, als sie an Land kletterten, als sie einem mißtrauischen Inspektor Flint erklärten, wie es dazu gekommen war, daß sie eine Woche lang von Gott und den Menschen verlassen im Aalfleet auf einem Boot zugebracht hatten, das jemand anderem gehörte, da hatten sie sich merkwürdig reserviert gezeigt. Nein, sie wüßten nicht, wie die Badezimmertür eingeschlagen worden sei. Tja, mag sein, es habe einen Unfall gegeben. Sie seien zu betrunken gewesen, um sich daran zu erinnern. Eine Puppe? Was für eine Puppe? Gras? Sie meinen Marihuana? Sie hätten keine Ahnung. In ihrem Haus?

Inspektor Flint ließ sie schließlich laufen. »Wir sehen uns wieder, wenn die Anklagepunkte genau formuliert sind«, sagte er fuchsig. Die Pringsheims fuhren zum Rossiter Grove und packten. Am nächsten Morgen flogen sie von Heathrow ab.

21

Der Direktor saß hinter seinem Schreibtisch und sah ungläubig auf Wilt. »Beförderung?« sagte er. »Habe ich Sie das Wort ›Beförderung‹ erwähnen hören?«

»Genau das«, sagte Wilt. »Und außerdem haben Sie auch ›Leiter der Abteilung Allgemeinbildung‹ gehört.«

»Nach allem, was Sie getan haben? Sie wollen sagen, Sie haben den Mut, hierherzukommen und zu verlangen, zum Leiter der Allgemeinbildung gemacht zu werden?«

»Ja«, sagte Wilt.

Der Direktor rang nach Worten, die seine Gefühle ausdrücken könnten. Das war nicht leicht. Vor ihm saß der Mann, der für die Reihe von Unglücken verantwortlich war, die seine kühnsten Hoffnungen zerstört hatten. Die Berufsschule würde nun nie mehr Fachschule werden. Dafür hatte die Ablehnung des neuen Unterrichtszweiges gesorgt. Darüber hinaus war da noch die schädliche Wirkung in der Öffentlichkeit, die Kürzung des Etats, seine Kämpfe mit dem Erziehungsausschuß, die Demütigung, als Direktor einer Anstalt für Puppenvögler angeprangert zu werden ...

»Sie sind gefeuert!« schrie er.

Wilt lächelte. »Ich glaube kaum«, sagte er. »Hier sind meine Bedingungen.«

»Ihre was?«

»Bedingungen«, sagte Wilt. »Dafür, daß ich zum Leiter der Abteilung Allgemeinbildung ernannt werde, unternehme ich keine Schritte gegen Sie wegen unrechtmäßiger Entlassung mit dem ganzen Rattenschwanz an Aufsehen, der damit verbunden wäre. Ich ziehe meine Klage gegen die Polizei wegen rechtswidriger Verhaftung zurück. Den Vertrag hier, den ich mit der ›Sunday Post‹ für eine Artikelserie über das wahre Wesen der Abteilung Allgemeinbildung verabredet habe – ich plane, sie ›Das Ausgeliefertsein an die Unkultur‹ zu nennen – werde ich nicht unterschreiben. Ich sage die Vorträge ab, die ich im Zentrum für Sexualerziehung zu halten versprochen habe. Ich trete nächsten Montag nicht in ›Panorama‹ auf. Kurz, ich entsage den Freuden und Anerkennungen der öffentlichen Enthüllungen . . .«

Der Direktor hob zitternd die Hand. »Genug«, sagte er, »ich werde sehen, was ich tun kann.«

Wilt stand auf. »Lassen Sie mich Ihre Antwort bis Mittag wissen«, sagte er. »Ich bin in meinem Büro.«

»Ihrem Büro?« sagte der Direktor.

»Bisher gehörte es Mr. Morris«, sagte Wilt und schloß die Tür. Der Direktor nahm den Hörer vom Telefon. Über den Ernst von Wilts Drohungen gab es keinen Zweifel. Er mußte sich beeilen.

Wilt schlenderte den Korridor zur Abteilung Allgemeinbildung hinunter und sah sich die Bücher in den Regalen an. Er hatte sich Veränderungen überlegt. ›Der Herr der Fliegen‹ verschwände, und mit ihm ›Shane‹, ›Liebende Frauen‹, Orwells ›Essays‹ und ›Der Fänger im Roggen‹, all diese Sinnbilder intellektueller Herablassung, diese ausgewalzten Bandwurm-Feinsinnigkeiten. In Zukunft lernten Gasinstallateure II und Fleisch I das Wie der Dinge, nicht das Warum. Wie man liest und schreibt. Wie man Bier braut. Wie man seine Lohnsteuererklärung frisiert. Wie man mit der Polizei fertig wird, wenn man eingelocht wird. Wie man eine kaputte Ehe wieder kittet. Den Unterricht in den beiden letzten Fächern gäbe Wilt selber. Es kämen bestimmt Einwände aus dem Kollegium, auch Kündigungsdrohungen, aber das würde nichts machen. Einige Kündigungen von denjenigen, die sich fortwährend seinen Vorstellungen wiedersetzten, nähme er gern an. Schließlich brauchte man keinen Doktor in Englischer Literatur, um Gasinstallateuren das Wie von allem beizubiegen. Wenn man's recht bedachte, hatten sie ihm mehr beigebracht, als sie von ihm gelernt hatten. Viel mehr. Er ging in Mr. Morris' leeres Büro, setzte sich an den Schreibtisch und verfaßte eine Anweisung für die Lehrer der Allgemeinbildung. Sie trug den Titel: ›Bemerkungen zu einem Selbstunterrichtssystem für Berufsschüler‹. Er hatte gerade das fünfte Mal ›nicht hierarchisch‹ geschrieben, als das Telefon klingelte. Es war der Direktor.

»Vielen Dank«, sagte der neue Leiter der Abteilung Allgemeinbildung.

Eva Wilt kam vom Arzt und spazierte fröhlich die Parkview Avenue lang. Sie hatte für Henry das Frühstück gemacht und das Zimmer nach vorne staubgesaugt und die Diele gebohnert und die Fenster geputzt und Harpic ins Klo gestreut und war beim Gemeindezentrum ›Harmonie‹ vorbeigegangen und hatte beim Fotokopieren eines Aufrufs zu einer neuen Laienspielgruppe geholfen und die Einkäufe erledigt und den Milchmann bezahlt und war beim Arzt gewesen, um zu fragen, ob es sinnvoll wär, mal eine Zeitlang Furchbarkeitspillen zu schlucken, und es war sinnvoll. »Natürlich müssen wir Untersuchungen machen«, hatte ihr der Arzt gesagt, »aber es besteht kein Grund zur Annahme, daß sie negativ ausfallen könnten. Die einzige Gefahr ist, daß sie eventuell Sechslinge bekommen.« Das war für Eva keine Gefahr. Das hatte sie sich doch immer gewünscht, ein Haus voller Kinder. Und alle auf einmal. Das würde Henry aber freuen. Und so schien die Sonne strahlender, der Himmel leuchtete blauer, die Blumen in den Gärten blühten röter und selbst die Parkview Avenue schien ein neues, strahlenderes Aussehen angenommen zu haben. Es war einer von Eva Wilts besseren Tagen.

... und wenn Sie sich weiter vor Lachen ausschütten wollen, kopfstehen vor Vergnügen bei der Lektüre eines Buchs: Tom Sharpe, der Meisterchronist unserer modernen menschlichen Komödie, macht's möglich:

Tom Sharpe

Trabbel für Henry

In Tom Sharpes zweitem Bericht über Henry Wilt ist es mit dem Helden aus »Puppenmord« nach oben gegangen. Als Leiter des umorganisierten Fachbereichs Allgemeinwissen an der Berufsschule in Fenland hat er Macht ohne Autorität, und die Phantasievorstellungen, mit denen er jetzt zu tun bekommt, sind die von politischen Fanatikern und reaktionären Ämterhockern. Dazu kommen Evas Begeisterung für jede, aber auch jede biologisch-dynamische Alternative unter Gottes großem Komposthaufen und das Beharren seiner fünfjährigen Vierlinge, an alle Probleme entschlossen unsentimental heranzugehen. Seine Schwierigkeiten werden noch gesteigert durch die Natur in Gestalt eines Rosenstrauchs, durch seine vorübergehende Verliebtheit in eine ausländische Studentin und die Abneigung einer feindseligen Krankenstation, sich seiner dringendsten Nöte anzunehmen.
Aber erst, als Wilt unfreiwillig Teilnehmer einer Terroristenbelagerung wird, sieht er sich genötigt, eine Antwort auf die Probleme der Macht zu finden, die schon größere Leute als ihn in die Knie gezwungen haben. Mit einem Scharfsinn, der aus seiner ihm angeborenen Feigheit kommt, kämpft Wilt für die Werte der Freiheit, die sowohl durch den internationalen Terrorismus als auch durch die vertrackten Methoden der Polizei und der Antiterror-Agenten bedroht sind. In dem folgenden Durcheinander nimmt Wilt auch sein Gespräch mit dem unverdrossenen Inspektor Flint wieder auf. Mit dem Eintreffen Eva Wilts nimmt das Belagerungsdrama noch bedrohlichere Formen an: nicht nur steht Wilts Leben in Gefahr, die volle Wut einer liebenden Mutter macht sich in einer Gewaltaktion Luft.